本研究获上海市"浦江人才"计划（18PJC089）、上海社会科学院高端智库院内招标委托课题、上海社会科学院哲学社会科学创新工程"都市社会学"团队资助，特此感谢！

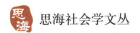
思海社会学文丛

梁海祥　著

青少年健康不平等：
生成机制及结果

HEALTH INEQUALITIES AMONG ADOLESCENTS IN CHINA:
MECHANISMS AND CONSEQUENCES

社会科学文献出版社
SOCIAL SCIENCES ACADEMIC PRESS (CHINA)

总　序

　　2018 年，是中国改革开放 40 周年，也是上海社会科学院建院 60 周年、实施哲学社会科学创新工程 5 周年。依托于上海社会科学院社会学研究所组建的"都市社会学"创新团队，是进入创新工程的首批团队之一。思海社会学文丛，正是在这个背景下孕育和诞生的。

　　为何取名"思海"？"思"为逸思园、思南路之思，"海"为淮海路、上海之海，"思海"又是"思想的海洋"，文化意象符合上海社会科学院传统学术研究机构和新型国家高端智库的定位。思海社会学文丛，就当前而言主推"都市社会学"创新团队的系列成果，从长远来看展示社会学研究所的系列成果，最终致力于打造上海社会科学院社会学学科的青年、创新、优秀学术成果品牌。

　　文丛今年首印，即集中推出三本专著，分别是《中国城市劳动力市场的变迁与分层》《组织中的支配与服从：中国式劳动关系的制度逻辑》《认同政治：大都市的新"土客"关系》（以下分别简称"劳动力市场研究""劳动关系研究""都市社会认同研究"）。三位青年作者围绕他们过去五年或更长时间深耕不辍的研究领域，对社会学的传统议题从不同的角度进行了创新性研究。这些研究看似不同，实则相似。我作为团队的"一路"同行者和"半路"组织者，在此略谈一二。

　　"思海"者，思考上海也。文丛的首要特点，就是将上海或上海所代表的都市/城市社会作为重点研究场域。

　　在这一点上，都市社会认同研究一书是典型代表，书中的所有研究资料都来自上海，尤其是由社会学研究所开展的"上海市民社会心态调查"。劳动关系研究一书，主要资料来自社会学研究所开展的"长三角地区工作与生活调查"，样本覆盖上海、杭州、南京等重要城市。劳动力市场研究一书，不仅大量使用了全国范围的城市调查数据，也重点使用了上海的调查数据，例如上海大学数据科学与都市研究中心最新完成的"上海都市社区调查"数据。立足上海、思考上海，但并不囿于上海、止于上海。希望读者从文丛作品中，既能看到上海和地方化的社会事实，又能看到世界和一般化的学理思考。

"思海"者，变化不羁也。改革开放以来，中国社会的最大特点就是变化太快，学界对变化的研究往往跟不上变化本身。文丛的作者均意识到了这个问题，遂将中国城市的变迁引入研究之中。

劳动力市场研究一书在书名中即突出劳动力市场的变迁，并在绪论中勾勒了这个历史过程的主要面向，为读者理解书中后续的实质性研究提供了背景性知识。劳动关系研究一书，专辟章节考察包括中国近现代工业化进程在内的制度演进过程，并以新中国成立初期的工资制度调整为例，考察企业生产激励模式的变迁动力。都市社会认同研究一书，在考察都市居民的地域身份意识时，专门结合上海作为一个移民城市的形成与发展过程讨论了"上海人"意涵的历史变迁。文丛作品对变迁、演化的呈现，与中国社会学界近年来对历史维度或历史社会学的强调，是不谋而合的。

"思海"者，广纳百川也。在理论视角和研究方法上并不拘泥于社会学，而是兼容并包人文社会科学的整体知识成果，是这套社会学文丛的又一特点。

劳动关系研究一书，将劳动关系或雇佣关系置于社会学、经济学与组织行为学的前沿交叉理论框架下来讨论，根据社会交换理论、新制度主义理论的最新进展提出可检验的理论命题。劳动力市场研究一书，虽然出发点和落脚点是社会分层，但引用了大量的劳动经济学文献，因为劳动力市场上的不平等历来就是经济学与社会学共同关注的议题。都市社会认同研究一书，之所以使用"土客"而非常用的移民、族群等概念，也是受到了人类学研究的启发与影响。其实，学科交叉与融合乃是当代学术研究的一个新动向，本套文丛顺应了这个历史潮流。

上述几点，或将成为文丛今后选书的主要原则。相比于上海社会科学院乃至中国社会学界诸多的丛书与文库，思海社会学文丛无疑是新的。希望这种新，能够得到读者的肯定。

李 骏

2018 年 5 月于逸思园

目　录

第一章

绪　论

中国从 20 世纪 90 年代开始发展社会主义市场经济，经济增长率持续上升，2014 年的数据显示中国已上升为全球第二大经济体。随着中国经济水平的提高，民众的健康水平也得到了普遍提升。从一些健康指标上看，中国的健康状况已可以和西方国家相媲美，如中国人均预期寿命由 67 岁增加到 73 岁（World Bank，2014）。除了人均预期寿命，中国的医疗健康状况也得到了稳步的发展，例如婴儿死亡率等都明显降低（刘慧侠，2011：4 ~ 6）。数据反映了预期寿命等健康指标方面水平的提高，但同时中国健康水平的差异也在扩大。与中国迅猛发展的经济相比，健康卫生事业方面的进展却显得较为滞后，甚至有一些健康指标出现倒退的趋势（邓曲恒，2010）。

人均预期寿命是衡量健康的重要指标，因此学者以人均预期寿命为参考，研究中国人 1980 年到 1998 年间的总体健康状况，结论也表明中国总体健康状况并没有得到太大改善。图 1 - 1 呈现了中国人均预期寿命的变化（1960 ~ 2001 年），从数据中可看出人均预期寿命的增长期是在 1960 ~ 1980 年完成，80 年代以后表现出增长动力不足（王绍光，2003）。从国际的横截面健康数据比较来看，中国卫生总体绩效同样不容乐观，例如 2000 年在世界卫生组织（WHO）的 191 个成员国中，中国卫生总体绩效只排在第 144 位（邓曲恒，2010）。

中国居民健康状况不仅在平均水平上发展缓慢，在内部中的差异也显

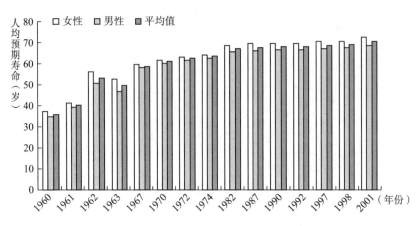

图1-1　1960~2001年中国人均预期寿命

资料来源：王绍光：《中国公共卫生的危机与转机》，《比较》2003年第6期。

著增大。研究表明，中国人健康水平在城乡之间、地区之间以及不同收入组别之间都存在差异。研究者对河南省2011年统计年鉴数据和全国第六次人口普查中河南省数据进行分析，发现河南省居民预期寿命存在性别差异（黄洋洋等，2013）。另外中国健康的城乡差异也十分显著，农村儿童和孕妇、产妇的死亡率要比城市高一倍，农村儿童的营养状况也明显低于城市儿童。从地区上分析，西部地区孕产妇的死亡率与东部地区相比更高，并且西部地区儿童的低体重率和生长迟缓率高于东部（邓曲恒，2010）。

　　面对这样的情况，国内学者开始重视中国转型发展中所伴随的健康不平等问题，同样这个问题也引起了国际学者的关注。联合国儿童基金会的数据（1999年）显示，中国农村儿童的发育迟缓率比城市高两倍，青海孕产妇的死亡率比浙江省高九倍。从预期寿命上看，平均收入最高的大城市（74.5岁）比最贫困农村地区（64.5岁）平均预期寿命高10岁（刘宝、胡善联，2002），迟缓率、死亡率、预期寿命都存在巨大差异。

　　综上可见，中国的改革带来了经济的腾飞，也使民众的健康水平得到提升，中国目前的健康状况在国家层面的数据显示，其与发达国家的表现差距已经不大，但内部的健康差异仍十分明显。

一　社会情境与健康不平等

　　探究中国目前社会发展与健康不平等的关系，则需回到中国特定的社会情境中。西方健康不平等的研究也是放入当时社会发展背景的研究中进行的，比如研究经济衰退对健康的影响，研究发现经济衰退对于劳动力市场、住房和资产都产生较大的冲击，这样的冲击会对健康产生负面影响（斯图克勒、巴苏，2015）。因为家庭和社区成员嵌入不同的政策环境，个人如何应对经济衰退的策略是与健康相联系的。许多学者预测经济大衰退将放大现有健康不平等（Karanikolos et al.，2013），但更多来自过去的衰退的证据的研究表明健康不平等可能上升、保持稳定或者下降（Bacigalupe et al.，2014），不平等的变化取决于社会环境的变化。

　　20世纪90年代末的亚洲金融危机，提供了经济衰退导致健康不平等加剧的现实案例，比如韩国大学毕业生的自评健康在经济低迷期间没有变化，但教育程度在中等及以下的毕业生的健康水平出现下降（Khang et al.，2004）。经济危机导致的社会经济差距增大，这样会增加男性饮酒，从而造成因酒精产生的死亡率增长（Shim and Cho，2013）。经济衰退造成的影响也是持续的，因此收入差距拉大而产生的抑郁、自杀意念和自杀企图在危机后的10年翻了一番（Hong et al.，2011）。又比如20世纪80年代末苏联社会和经济产生了前所未有的逆转，人民健康差异也发生改变，数据显示，男性和女性的预期寿命都有所下降（Murphy et al.，2006）。

　　社会发展与健康不平等有着密切的关系，但收入并不是唯一确定的影响健康不平等的因素，例如在分析影响健康、幸福感的因素时，学者一致认为在较为贫困的国家中，经济发展还是影响健康的重要因素，但当生活水平提高、预期寿命和幸福感得到明显改善时，收入水平对于健康的影响则会变弱（威尔金森、皮克特，2010：9）。非经济性因素对于健康的作用逐渐显现，加之非经济因素处在特定的社会结构中并与之关联，因此社会结构的变化也与健康不平等密切相关。研究中国的健康不平等，尤其是需要注重中国社会分层机制的作用。加之青少年群体处于身心发展时期，他们对于社会变动的感知和反馈会更加强烈，另外他们的健康不平等关系着国家和社会的发展，因此研究中国社会分层与青少年的健康不平等十分重要和必要。

20世纪90年代在社会学界掀起了关于中国改革与社会分层新动向的讨论，因为那时中国的社会经济发展取得了可喜的成就，同时中国改革也带来了社会分层变化。倪志伟（Nee，1989；Nee，1991；Nee，1996）提出的市场转型理论率先分析了当时中国改革所带来的社会分层变化，他认为中国从再分配体制到市场分配体制转型的过程中，之前通过权力资本的获益相对下降，而通过人力资本的获益相对增加。对于倪志伟提出的市场转型理论，其他学者并不是全盘接受，而是提出了相反的意见或对市场转型理论进一步修正（陈那波，2006；边燕杰、卢汉龙、孙立平，2002；边燕杰、吴晓刚、李路路，2008）。虽然没有统一的观点，但是学者还是达成了共识，那就是中国市场化改革给中国社会分层带来了新变化。市场转型后，学者一直关注精英对于资源的获取、支配的优势地位的掌握，其中精英的选拔以及再生产也是研究的经典议题（张乐、张翼，2012）。

现在面对的有两种情境：一是现实的背景，主要体现在目前中国经济迅速发展，健康不平等现象却逐渐显现并越发严重；二是社会发展的背景，社会转型导致中国的分层结构发生了变化，健康不平等是否也会在这样的背景中再生产，优势阶层是否通过不同的机制掌握并传递健康资源，从而影响地位获得。因为考察人们所拥有的资源的传递和转换，有助于分析地位差异的产生过程（方长春，2009）。因此在这样两个背景下，需要我们研究健康不平等的获得机制和对地位获得的影响，从而知道"谁获得了健康，为什么会获得，获得后又怎么样"。

二 健康的重要性

我们为什么要研究健康不平等？为何众多学者与学科力量都投入研究健康不平等的行列中？首先健康是属于人类发展的首要目标，健康对于经济增长、劳动生产率和收入都有影响（刘民权、顾昕、王曲，2010）。诺贝尔经济学奖获得者詹姆斯·托宾和阿马蒂亚·森等经济学家认为健康不平等在所有经济不平等中要得到特别关注，健康是人类生活的重要条件，也是人力资本的重要组成部分（田艳芳，2015）。那么对于正在成长的，并且将在未来承担起社会发展中坚力量的青少年来说，健康就更为重要，研究健康不平等的重要性具体可分为以下四个方面。

（一）行动的基础

"健康是最重要的可行能力"（Sen，2002），个体的所有活动都是建立在健康的基础上，失去健康将限制其他能力的发挥（刘民权、顾昕、王曲，2010）。人们常说"健康是本钱"，健康是人全面发展的基础，健康不良或机会不均等产生的健康差异可能会产生反向作用。健康受损是没有办法通过其他方式来替代的，因为健康受损对于个体来说是从最底部受到根本性打击，它摧毁了其他的自由和选择（刘民权、顾昕、王曲，2010：7）。"享受长寿（而不是壮年就过早死亡）以及在活着的时候享受好生活（而不是过一种痛苦的、不自由的生活）的可行能力，这几乎是我们所有人珍惜和向往的"（Sen，2002）。另外，居民能健康长久地生存不仅是国家经济发展的目的，也是符合健康中国战略的举措。

（二）重要的人力资本

健康与社会经济发展密切相关，它是社会经济发展的重要手段。健康是人力资本重要的组成部分，它本身可以创造财富，因此健康及健康不平等受到经济学家的强烈关注。从政策角度出发，减少居民的健康不平等也可以在一定程度上减少经济的不平等（田艳芳，2015：5～7）。另外，个体和社会层面都将健康看作重要的财富，因为不良的健康状态会带来巨大的社会经济负效应。从家庭角度看，健康水平差则会导致增加个体的疾病负担、劳动力削弱、就业机会少、工资水平低以及健康投资弱等，不仅会影响家庭收入，也会导致一个"健康贫困"的恶性循环（刘慧侠，2011）。Mushkin（1962）认为健康和教育两者都是重要的人力资本，它们是相互促进的关系。从国家和社会角度看，人口的数量和质量也将受到健康不平等的影响，从而对基础建设与投资、消费都产生抑制作用（刘慧侠，2011）。

（三） 利于政策制定

研究健康不平等有利于政策的制定与实施，因为健康可以通过健康投资的增加而增加（Grossman，1972）。健康是人力资本的组成部分，Grossman 模型是基于人力资本理论的，并且成为对健康需求进行研究的常规方法，健康需求需要更多的卫生服务（赵忠，2007）。国家层面在卫生方面的投入，特别是在医疗服务方面的投入被认为是最重要的健康投资方面的指标（朱玲，2009）。健康不平等的研究能够使政策对症下药，实现政策的有效性。

健康投资、卫生服务对于健康有着重要作用，都是旨在消除不平等。在促进社会团体的公共政策中都应优先考虑健康公平（Sen，2002）。市场机制可以在一定条件下取得重大成功，但并不是万能的，因为市场机制是趋利的，非市场设施方面仍需要公共行动。健康不平等的研究有利于减少贫困，因为对于健康不良等能力剥夺的研究抓住了贫困根本（Sen，1979，1985，1987）。而且实践证明，投资健康比投资生产部门能更快地得到回报，并且可以用较少的投资获得更多的回报。所以对于健康不平等的研究能够使政策制定者优化对国民健康的投资，进而促进政策的合理性，获得更大的社会经济效益。

（四） 减少贫困与不平等

阿马蒂亚·森（Sen，2002）指出，与其他形式的不平等相比，健康不平等更需要受到关注，因为它是构成个体能力的重要组成部分，健康不平等会造成能力贫困和相对剥夺，从而会带来机会的不平等。卫生经济学家 Mooney（1986）认为健康平等目标应放在首要位置去考虑，在关心效率与平等关系中也要如此。

穷人与富人间的健康不平等主要反映在约束条件的不同上，例如穷人会因为更低的收入、匮乏的医疗保险、低劣的生活环境造成健康受损，而不是产生不同的个体偏好（Le Grand，1987）。健康不平等影响个体劳动力的供给，降低较低收入家庭的生产力。另外健康不平等会加剧扩大收入差距，这样的恶性循环也会成为社会不稳定的隐患。严重的健康不平等会对社会和谐稳定、经济可持续发展造成巨大负面效应（刘慧侠，2011）。

因此，可以将研究健康不平等的重要性和迫切性总结为以下四点。其一，健康本身对于个体来说起着基础性的作用，意味着健康是其他东西都替代不了的。其二，健康与教育一样都是重要的人力资本，健康可以提高劳动生产力，因此健康的获得有利于经济利益的获得，这一点对于个人、家庭、国家都有重要意义。其三，健康不平等的研究有利于健康资源的合理配置、政府政策的合理制定与实施，并且有利于基本医疗卫生的发展（刘慧侠，2011）。其四，健康不平等的研究是为了使健康平等。健康不仅有强大的工具性价值，更重要的是，它是个人幸福直接的组成要素，也是社会发展的真正目的。对于本书的研究对象——青少年来说，研究健康不平等的意义就更为重要。研究也发现青少年时期的健康状况最终会影响到终身的收入乃至成就（Strauss and Thomas，1998）。孩子的健康水平决定着一个家庭、一个国家和整个社会未来的发展，因为健康是重要的人力资本，另外，孩子的健康对于整个社会减少贫困和增加发展动力至关重要。

三 研究问题与研究框架

（一）研究问题

本研究关注青少年（初中生）健康的不平等，所谓青少年时期就是相对于成年时期，在本研究中是指正在初中阶段求学的学生，年龄大多数为十三四岁。研究主要关注青少年（初中生）群体，因为从机能上看，青少年的个体身体机能还未成熟，另外心理也在发展阶段，则更容易受到外界因素的影响。宋月萍、谭琳（2008）研究发现儿童个体健康性别差异一部分是由男孩偏好所导致的。王芳、周兴（2012）分析了家庭因素对中国儿童健康的影响；徐安琪、叶文振（2001）研究父母离婚对子女的影响及其制约因素；赵延东、胡乔宪（2013）利用社会网络对个体健康行为的作用进行分析，发现社会网络会影响新生儿母乳喂养行为，进而影响到新生儿的健康。在留守儿童的健康研究方面，宋月萍、张耀光（2009）研究影响农村留守儿童的身体健康和卫生服务利用状况的因素；

顾和军、刘云平（2012）研究农村儿童影响健康不平等的因素；高明华（2013）则从教育方面入手，研究农民工子女教育不平等产生的身心机制和干预策略。

另外，地位获得是社会分层研究的重要方面，自布劳和邓肯出版《美国的职业结构》之后，地位获得成为社会分析研究的焦点。其中教育在地位获得模型中是重要的变量，布迪厄在文化资本理论中分析文化资本的再生产，从而到社会的再生产（仇立平、肖日葵，2011）。而本研究关注的是健康不平等对于地位获得的影响，随着中国社会贫富差距的拉大，其他不平等现象逐渐产生，健康不平等也越来越严重。加之健康是重要的人力资本，而孩子是整个家庭和社会的未来，他们的健康水平与整个国家未来的生产力和解决贫困等社会问题都密切相关，因此有着无法预估的重要意义。综上所述，通过本研究我们希望得到回答和解决以下三方面问题。

青少年（初中生）健康不平等的现状如何？是否存在因性别、户籍、父代经济状况、地区产生的健康不平等？

青少年（初中生）健康不平等的产生机制是什么？家庭社会经济地位对于孩子的健康起到什么作用，即父代的优势地位如何影响子代健康的机制。

青少年（初中生）健康不平等会产生怎样的后果，即子代青少年时期的健康水平是否会影响到自身的发展和成年后的地位获得？具体来说，青少年（初中生）健康是否会影响其成长期的发展能力（认知能力与非认知能力）？成年后，青少年（初中生）健康对个人发展及地位获得是否还有后续影响？

因此，用社会分层的视角来说，就是"谁得到了什么"，即青少年（初中生）健康不平等的现状；"为什么会得到"，即青少年（初中生）健康不平等的原因和机制；"得到之后又怎么样"，即青少年（初中生）健康不平等的后果。通过这样的研究过程，厘清青少年（初中生）健康不平等的现状、机制以及严重后果，从而论证健康在代际和代内是如何影响地位获得的，判断健康不平等是否可以作为社会分层与流动的重要机制。

（二）研究框架

本研究的分析框架如图 1 - 2 所示，本研究主要关注在中国情境下家庭社会经济地位（Socioeconomic Status，SES）对于青少年（初中生）不平等健康的影响机制，以及青少年时期健康不平等对于个体目前的能力和成年后地位获得的影响。如图 1 - 2 所示，第一步研究青少年健康不平等的生成机制，探讨父代的优势（家庭社会经济地位）在其中扮演什么样的角色，健康不平等是通过什么机制在代际传递的。本研究对于健康结果的测量使用了综合性指标，即自评健康、精神健康和是否生病的客观健康三个指标，为的是能够全面测量健康不平等。第二步则是考察青少年时期健康结果如何影响个体的发展能力，其中包括认知能力和非认知能力，研究健康不平等在代内的传播，即健康是否会影响自身的发展能力。第三步是继续考察健康不平等的代内流动，青少年时期健康如何影响成年后的地位获得。

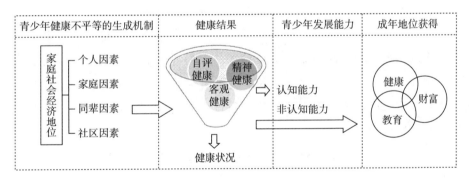

图 1 - 2　本研究的分析框架

具体来说，对于健康不平等的生成机制从个人层面、家庭层面、同辈群体、社区层面多方面进行分析，最后考察家庭社会经济地位影响青少年（初中生）健康不平等的机制。对健康不平等的后果的测量从两个方面入手：一是青少年时期发展能力的影响，发展能力包括认知能力（认知测试得分、考试成绩）和非认知能力（自我效能感、社会交往能力）；二是长期性的地位获得，主要指个体成年后的获得，包括成年后的健康水平、教育水平、财富获得状况。

四 研究意义与研究内容

本书的研究问题归纳起来就是"谁得到了健康（现状），为什么（机制），得到了健康又会怎么样（结果）"，重点关注健康在个体地位获得中的作用和角色。希望通过分析青少年（初中生）健康不平等现状，以及青少年时期健康不平等生成机制，最主要是研究家庭社会经济地位（SES）如何使子代能够获得健康的机制，并且着重考察健康不平等对子代产生的影响，包括近期个体的发展能力和远期地位的获得。本研究的价值和意义主要体现在以下三方面。

方法和数据上，从数据、方法和测量上做到全面并且尽量避免偏误，尽量解决因果机制不清晰等问题。研究使用的两个数据都是全国具有代表性的追踪性数据，在研究中使用滞后性模型和多层固定效应模型。因为是追踪性数据，使用两期滞后模型可以较好地解决因果机制不清晰的问题。对于健康的测量，研究中采用了自评健康综合指标、精神健康和客观身体健康多维全面测量，确保结果的可信度。根据健康生态学理论，即健康是受到个体、家庭、社区、学校等多个层次因素的影响，因此总体分析中采用多层固定效应模型，固定住学校层面特征的差异，保证分析结论的准确性，尽量减少因多层抽样产生的偏误。

研究视角上，注重影响因素的多层性和影响结果的长期性，因此会使用生命历程的研究视角。首先根据健康生态学模型，使用多层次变量及模型研究健康不平等因素，强调个体因素、卫生服务、物质和环境因素对于健康的共同影响。另外，从动态角度研究健康不平等，以往研究大多展现健康不平等的状况，使用生命历程视角则可以研究健康不平等对个体持续性的影响，同时健康对于地位获得的影响也是持续的，需要用动态的视角研究健康不平等。

理论上，使用社会分层和地位获得的理论，关注健康如何作用于地位获得。在中国特殊的制度背景下，需要从社会分层的视角来看待健康不平等状况的变化，进而了解中国社会的健康分层现象。社会分层关心的核心问题是"谁得到了什么，为什么得到"，而本研究关注的是"谁得到了健康，以及为什么可以得到，得到的结果又是什么"，进一步关注父代优势是如何影响子代健康，进而影响子代地位获得的。之前的研究更多关注教育在阶层流动和地位获得中的作用，而本研究则说明健康也是重要的流动机制，父代社会经济地位可以通过健康不平等传递资源，形成健康再生产，而获得健康的子代则会有更好的发展能力和更高地位的获得。

本书的研究内容。第一章首先指出中国健康不平等问题的严重性及重要性。其次在这个基础上提出了研究内容，研究青少年（初中生）健康不平等的现状、因素、结果等，即父代如何通过健康影响子代地位获得，最后作小结说明。第二章为文献回顾，第一部分主要是核心概念的定义，第二部分是健康不平等研究的发展现状及理论观点，第三部分则是汇总影响健康不平等的因素，最后是对现有研究进行评述并提出本研究重点突破点。第三章是理论框架、研究设计和现状描述部分，首先提出本研究的理论框架，指出文章所使用的理论框架社会因果论与选择论、健康生态学理论和生命历程理论，使用地位获得的思路研究健康的代际和代内传递及其结果。在章节中的数据与测量部分，详细介绍了使用数据的由来和主要共有变量的操作。之后提出研究使用的统计分析方法。最后是分析青少年（初中生）健康不平等的现状，主要是利用样本数据分析健康结果（自评健康、精神健康、客观健康）的分布状况，分析不同健康指标在性别、户籍、社会经济地位和地区上所显现出来的健康不平等。第四章是影响青少年（初中生）健康不平等机制第一部分，首先从不同层面分析影响健康不平等的因素，例如个人层面考察生活方式的作用，家庭方面考察居住方式对于健康不平等的作用，这两个都是家庭内部因素。第五章是影响青少年（初中生）健康不平等机制第二部分，主要是从社会网络角度分析同辈群体方面，从邻里效应角度分析社区层面因素，这两者属于家庭外的因素。最后是研究家庭社会经济地位影响青少年健康不平等的机制。第六章是研究健康不平等产生的结果一，从青少年（初中生）对于近期发展能力的影响角度出发，主要研究健康不平等产生的个体认知能力和非认知能力差异。第七章是研究健康不平等产生的结果二，青少年健康对成年后获得的作用。使用CHARLS的数据验证青少年（初中生）的健康对于成年后获得的作用，其中包括健康、教育和财富获得。第八章是结论与讨论部分，总结全书的主要分析结论，提出主要观点，即青少年（初中生）健康受到父母的社会经济地位的影响，整个过程是父辈优势资源对青少年时期健康的生产和影响，健康本身也在代内进行传递，进而实现地位的获得。

第二章

健康不平等研究回顾

本部分具体对目前国内外健康不平等研究进行梳理和综述，包括核心概念的界定、健康不平等研究的发展、研究健康不平等的理论、影响健康不平等的因素等方面。在此基础上，提出目前国内健康不平等研究的不足，最后针对现有研究的不足提出本研究的关注重点。

一　核心概念的界定

健康的定义在学术上更加丰富与多元。健康是日常生活中经常提到的概念，但如何准确界定却无清晰定论。在 1946 年颁布的《世界卫生组织法》中提出"健康不仅为疾病或羸弱之消除，而系体格、精神与社会之完全健康状态"（殷大奎，1998）。1986 年世界卫生组织进一步指出："人人能够实现愿望、满足需要、改变和适应环境；健康是每天生活的资源，并非生活的目的；健康是社会和个人的财富，是人体能力的体现。"（黄建始，2004）从世界卫生组织的定义中可以看出健康不仅是没有疾病、不虚弱，而且涉及了身体、心理和社会适应三个方面。健康的定义不仅强调了生物学因素与健康的关系，也说明了心理和社会因素对人体健康的影响（江捍平，2010：27）。可见学术定义上的健康比生活中的健康有着更为丰富和多维度的内涵。

健康不平等（Health Inequalities, Health Disparities）虽然已经被广泛研

究，但对其定义并没有一致的说法。学者将健康不平等的定义分为狭义与广义，狭义的健康不平等指的是人民的健康状况与其社会经济特征相连，不同社会经济特征下有显著健康状况差异。在广义的概念中，健康不平等不仅包括健康状况本身的差异，还包括获得好的健康状况的机会差异，比如卫生保健服务可及性的差异（田艳芳，2015）。前者与社会经济状况密切相关，后者与医疗资源分配紧密联系。阿马蒂亚·森（Sen，2002）从规范的角度出发，将不健康归因于人的基本可行能力的不完整，从而导致的实质性自由的丧失的现象，他认为健康的不平等就是各种社会、文化等问题导致的对人类基本可行能力（健康）的剥夺。

与阿马蒂亚·森观点相对的是更多学者出于实证研究的目的，从能否度量的角度来考察健康的不平等。因此在健康不平等的定义中，怀特黑德（Whitehead）、达伦格伦（Dahlgren）根据社会经济状况、地域、年龄、残疾程度、性别、种族，把不平等定义为在人群之间可衡量的健康经历和结果的差异（世界卫生组织欧洲办事处，2010：13）。在他们的定义中强调"可衡量"的标准，提出健康不平等要有实证研究。同样的观点从 Braveman（2006）定义健康平等可以看出，他指出对健康平等定义中所包含内容进行度量是首先需要达到的。

但即便在都持实证观点的学者中，健康不平等的定义也不相同（詹宇波，2009）。Wagstaff 和 Van Doorslaer（2000）的研究认为，健康不平等的内涵包括纯粹健康不平等和社会经济健康不平等两种。Blas 等（2010）提出三种方法描述健康不平等，第一种是健康劣势（Health Disadvatages），指社会或群体不同造成的差异；第二种是健康差距（Health Gaps），指由于个体间不同产生的差异；第三种是健康梯度（Health Adients），是与人口谱系相关的健康差异。而社会经济导致的健康不平等是从社会维度，其中主要包括性别、社会地位、社会阶层、教育、文化等来研究健康不平等的，是指"不同社会经济特征人群的健康差异"（杜本峰、王旋，2013）。

随着时间和研究的不断推进，健康议题逐渐进入社会学学者的视野，研究者认为从基本模式上看，健康不平等研究都是保持一致的（Elstad and Krokstad，2003），即阶层地位较高会维持较高的健康水平，阶层间存在明显健康差异。健康不平等并不是指所有的健康差异，主要是指社会群体中因系统性差异导致的健康水平不同，例如弱势群体（如穷人、女性、少数族裔等群体）与其他相比，可能遭遇更多的健康风险和产生疾病的社会不平等现象（Braveman，2006）。

健康不平等定义的变化过程其实也反映了各学科研究的差异，经济学注重的是健康作为人力资本；公共卫生更加注重的是医疗资源的分配和可及性；社会学更加注重非医学的，社会经济因素对于健康不平等分配的作用。另外，从定义的发展变化也可以看出学者对于健康不平等研究方法的发展过程，从最开始的理论化概念到实证化、可操作化的概念，在健康不平等后来的定义中强调指标的"可衡量性"。

因此在之前研究的基础上，我们提出本研究对健康不平等的定义，本研究的健康不平等是指在现代疾病产生的背景变化的新情况下，在健康获得以及疾病治疗方面产生的不平等现象，其中产生影响的社会经济指标是可测量的。在社会学的研究中健康不平等也可作为健康的社会不平等，因为主要关注群体间（不同社会经济地位）的健康不平等（王甫勤，2011）。

二　健康不平等研究的发展

（一）健康不平等研究的历程

在梳理文献的过程中，我们发现对于健康不平等问题的研究不只局限于医学、社会学或经济学，它在不同学科的合作交融中发展。那么健康不平等如何从一个单一学科发展到其他学科，各个学科的关注点是什么，研究内容是什么，下面就粗略地描绘健康不平等研究的发展过程。

健康问题最初出现在医学研究领域，因为医学致力于治疗疾病，保持人身体的健康。随着医学技术的发展，健康不平等研究开始产生，它的形成受到整个社会观念及医疗技术发展的影响。随着大多数传染疾病已经被人类战胜，在工业化国家中传染病对死亡率的影响已经很弱（黄洁萍，2014）。同时现代社会的健康威胁主要来自慢性疾病，而这些疾病是与个体老化和人造环境息息相关的，造成这些疾病的原因则是众多的因素（Cockerham，2009：20－22），而针对这些疾病并没有显著的治疗方法。随着主要健康问题发生变化以及致病、治疗方式的改变，因此社会因素对健康的影响逐渐被人们重视。

而对于健康不平等的研究最早可追溯到马克思主义对健康的政治经济学的分析，马克思很早就探讨生产劳动对于个体健康的影响，劳动对于工人是外在的，是异化的劳动。"因此，他在自己的劳动中不是肯定自己，而是否定自己，不是感到幸福，而是感到不幸，不是自由地发挥自己的体力和智力，而是使自己的肉体受折磨、精神遭摧残"（马克思，2012：53），但是在马克思的探讨中并没有过多地重视健康的剥夺。20 世纪中期社会学者开始关注健康的决定因素，探索贫困与健康的关系。其中医学社会学研究的内容是健康和疾病的社会原因及其影响（科克汉姆，2000）。1960 年代末到 1970 年代初，美国医学社会学逐步向健康社会学转变，医学社会学研究的领域拓展到医生及医疗服务整个系统，延伸至所有与健康相关的领域（冯显威，2010）。

1978 年的《阿拉木图宣言》中以 "2000 年人人享有健康" 为目标，这个目标引导着 1970 年代后的健康不平等研究（刘慧侠，2011）。1980 年，《布莱克报告》（*The Black Report*）指出英国不同社会经济地位的人在统一的全民健保体系中，但他们的健康却存在巨大差异（黄洁萍，2014a：8）。同时这个报告的产生，使学者逐渐认识到社会分层与健康的关系超出了利用贫困所能解释的范围（齐亚强，2013）。至此社会经济地位视角开始受到重视，健康不平等便引起了社会学界的极大关注（Clarke，Smith，Jenkinson，2002）。在英国《布莱克报告》之后，Acheson 又在 1998 年发表了另一篇报告，在其中进一步说明了社会因素（贫困、教育、收入、社会流动和环境污染等）对健康不平等的作用（Rait，1999）。

可见，健康不平等的研究是从医学开始，进而发展到社会科学领域的。健康不平等研究逐步关注非医学的因素，是一个从医学化到去医学化的过程，例如社会经济地位等社会因素对于健康不平等的影响。主张去医学化的研究者认为，健康是一种社会历史文化现象，健康问题实质上是一种社会问题，通过社会结构的改变可改善整个群体间的健康差异（梁君林，2010），因此健康问题也进入了社会学研究的范围。

不同于去医学化的过程，现在的另一种研究趋势就是学科融合及医学化的趋势，比如医院测量的客观身体指标。现有的对于基因的测量与研究也被提上了日程（Guo and Li，2014），社会学者对健康的测量也开始尝试使用更客观的医学数据进行研究。

（二）健康不平等研究的现状

从医学、经济学、社会学、流行病学等各个学科对健康不平等进行研究，实现学科间相互促进和交融。经济学在研究健康不平等方面拥有坚实的基础，而社会学视角是本研究要论述的重点。除了经济学、社会学、社会流行病学对于健康有所研究，还有些分支学科对于健康不平等进行关注，如医学社会学、健康人口学、健康社会学等。不同学科的研究，其实都是为了探究影响健康的因素。最初因为医学技术不发达，疾病病死率较高，另外贫困人口的营养不良都会导致疾病的产生和恶化。但是到社会发展的后期，随着几大重要的传染性疾病被人类征服，医学的主要难题转变为慢性病和变性疾病，并且还没有找到显著的治疗方法。流行病观察显示，一些消费行为（烟酒、饮食）和生活习惯同这些疾病有着显著关联（戈尔德贝格，1982；雷诺，1987）。因此健康问题不再是医学可以解决的，在医学的基础上发展出了医学社会学。随着对于健康不平等的研究逐渐呈现去医学化，变得多样化和实证化。社会学中出现了健康社会学，经济学中有健康经济学，管理学中有公共卫生，还有很多分支学科不断出现和发展。

医学社会学、流行病学、健康人口学都是在医学基础上发展而来的，它们更多关注的是不同的疾病产生机制。经济学主要是从人力资本的角度，关注健康的投资与回报，公共卫生则更多关注医疗资源的分配和政策的制定。那么社会学分层视角就要关注"谁得到了健康，以及为什么得到"。健康是一种社会资源，同时也是一种消费品（科克汉姆，2000）。不同社会经济地位的个体追求健康，除了基于生物医学的需求之外，也是一种社会需求。社会流行病学、社会学等学科分别从不同维度进行研究，例如从住房、生活方式、邻里社区、婚姻家庭、社会支持、种族、区域位置、文化规范、社会制度与政策、社会结构等社会因素解释健康不平等现象（Lahelma，2010）。可以说目前对于健康不平等的研究百花齐放，而本研究继续从社会学视角出发，研究健康不平等如何生产，以及如何影响个体的地位获得。

三 健康不平等研究的理论视角

（一）收入与健康不平等的假说

在经济学中主要关注的是需求与消费。因此经济学对于健康的关注，主要分为健康需求理论和人力资本理论。首先 Fisher（1909）提出健康是财富的一种形式，疾病带来的损失主要包括因为生命结束从而丧失未来的收益，损失还包括因疾病而减少的工作时间，还有治疗疾病的花费。Mushkin（1962）首次提出健康和教育是人力资本的组成部分，劳动者的人力资本存量由健康、知识、技能和工作经验等构成。Fuchs（1999）指出健康和教育对于收入的影响具有长期性，另外投资是资本性的，健康主要通过延长劳动时间来增加收入。Grossman（1972）提出健康生产函数的概念，指个体利用自己的时间在市场上购买相应的医疗保健服务，也是属于生产健康的手段。

回到本研究的论述重点健康不平等，经济学对于健康不平等研究也主要考察收入不平等，因此收入不平等与健康是其中最主要的理论假说（刘慧侠，2011：15～20）。其中包括绝对收入假说，简单说收入越多健康越好；相对收入假说，相对一定范围内的平均收入水平而言的相对收入会影响健康（Wilkinson，1998）。匮乏或贫困假说，收入和健康之间相对关系只有在一定收入以下才成立，在一定条件下收入越低健康水平越差。因为文化、职业、生活方式、劳动量和劳动强度不同，可能出现不同的行为方式，而这些决定了人们获得各种健康产品和服务条件。另外社会经济地位也会影响人们心理状态和外界认知（刘慧侠，2011：10～15）。

齐亚强（2012：3～10）的研究运用这一理论，将前文所提到的因素整合，主要将其分为两种竞争性假说：威尔金森假说（The Wilkinson hypothesis）和绝对收入假说（The Absolute Income hypothesis）。威尔金森假说也称为"收入不平等假说"，威尔金森的一系列研究（Wilkinson，1996，1997）指出收入不平等主要通过社会心理影响到个体的健康。在相对收入差距过大的社会，社会更具有侵略性、压抑性，长期生活在这种社会中会增加患心血管疾病和慢性病的风险。社会地位低下会出现个体的控制力不足，对于未来的可预测性低，形成社会压力；另外社会地位相对低下，消除压力的社会支持也会缺乏。相对剥夺会影响社会心理，贫富差距也会拉大社会阶层间的距离，导致社会认同下降，信任体系和社会关系恶化，从而会影响健康（Wilkinson，1996；1997）。除此之外，收入不平等也会通过公共投入的差异进而来影响健康（Lynch et al.，2000）。收入不平等会使政府在建设和资源分配上出现不均，另外因为穷人对这些医疗保障的依赖性更强，那么穷人则会受到更多的影响。

与威尔金森假说相对的假说是人们认为收入不平等与健康间的关系并不是因果关系，只是统计上的假象（Deaton，2001；Lynch et al.，2004）。其中普雷斯顿（Preston，1975）指出各国间预期寿命可能部分由国家收入分配状况影响。Gravelle（1998）表示过去利用集合数据研究是典型的生态谬误，反映的是个体层次上收入与健康的非线性关系，这种观点被称为绝对收入假说。

（二）社会因果论与健康选择论

社会学和公共卫生在社会经济地位对健康不平等影响方面提出了两种理论假设：社会因果论和健康选择论（许伟、谢熠，2014），这也是王甫勤（2011）等社会学家在研究中使用的理论解释。大量研究发现，收入不平等与健康指标存在负相关，但收入不平等与健康是否存在因果关系，收入不平等是否真的会影响健康，还只是一种统计假象，并且存在争议（齐亚强，2012：8~12）。

社会因果论认为健康与社会经济地位（Socioeconomic Status，SES）相关的教育、收入、人际关系等存在相关关系，因而社会经济地位的不平等会产生健康的不平等。持有健康选择论的观点认为健康是个体社会流动的重要因素，好的健康状况可以有更高的上向流动的概率，健康水平较低的人下向流动概率越高，从而以健康为基础的社会流动产生了健康的不平等（Elatad and Krokstad，2003）。国外对健康不平等的研究，大多基于社会因果论，从经济收入、教育、社会地位等方面对健康不平等进行说明，并且多数研究都证实了社会因果论，即认为社会经济因素对健康不平等具有显著影响。国内在此方面的实证研究显得相对欠缺，但也有不少学者做出了重要贡献，如学者运用中国的卫生服务总调查数据研究收入相关健康不平等（胡琳琳，2005），以及运用卫生调查数据对农村健康不平等进行了分析（任小红、王小万、刘敬伟，2007），从社会流动方面考虑健康不平等（王甫勤，2011），运用全国性截面数据对健康不平等进行综合实证分析等。

（三）健康社会学理论

健康社会学中有专门对于健康研究的理论论述，凯文·怀特（Kevin White）在《健康与疾病社会学导论》中归结了四种主要的社会学理论：新自由主义方法、马克思主义政治经济学方法、帕森斯的健康社会学和福柯的健康社会学（黄洁萍，2014a：13）。新自由主义强调个人在健康中的作用和责任，强调个人维护健康与社会系统的运作无关；马克思主义的政治经济学则强调个人健康是资本主义运作的结果，健康结果与阶级直接相关；帕森斯的健康社会学理论结合了系统理论，认为个体是社会单元的组成部分，健康需要积极预防维护；福柯的健康社会学关注权力结构，提出了"社会控制"的概念。

可见，在健康不平等的研究中，经济学和社会学都在各自的学科基础上进行了拓展，经济学是传统的需求与人力资本理论，对健康不平等研究中更加注重收入因素对于健康的影响，提出绝对收入假说、相对收入假说和匮乏或贫困假说。而社会学是在健康社会中对健康理论沿袭的基础上，更多关注健康不平等社会因素的实证研究，将社会因果论与社会选择论作为健康不平等的解释框架。社会选择论，注重健康对于社会经济地位获得的影响，个体拥有良好的健康状况更可能获得较高的社会经济地位。社会因果论认为健康是受到社会结构因素影响，个人所处社会经济地位能影响健康状况，现有研究中较多使用的是健康因果论（黄洁萍，2014a：8~10）。

四　影响健康不平等的因素

健康不平等的研究始于 20 世纪 80 年代，研究主要是使用各种指数衡量健康不平等程度并探索影响健康不平等的因素。经济学中最常见的是国别间的比较，因此最早的文献主要关注不同国家或地区的总体健康不平等的程度。如 Le Grand（1987）比较发达国家中的健康不平等状况时利用基尼绝对系数等方法。Propper（1992）研究发现英国存在偏向于富人的健康不平等。20 世纪末期，有学者开始着手研究造成健康不平等的因素（Wagstaff and Van Doorslaer，2004）。此时的研究开始从影响健康的因素到健康不平等原因转变，从健康不平等的现象到探究不平等的本质，换一种说法就是从相关关系的分析到寻找因果关系。健康不平等研究关注年龄、婚姻状况等人口特征，以及社会经济特征对健康不平等的影响（倪秀艳、赵建梅，2014）。下文将综述研究中影响健康不平等的主要因素。

（一）生活方式与健康

健康生活方式是指个人的做法、行为以及规范的集合，在传统意义上包括饮酒、吸烟和饮食等习惯。广义的健康生活方式除了上面的习惯外，还包括社会背景如工作条件等（科洛斯尼齐娜、西季科夫，2014）。那么阶层、生活方式、健康三者的关系如何，很多学者投入这个研究中。在这一点上，马克斯·韦伯认为社会经济地位越高的人越趋向于良好的生活方式，从而会产生更好的健康状况。他也认为可以通过生活方式来判断阶层，因为阶层是社会生活的客观维度，特定的生活方式可以辨别个人属于什么群体。他们会在同一个地位群体中因同质性的作用而有相似的生活方式，而生活方式是建立在人们消费什么，而不是看他们生产什么（于浩，2003）。布迪厄对生活方式的讨论也非常深入，他从饮食和运动偏好层面来研究不同阶层的区隔，他认为专业技术阶层更注重保持体型，工人阶层更注重维持体能而没有那么注重体型（Cockerham，2009）。

在医学社会学研究中，根据与健康的因果距离，研究者将社会因素划分为三个层次：距离最近的影响因素，包括与健康相关的生活方式和行为

（如吸烟喝酒、饮食方面和运动等）；中等距离的影响因素，如人们与社会和家庭关系、社会支持网络；最远端的影响因素包括人们的生活与工作条件（如关注社会结构与分层因素）（Lahelma，2010）。

而经济学家的出发点是人是理性的，因此他们认为人们知道未来健康取决于今天的投资（戒烟、戒酒和健康生活习惯），那么人们会使用理性来判断是否保留不健康习惯，要把"必须的牺牲"和"未来收益"进行比较（Du et al.，2004）。而那些有不良嗜好的人属于目光短浅而不考虑未来（健康），理性者懂得必须拒绝生活中的不良嗜好，从而获得更健康的身体。美国学者恩格尔则通过对疾病各个因素的分析得出各个因素的占比，50%的疾病与生活方式和行为有关，20%与环境因素有关，包括社会环境和自然环境，20%与遗传等生物学因素有关，还有10%与卫生服务有关（Engel，1977）。世界卫生组织等机构的研究也表明，生活方式对于健康的作用十分重要。

国内也有一些关注生活方式与健康的研究，蒋琴华、钱佳红（2010）使用江苏省部分高职院校大学生的调查，通过分析证明了锻炼等生活方式有助于身体健康。而同时生活方式在现有的研究中往往被作为社会经济地位的中介变量，王甫勤（2012）和其他学者都证明了此结论。其中黄洁萍、尹秋菊（2013）用"中国健康与营养调查"数据和机构方程模型，考察了社会经济地位、生活方式与人口健康的关系，结果显示不仅社会经济地位直接影响健康，也通过生活方式（吸烟、饮酒和体育锻炼）间接影响健康。

（二）居住方式与健康

Smilkstein 在 1980 年将家庭定义为"能提供社会支持，其成员在遭遇躯体或情感危机时能向其寻求帮助的，一些亲密者所组成的团体"。其中隐含体现的就是家庭的功能性。从功能主义的视角看，家庭是孩子生长的最基本社会组织和社会制度，家庭生活经历对于孩子成长和成年后的生活机遇都至关重要（Parsons，1949）。而对于孩子来说，家庭结构可以等同于居住方式或同住方式。

家庭结构体现的是家庭成员的组成，以及家庭成员间的相互作用、相互影响的状态，由这种状态形成相对稳定的联系模式（关颖，2003）。而对于家庭结构的关注起源很早,《中国家庭发展报告2014》中就提出中国家庭面临的三大挑战。首先就是因城镇化产生的流动家庭和留守家庭困难。其次,户籍还是一种身份制度,即使面对同样的个体,也会因为城乡户籍而在劳动力市场产生巨大差异。同时,职业与健康有着紧密的联系,体力劳动者的健康损耗要大于非体力劳动者。最后,因为户籍制度在近几十年的松动,每年都有数亿人从农村向城市迁移,而这种迁移也会对他们的健康产生影响。

随着大量留守与流动现象的产生,居住方式因城镇化而产生变化,因此很多学者从居住方式的角度研究留守、流动儿童的精神健康状况。研究中多关注留守儿童的健康状况,结论显示留守居住方式、家庭功能和健康之间存在相互影响。原本核心居住方式的变化减弱了留守家庭获取社会支持的能力,从而会影响此类居住方式中个体的健康状况。在隔代型的留守家庭中,留守儿童无法得到父母的照顾和抚养,其精神状况则可能变差,具体体现在:孤独倾向、焦虑度、身体疾病症状等均明显高于父母一方和孩子共同留守的家庭,这些都可以反映出留守导致孩子健康受损(高红霞等,2016)。

杨舸(2017)利用"家庭动态调查(CFPS)"数据结果显示,现在的家庭规模不断缩小,居住方式也发生显著变化,具体表现为核心家庭比例下降,直系家庭、单人家庭、空巢家庭比例提升。王跃生(2013)利用综合调查数据分析中国城乡家庭结构变动,发现1982年到2010年全国的家庭结构发生了巨大变化。

随着社会转型,居住方式发生变化,随之而来的是家庭功能的变化。对于老年人来说,养老问题开始呈现,居住方式和代际居住模式的变迁使家庭功能减少,家庭养老面临危机(杨舸,2017)。对于工作群体来说,居住方式会影响个体劳动参与率及工作时间,研究结果表明多代同堂家庭中,老年父母协助女儿料理家务有助于女性有更多的时间投入工作(沈可、章元、鄢萍,2012)。

也有的从心理学角度关注居住方式,探讨不同居住方式下儿童的人格特征及其差异,结果显示,正常家庭的儿童与离异重组、留守寄养家庭的儿童相比,精神质得分低、掩饰性得分高(王艳祯、滕洪昌、张进辅,

2010）。另外有研究发现，生活在三组不同家庭（传统家庭、核心家庭、特殊家庭）的学生心理健康水平相差较小，特征主要表现为传统家庭以人际关系敏感为主，核心家庭以强迫为主，特殊家庭以抑郁为主（赖文琴，2000）。当然心理学也有另外的研究结果，家庭功能对心理健康的影响具有显著性（徐广明等，2014）。学者研究居住模式对于家庭功能的作用是相互的，子女需求也会受是否与父母同住的影响（许琪，2013）。这就更加说明了家庭功能的重要性，而居住方式也是家庭功能的体现。

（三）社会网络与健康

社会网络在一段时间内成为研究者关注的重点之一（鲍常勇，2009）。社会网络的基本观点认为个体作为行动者，镶嵌在由社会关系、社会互动两者组成的社会网络中。社会能动者（Social Agent）作为节点，社会网络就是节点和其间连线的集合（刘军，2009）。这里提到的"节点"可以指个体、组织，"连线"指节点间的具体关系（如亲属、朋友、同事等）。社会网络是重要的研究视角，因此很多学者研究青少年心理与社会网络的关联性（侯珂等，2014；李永强、黄姚，2014）。

目前研究社会网络与健康的学者主要采取两种视角。一种是"功能论"视角，主要关注社会网络中可能提高的"社会支持"，而社会支持会对健康产生积极作用。另一种是"结构论"视角，关注个体在社会网络中的结构对于健康可能产生的影响（赵延东、胡乔宪，2013）。

在"功能论"的研究者看来，社会网络是一种可对健康产生积极作用的机制，主要可以通过社会网络来提供社会支持（Lin et al.，1979），比如社会网络可以提供健康知识，使人们积极采取有利于健康的行为（House et al.，1982）。中国在社会转型时期，需要有社会网络中的社会支持来弥补正式制度的不成熟，以往在劳动就业、流动人口等领域的研究都证明了这一点。对于留守儿童的研究也有运用社会网络视角来分析的，在研究中把留守儿童的社会关系分为两种，一种是以外出打工父母与监护人为主的家庭，另一种就是朋友、同学等有情感性交往的同辈关系（孔炜莉，2009）。赵延东、胡乔宪（2013）研究社会网络与母乳喂养的关系，从而验证社会网络主要通过提供社会支持与信息来促进健康行为，进而改善健康状况。

结构论者的研究认为社会网络具有结构性的作用，它是人们获得社会支持的重要渠道。人们与社会网络成员的长期互动关系，会形成对资源可得性和获取方式的心理感知，这会直接影响健康行为与后果（赵延东，2008）。结构论者主要从关系的视角对个体生活进行研究，青少年的社会关系与成年人相比，交往渠道比较单一。研究表明，初中阶段的留守儿童情绪主要受父亲和朋友的影响，非留守儿童主要受朋友、父亲、教师的影响（张鹤龙，2004）。社会网络产生的支持作用，可以缓解工作压力等（Berkman and Glass，2000；Kuper and Marmot，2003）。国内也有类似研究，社会网络（赵延东，2008）、社会支持对健康产生重要影响，并且研究社会比较和社会网络对健康不平等的影响（姚会静、赵乙人，2014）。

（四）社区与健康

社会资本理论不仅被广泛运用于研究社区共同体，经济的繁荣与发展，教育、犯罪、政治统治形态与效果等问题，而且成为医学社会学和公共卫生学研究的新视角。相关研究表明，社会资本（信任、互惠和网络）对心脑血管疾病、心理健康以及主观健康感都有重要影响，而且这种影响不会因为收入变量的加入而发生显著变化。社会资本与健康的关系还会受其他因素影响（如国家、性别和年龄等），因此需要更多实证研究来验证社会资本与个体健康的关系（朱伟珏，2015）。

而作为社会资本的重要承载，社区扮演了重要角色。Robert 等（1967）强调情感、传统和历史在社区中是主流，社区是城市社会和政治组织最小的单位。帕克确立了社区的两个维度——物理维度和社会维度，将社区等同于"地域共同体"。"社区的物理维度指社区的地域性或空间性，即社区是具有一定边界的时空存在；而社会维度是指人们在共同生活中存在和形成的功能上、组织上、心理情感上的联系"（王小章，2002）。社区能否形成真正地域共同体，取决于两个维度的相互建构关系，居住与生活在共同空间是否可以形成相对应的网络、认知和情感，另外这种网络是否可以将空间构成独特的意义空间（方亚琴、夏建中，2014）。Coleman 和 James（1988）在研究社区社会资本时强调社区的凝聚力、规范和动员能力等，社区因素对青少年发展产生的影响十分重要。因此社区效应也是健康研究中的重要方面，小区的资源优劣等都会对健康产生影响。研究表明，拥挤的住房、低劣的房屋质量、嘈杂、贫穷、交通不畅、邻里冲突、种族歧视和社会排斥等都会给孩子带来压力，这对孩子成长与发展都是不利的（派瑞欧、崔效辉，2008）。另外居住空间也是重要的健康资源，居住在较差的居住空间会对身心健康造成不好的影响（Fuller et al.，1993）。

从儿童角度研究表明家庭环境和社区环境（卫生医疗服务、基础设施等）共同影响儿童健康状况，并呈现相互影响（Edwards and Grossman，1981）。从老年人角度，更便利的社区医疗设施，加上社会支持都会显著地促进老人健康；更多联系和社会支持会促进他们主观上健康感的提升（朱伟珏，2015）。

地区性的差异在中国也体现在城乡差异上，基本卫生医疗服务的普及极大地改善了儿童的健康状况（Thomas，Lavy，and Strauss，1998）。同时在农村的社区基础设施的改善，如交通、用水和卫生条件也会对儿童健康状况有积极影响（Oakley，1989）。实证结果也表明自来水普及对儿童身高有正面影响（Thomas，Lavy，and Strauss，1992）。在城市中弱势群体更可能受到环境的危害，研究发现城市中在环境风险分配过程中并不平等，外来人口群体是环境暴露风险的主要受害者（孙秀林、施润华，2016）。另外大量的人口迁移使以前稳定的社区瓦解了，人们对于邻里一无所知，以前的身份认同融于所生活的社区，基于彼此的认识，但现在的身份认同需要通过消费主义来达成。因此，自我意识还没有确定的青少年的处境尤为困难，他们需要面对成百上千的同学，这会给他们带来压力（威尔金森、皮克特，2010：41~42）。目前居住分异的研究关注不同群体，他们在居住空间上所形成群体性的集聚和分异（李志刚，2008）。另外针对不同社会阶层群体的研究结果表明，社会经济地位上的差异也会体现在居住空间上（吴启焰，1999）。

（五）收入因素与健康

收入因素在考察健康不平等影响因素中受到的关注最多，收入如何影响健康不平等的机制已有很多的成果，例如社会经济地位可以导致医疗服务可及性和质量差异，进而带来健康不平等。国外有研究发现，虽然各国健康不平等状况存在差异，但每个国家都存在亲富人的健康不平等，即健康不平等对高收入者有利（Van Doorslaer，1997）。Wagstaff（2001）通过研究越南儿童营养调查数据发现，收入与卫生条件是影响青少年健康不平等的关键要素。那么是不是更均衡的收入会带来更好的健康水平呢？研究发现，较低的收入不平等将产生较好的健康，这个趋势是通过国际比较 56 个富裕国家和贫穷国家得到的（Rodgers，1979）。对 98 个研究进行综述发现，其中 42% 的研究显示完全支持，25% 的显示部分支持，33% 的显示不支持，数据没有显著性（Lynch et al.，2004）。因此收入高低并不完全可以解释健康不平等的差异。

国内对健康不平等的定量研究也逐渐增多，有学者使用 HOPIT 模型修正了自评健康测量上的偏差，并采用集中指数评估不同收入群体间健康不平等程度（刘宝、胡善联，2003）。解垩（2009）使用中国营养健康调查（CHNS）数据研究与收入相关的医疗服务不平等和健康不平等，结果表明中国也是存在亲富人的健康不平等，农村不平等程度高于城市。结果显示在平均健康水平下降，在同时期收入导致的健康不平等增加的双重影响下，中国的卫生健康绩效逐年下降（倪秀艳、赵建梅，2014；解垩，2009）。黄潇（2012）使用 CHNS 数据发现，收入不平等是导致健康不平等的重要原因，其研究也对健康不平等进行了测量和分解，发现了城乡都存在亲富人的健康不平等，并且城乡中的差异程度不一致。胡琳琳（2005）利用数据计算了样本中各区县健康集中指数，并与 Van Doorslaer 等研究的欧美国家的健康集中指数相比较，结果显示我国的收入相关健康不平等程度相对较高，高收入者会更健康。

因为存在收入对健康不平等影响机制不同的声音，因此也没有公认的结论。大部分研究认为收入越高，健康状况会越好（Braveman，2006）。劳瑞和谢宇（Lowry and Xie，2009）对中国民众的健康不平等进行的研究也有同样发现，人们的收入水平同他们的健康状况呈正向相关关系，即收入水平提高，主观上健康状况也越好。但是也有一些研究得出收入对健康无统计显著性的结果（黄洁萍，2014a：26～28）。收入因素对于健康的作用究竟有多大，尚无统一定论。学者 Lynch（2000）研究认为，社会经济地位通过物质机制作用于健康。这个论断受到很多的批评，因为不论是发展中还是发达国家，社会经济地位导致的不平等有加剧趋势，因此应该有物质以外的中介变量对健康起作用（Black et al.，2000：1200 - 1236）。中国的实证研究也支持了收入不是唯一因素的观点，王曲、刘民权（2005）在论述健康生产函数的同时，对收入和收入差距影响健康的作用机理进行了系统归纳。制度的差异也会导致收入与健康不平等的关系并不是线性的。例如，齐良书（2006）运用 CHNS 数据检验了居民自评健康与家庭人均和社区内收入不均之间的关系，发现城乡差异和职业差异具有重要影响。封进、余央央（2007）也同样使用 CHNS 数据，发现收入差距对健康的影响存在滞后效应，并且结果显示二者间的关系呈"倒 U"形。

（六）社会经济地位与健康

社会经济地位与健康水平之间的因果关系到底该如何确定，现在依然存在争议（Warren，2009）。争论主要集中在两方面：社会因果论和健康选择论。社会因果论认为健康受到社会结构的限制，个人在社会中所处的位置决定了其健康水平（Dahl，1996）。健康选择论则认为健康状况是人才流动的筛选机制之一，健康状况好的人才能获得更高的社会经济地位（West，1991）。健康选择论的观点更多是将健康作为重要的人力资本，这一点经济学关注的更多。而本研究关注的群体则没有选择理论的困扰，因为样本中都是初中二年级的学生，其没有独立的经济来源，主要是依附家庭中父母的社会经济地位。王甫勤利用中国综合社会调查（CGSS）2005 年的数据也对这两个理论进行了比较，结论是两者都有效，但社会因果论解释力更强（王甫勤，2011），因此在研究中将采用社会因果论来论证与解释。

现有研究社会经济地位对于健康的积极作用得到了国内外众多研究的论证，国内学者在社会经济地位与健康方面也发表了众多研究成果，研究针对不同的群体——老年人（薛新东、葛凯啸，2017）、女性（黄洁萍、尹秋菊，2013）等。国内的研究阶段也逐渐得到深入拓展，有学者研究社会经济对健康影响与年龄的关系，研究内容为随着年龄的增长社会经济因素的影响是发散还是收敛，结果显示社会经济地位对于健康的影响具有持久性，影响各个年龄阶段，并且会在某些指标上具有累积性（李建新、夏翠翠，2014）。在本研究中，样本的选择实际上是控制了年龄的差异，因为都是初中二年级的学生，所以年龄差异很小。

现有研究中社会经济地位对健康的机制性研究也有突破，研究者利用CHNS 数据证明生活方式是社会经济地位对健康的中间机制（高兴民、许金红，2015）。研究还发现社会经济地位不但直接影响健康，还会通过生活方式间接影响健康。社会经济地位通过生活方式（吸烟、饮酒和体育锻炼）作为中介变量，它对自评健康的影响大于对健康的影响，其中教育与职业是影响生活方式和健康最重要的因素，而家庭收入对两者的影响都较小（黄洁萍、尹秋菊，2013）。

社会经济地位影响健康的路径是多元化的，如教育作为社会经济地位的重要测量指标，对将来的职业和收入有直接影响，也有助于提高人们的健康素养和促进健康生活方式；职业方面，是否被雇用意味着是否有稳定的收入，工作环境的风险也将直接影响健康状态，人们对工作内容的控制性程度影响人们的工作压力和心理健康；收入和财富的多少决定人们营养的摄入、住房条件、休闲方式和购买健康服务的能力；低社会经济地位者住房条件差，社区社会资本量低，居住地如存在靠近工业区、存在社区暴力、信任度低等情形，因而解决健康不平等需要靠一系列的政策支持，如教育政策、劳动力市场政策、收入分配政策、住房政策等（Adler，Nancy，and Newman，2002）。

（七）教育因素与健康

健康是生产力增长的先决条件，教育是否成功也需要依赖健康。另外，教育和健康都是发展和增长的重要因素，在经济发展中具有核心地位（李亚慧、刘华，2009）。对个体来说教育和健康都十分重要，教育和健康是人力资本中两个相辅相成的方面。教育的提高可以使工作能力提高，进而增加收入弥补其他健康决定因素；知识的增加也意味着会有更健康的生活方式（周靖，2013）。

学校教育有助于人们选择更健康的生活方式，从而有利于健康水平的提高。研究不同教育水平对健康以及健康不平等的影响，发现教育导致的健康不平等经常被低估，并且被低估的程度在不同国家之间存在差异。另外有研究指出教育的差异将加剧健康不平等程度（Yiengprugsawan，2010），结果显示具有低教育程度（小学水平）的个体与具有初中及以上教育水平的个体相比，他们间健康不平等程度的影响最显著，占教育对健康不平等影响的 58.5%。

中国的实证研究也论证了教育对于健康不平等的重要作用。邓曲恒（2010）将自评健康状况变为含有基数性质的健康效用指数，采用集中系数对与收入相关的健康不平等程度进行估计和分解，发现收入、教育、就业等变量对健康不平等起到了促进作用。在家庭教育方面，高收入家庭儿童的健康状况更好，不同收入的影响会有差异，母亲的教育水平以及是否参加工作对儿童健康有正面影响（顾和军、刘云平，2012）。对于中国儿童的营养不良情况集中度指数进行分析，结果发现城乡间、省份间差异和个体受教育程度的差异，都会加剧个体营养不良的不平等（陈苗等，2006）。

因为中国农村义务教育与城市存在质量上的差异，城市地区有巨大的社会资源优势。胡安宁（2014）发现高中教育弱化了城乡间的差距，城市义务教育阶段的健康回报高于农村，高中阶段的健康回报是农村高于城市。他在文章中呼吁城乡教育不光要在数量上消除差距，质量上也要减少城乡差距，农村地区要普及高中，对于教育对健康具有提升作用是到了高中阶段才能显现出显著的促进作用的。另外研究也表明受教育越多的人体重过重，这与受教育程度高的群体多从事非体力劳动，久坐的工作方式有关（叶华、石爽，2014）。

（八）医疗资源、政策与健康

医疗资源的分配对于健康来说是重要的外部条件，健康和医疗服务利用公平分为水平公平和垂直公平两类，水平公平更多强调的是机会公平。水平不平等则被定义为医疗利用并不是因需要变量的影响，表现为面对有一样需要的个体会因为其他因素的影响，从而个体间得到的是不同的医疗保健（Stephen，Matthew，and Hugh，2005）。其中 Wagstaff（2001）利用集中系数分解方法研究越南的健康不平等，并试图以此寻找不平等的根源。

社会经济地位同健康状况之间的稳定关系得到普遍支持，在非全民医保国家，是否拥有医疗保险被作为社会经济地位影响健康状况的中间机制。研究发现社会经济地位高的人，拥有健康保险（尤其是私人保险）的比例也越高，他们可以购买或享受更好的医疗服务和医疗照顾，从而获得更好的健康结果（Ross and Mirowsky，2000）。拥护者们据此认为应当扩大医疗保险的覆盖面以降低不同社会经济地位人口之间的健康不平等（Kim and Richardson，2012）。因此需要通过加强医疗保险的覆盖面来消除低社会经济地位者的健康劣势。美国最新的研究发现对失能人员而言，增加医疗保险覆盖之后，虽然平衡了不同群体之间医疗资源的分布，但是这并未消除由于种族和社会经济地位所引起的医疗服务获取和使用方面的差异（Miller，2014）。回到中国的研究情境，中国农村合作医疗体系的逐渐退出，医疗费用成为主要负担。近年来因病致穷是导致跌入贫困线的主要原因，而不是收入的减少（Banister and Zhang，2005）。

五　国内现有研究评述

（一）　国内现有研究之不足

20 世纪 80 年代，国内学者开始对健康不平等进行研究，目前已经有了大量的研究成果，经济学、社会学等学科都已加入，学科间的融合也在逐渐产生。并且随着经济的发展和人们生活水平的提高，大家对于健康的需求也越发强烈，与此相对应的是健康不平等的持续拉大，因此寻找健康不平等的重要原因及运行机制的研究也必将持续下去，但从目前对以往研究的梳理发现，国内社会学领域还是存在有待提升的地方。

1. 研究程度需进一步加深

经过研究者的投入与努力，健康不平等的研究也得到逐步发展，Adler 和 Stewart（2010）将社会经济地位与健康关系研究分为五个阶段（如图 2-1所示）。与西方健康不平等的研究相比，中国在这一方面的研究还远远不够，中国现有的研究基本是在第一、第二阶段，已有少量的研究进入第三阶段，把生活方式和社会情境作为中间变量。比如分析社会经济地位如何通过生活方式影响城镇劳动力健康（黄洁萍、尹秋菊，2013）；社会经济地位影响体育锻炼，进而影响自评健康状况（王甫勤，2012）。

中国目前的健康不平等研究虽然有很多研究成果，但是总体上研究进

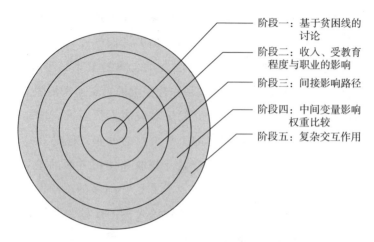

阶段一：基于贫困线的
　　　　讨论
阶段二：收入、受教育
　　　　程度与职业的影响
阶段三：间接影响路径
阶段四：中间变量影响
　　　　权重比较
阶段五：复杂交互作用

图 2 - 1　社会经济地位对健康不平等影响研究阶段

展程度不够深入，对于机制和原因的探讨还较少。如果将中国目前健康不平等研究按照学科分类分析的话，会发现现有的文章以经济学的研究为主，而且大多数是研究收入对于健康不平等的影响。目前国内社会学对于健康不平等的研究正在起步阶段，文献中有齐亚强（2012）考察收入对于健康的效果；王甫勤（2011）研究社会流动对于健康的促进作用；牛建林（2013）主要研究城乡移民的健康选择性；胡安宁（2014）着重研究教育对于健康的正向效果。出版著作中健康不平等研究的依旧是以经济学为主，就连社会学家也是从经济学视角去研究。因此需要确定社会学的研究视角，从社会分层的视角去研究健康不平等、健康的获得模式，并且看单个和多个因素的交互影响，进而得到中国健康不平等的生产机制和影响。

2. 研究视角需要改变

研究视角也是本研究着重强调的，现有国内的研究结论主要是类似西方工业国家的实证结果，对于在考察收入不平等与健康的关系时要控制哪些可能的混淆变量没有达成共识。所发表的文献多为收入不平等和健康指标间的简单关系（Wilkinson，1992b），其中部分研究控制人均收入水平后考察收入不平等与人口健康关系（Rogers，1979）。但是面对中国不同情境的时候需要考虑其特殊性，尤其是中国的经济在近几十年迅猛发展，社会经济制度转型使原有的社会结构发生了变化，因此不能无视这样的社会变迁，因为社会结构和制度变迁都会对健康因素产生不同的配置，进而影响到健康不平等的机制（齐亚强，2012）。需要把健康不平等放到整个社会背景下，并且从个体的生命历程的角度去研究，健康并不是独立的、片段性的事件，而是可能影响个体一生的事件。

以西方国家为主的学者研究路径和影响健康不平等的因素分析，从中可以发现发达国家研究表明社会经济地位主要通过物质结构、生活方式、社会心理和社区邻里环境影响个体健康，但机制仍然存在分歧并且不清晰（黄洁萍，2014a：2）。对于中国的健康不平等现象，很多研究也表明中国存在显著的健康水平差异。大多数研究认为社会经济地位是人们健康水平最重要的决定因素，但对其影响机制缺乏理论解释和检验。社会流行病学研究关注生活方式和行为，但是没有注意社会结构因素对人们形成生活方式起到的作用（王甫勤，2012）。

社会发展对于健康研究有多大的作用？可以发现，当美国的民权运动兴起，美国的研究中就有很多文章是关注种族间的健康不平等。随着女权运动的发展，人们重视男女性别间的健康差异研究（Anderson，2005；Auerbach and Figert，1995；Beatty et al.，2004）。美国的刑罚制度扩张，因此大量研究关注监禁对于健康的影响（Pettit and Western，2004；Murray and Farrington，2008）。

除了社会结构对生活方式的形塑，还应该注意到中国特殊的研究情境。比如中国经济迅速发展，带来了经济不平等的加剧，教育、医疗、住房上的开支加大。健康不平等的加剧也不是只有中国如此，1990 年代以后，健康和收入差异导致的不平等高于以往，并且两者相结合的不平等程度比以往要高得多（詹宇波，2009）。更加需要关注到的是，近 30 年也是中国社会转型、制度变迁的时期，中国的问题也有着特殊制度背景，因此更需要关注中国的社会结构因素对于健康不平等的影响。

3. 内生性问题有待解决

对于健康不平等的研究有几个方面经常被诟病，其中一个就是选择性、双向因果的问题，也是现在社会科学研究在寻求解决的问题。这一问题其实在研究健康不平等的理论视角中就有所体现，解释健康不平等是用社会选择理论还是健康因果理论。产生这样问题的原因可能是数据，因为现有研究大量使用的是截面数据，只有单个时间节点的健康数据，对于健康的研究只能找最靠近个人本身的因素去研究，目前生活习惯对于健康不平等的影响被广泛认可。因果关系是有先后顺序的，在实际研究中没法判断测量的健康状况是在研究事件发生之前还是之后。

还有比较严重的问题就是样本选择性，以农村务工人员健康为例，我们的猜想是进城打工者会比城市人的健康状况差，因为医疗卫生水平、劳动强度等劣势的原因，但是研究发现（牛建林，2013），进城打工者比城市群体有着更好的健康状况，不能错误地认为进城打工有利于农村务工人员健康。这就是选择性的缘故，在城市的农村务工人员因为有健康的身体才能去应对繁重的体力工作，而那些健康受损的农村务工人员可能找不到工作返乡了，因此结论应是选择性的缘故，其实是严重影响了打工者的健康，造成了城乡间严重的健康不平等。

解决这样的问题可以从两个方面入手。一是完善数据，能够收集到各个时点的健康数据，即使用纵贯数据就能判断先后影响的因果关系，但是由于收集成本高、难度大，所以这样的数据也不多。二是提升分析方法，采用更复杂的计量模型解决选择性的问题。如有的文章综合利用分位数回归、分解方法和反事实分析，分解了不同时期教育对农村居民健康不平等的作用，结果显示农村教育的公共投资不仅可以提高农民素质，并且有助于改变农村健康不平等状况（倪秀艳、赵建梅，2014）。再如胡安宁（2014）研究教育对健康是否起作用，文中使用了倾向值匹配的方法（PSM），这也是从技术上来解决问题的方式。未来的健康不平等研究依旧会遇到这样的问题，需要从数据和分析模型上来解决，并且不能忽视选择性的问题，否则会产生不对或者相反的结论。

4. 测量指标需更完善

上文中提到的学者对健康不平等现有研究的诟病，其中还有一个诟病就是测量。在人口学中预期寿命是常用来反映人口健康的指标，是反映收入不平等与人口健康之间相关关系的指标，如婴儿死亡率、年龄别、死亡别、自评健康、平均身高、自杀率等（齐亚强，2012）。而在社会科学研究中主要使用自评健康、身体功能状况、疾病发病率及抑郁症等，也有些学者在研究健康不平等时采用心理健康与身体健康。其中对于精神健康的测量，有的使用的是 GHQ – 12 量表（刘林平、郑广怀、孙中伟，2011），也有学者采用自我健康水平的自测结果（胡安宁，2014）。

自评健康是最常用和最流行的健康测量指标之一，因为它对健康状况和风险因子的包容性和准确性更高（Idler et al., 1997）。齐亚强（2014）也证明了自评健康的合理性，在一定程度上自评健康就代表了健康。但是因为自评健康的主观性，所以很多批评者怀疑其准确性。焦开山（2014）在研究健康不平等因素时发现，自评健康和客观健康指标不能呈现相同的不平等趋势。所以在健康不平等的测量指标上存在争议，目前有些跨学科的研究中也开始使用医疗数据来测量健康不平等，为的是获得更精确有效的测量指标。

（二）需努力的研究方向

针对前文对现有研究提出的四点不足，本研究提出解决办法，即对现有健康不平等研究需要确定社会学的分层视角并深入研究；要注意中国特殊的研究情境，需要使用长期性和生命历程的视角；注意选择性、双向因果等问题，需要使用高质量的追踪数据和复杂的计量方法；健康指标需要综合的和更加有效的测量。因此以下部分将对前文所提出的现有研究不足，加以补充完善。

1. 由微观到宏观

这里所讲的宏观与微观主要指的是影响健康不平等的因素，目前大部分研究关注的是收入、生活方式、教育、社会心理等因素对于健康不平等的影响，都是处在个体层面。但其实个体存在是与周围环境和社会结构联系在一起的，尤其是健康需要得到外界的帮助。因此需要更加关注宏观层面的影响，如社区因素，社区资源的配置也会导致健康差异（Flowerdew, Manley and Sabel, 2008）。

例如制度性因素就是本研究一再强调的，制度的变化将导致社会各要素结构发生变化，甚至是影响作用发生变化。中国宏观政治的动态过程起着直接并决定性的影响，影响着所有社会群体和个人的生活际遇，个人或家庭的特征和资本对生活际遇的影响因不同时期的国家政策而发生变化。例如教育在工业化市场社会中，对个人向上流动有显著性作用（Blau and

Otis，1967）。在中国，尤其是在市场经济时期，教育变成了向上流动的力量（周雪光，2014：19~26）。

正如学者研究经济政策对于国民健康有影响，《身体经济学》中提到经济决策不仅是增长率与赤字的问题，而且会影响到民众的健康不平等。作者通过研究美国大萧条、俄罗斯政治体制转型，考察瑞典、希腊等国对于经济衰落的处理的研究，认为紧缩政策对于公众健康的危害更大（斯图克勒、巴苏，2015）。苏联80年代末急剧转型，向着西方的市场经济转型，随之而来的是大规模经济崩溃。面对这样的情况实施休克疗法，自由化和私有化，这样的政策不仅造成了工人失业，也大大削弱了"从摇篮到坟墓"的社会福利制度（斯图克勒、巴苏，2015：30）。中国的改革也经历了类似的阶段和过程，市场化的逐步推进，医疗、住房、教育等都受到影响。大量的人口从一个社会阶层向另一个转移，这会影响到社会结构的组成。农民从农村向城市转移，他们是中国最大群体，他们不属于农民也不是工人，因此我们给他们取了个名字"农民工"。全国流动人口2017年底已达到2.45亿人，说明每6个中国人中就有1个是流动人口，其中"80后"新生代流动人口超过半数（59.8%）。① 新的社会结构产生，社会政策的变化会导致社会环境的变化，以及其他部分的变化，而这些变化并不是可以用收入来解释的（德吕勒，2009）。

随着中国社会的转型，很多制度和不平等状况也发生变化，中国的卫生体制从世界最公平的体制向不公平转变（田艳芳，2015：20）。那么这个转型的过程是如何起作用的，又是哪些人获得利益以及为什么获得利益的，这就将健康不平等问题纳入社会分层的视角，在制度转型下看健康不平等的问题。齐亚强（2013）也指出社会学中健康不平等的研究多关注社会分层，而中国的社会学研究不得不看社会分层。在分层研究中，学者关注的是收入分配机制的变化，这与研究健康不平等中人们也着重关注收入因素对于健康的影响是一致的。而社会主义国家的社会分层结构、机制和结构

---

① 《国家卫生健康委员会2018年12月22日新闻发布会散发材料之八：〈中国流动人口发展报告2018〉内容概要》，国家卫生健康委员会，2018年12月22日，http://www.nhc.gov.cn/wjw/xwdt/201812/a32a43b225a740c4bff8f2168b0e9688.shtml。

以及变迁是社会分层主要的研究问题（Djilas，1957；Szelényi，1978）。具体到本研究则是在社会发展背景下，健康不平等的生产机制和如何影响个体的地位获得。

2. 由静态到动态

现有文献多是研究不同因素静态的影响，横截面片段的影响，产生这样结果的原因一方面是数据，现有的数据大多数是截面数据，很难从动态的角度去反映健康不平等的变化；另外一方面就是研究视角的原因，依靠现有数据，需要用动态视角去研究健康不平等问题。来自发达国家和发展中国家的证据指出早期生活会持久影响健康和经济环境，从收入和职业可以测量到部分早期生活的影响，这主要是教育因素的作用，大部分表明教育与健康两者显著相关（Smith，2007）。

由静态到动态视角的转变，因此需要从生命历程视角入手，生命历程已经被国家加以制度化（Mayer and Muller，1986）。社会与经济的动荡会重组不同生命历程阶段的制度资源和约束，进而出现不同的选择。生命历程隐含的是累积优势或劣势的概念，生命早期阶段的优势会在后期阶段体现出来。例如在《大萧条中的孩子们》（Children of the Great Depression）一书中所描述的，剧烈的社会变动会使同期群间和同期群内部产生差异（周雪光，2014）。因此健康不平等的因素受到中国社会市场转型的巨大影响，其中影响健康不平等的各个因素都开始了重新排列组合，对于健康不平等产生的机制也不同于西方社会，制度变迁下的社会会改变健康不平等机制，这是一个动态的过程，学者研究社会经济地位对于孩子健康就是从生命历程的角度入手（Currie and Stabile，2003），还有从累积优势/劣势入手的研究（Dannefer，2003），短期、长期因素对于体重的影响（Currie and Moretti，2007）。当然除了生命历程的视角外，还有动态视角和代际传递的视角（Manor，Mattews，and Power，2003），母亲的教育对于孩子人力资本和健康的传递（Currie and Moretti，2003），心理健康的代际传递（Johnston，Schurer，and Shields，2013）。

3. 由现象到机制

"收入高的群体健康状况好"，"城市群体的健康状况比农村的好"等，这些研究的结果都是现象，只是将现在健康不平等状况呈现了出来。研究更重要的是寻找发生机制，这也是为什么最开始经济学得出亲富人的健康不平等后，还会有更多源源不断的研究，发现生活方式、教育、社会心理等因素和机制。因此，后续将更多地注重研究是怎样的机制导致一些人健康受损，一些人获得较好的健康状况。

第三章

健康不平等分析策略及现状

前一部分是对目前健康不平等研究国内外文献的梳理综述，进而提出了本书的研究方向和研究重点。因为我们研究青少年（初中生）健康不平等生成机制，因此在本部分首先根据健康研究的理论，在地位获得理论、生命历程理论和健康生态学理论的基础上提出本研究的研究策略。其次梳理和提出本研究对于健康不平等的测量。再次指出研究所采用的数据及主要变量操作和数据模型的构建。最后使用中国教育追踪调查（CEPS）2014 年第二轮调查数据分析青少年（初中生）健康不平等的现状。

一　理论框架

（一）地位获得模型

布劳与邓肯在 1967 年的《美国的职业结构》中，首次采用路径分析，提出了采用地位获得模型（Status Attainment Model）探讨个人的地位获得，关注其与社会出身的关系。布劳和邓肯在研究地位获得模型时提出，教育被认为是阶层再生产的中间机制。使用被访者"16 岁时父亲的职业"和"父亲的受教育水平"作为早期社会经济地位的测量，用被访者"初职职业地位"和"目前职业地位"作为目前的社会经济地位测量。

邓肯的社会经济指数量化职业地位，显示早期社会经济地位对后期社会经济地位获得有显著和直接的影响。受教育程度高的父母会将教育传递给子代，从而实现教育的代际传递。另外，父母的受教育程度影响子女的观念和受教育水平。本研究就是要借鉴这样的模型看健康是否可以被传递，从而实现地位获得与阶级分层，本研究的理论分析框架图 3-1 所示。

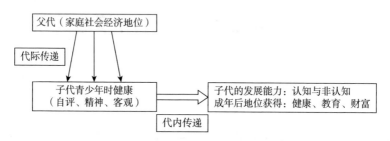

图 3-1　青少年健康与地位获得框架

（二）生命历程理论

埃尔德（2002）在《大萧条中的孩子们》一书中就对经历过美国经济大萧条的孩子进行研究，研究结果发现大萧条的经历对于个体生活的各个方面都有影响。而我们则是要观察青少年（初中生）时期的个体健康差异是否也是作为一个重要事件，影响着个体的成长与发展的历程。因此在分析健康不平等所带来的结果时，不仅有健康差异对青少年近期的影响，如青少年的能力发展，还有对个体成年后的健康、教育和财富获得的影响。本研究使用生命历程理论分析青少年时期健康如何影响到成年的地位获得。

（三）健康生态学

人们很早就注意到环境对于健康的作用，Richard 等在 1996 年提出了健康生态学模型，在其中主要强调个体的因素、卫生服务，以及物质和环境等各因素对于健康的共同影响，而且会从多个层面产生影响。除了影响健康差异的因素存在多层次性外，另外一个就是现在数据收集的方法。研究者大多采用分步骤、多层次的方法进行抽样，这样会使资金和时间的花费得到较好的控制，从而得到多层次结构的数据。但如果不加区分地进行分析，则会使组间的差异被解释为个体差异，出现所谓的生态谬误。因此，在研究的过程中考虑使用多层次的模型。美国国家科学院医学研究所 2003 年的公众健康报告反映了多层次因素具有依赖性和层级化的特征，也再次证明了健康研究需要健康生态学模型。

二　健康不平等的测量

对于健康不平等的测量也是与其定义发展密切相关的，有专门论述健康测量的文章（忻丹帼、何勉、张军，2003）。具体来说，最开始人们认为健康就是没有疾病，因此会采用个体发病率、患病率，以及病死率和生存率等医学统计指标（颜江瑛、刘筱娴，1996；王彦、姚景鹏，2001）。这些反映了健康状况，但是不能反映整体的情况，因为健康还包括心理以及社会等因素。因此有学者将健康分为生理、心理和社会多个维度；其他学者提出健康应该包含生理健康、心理健康、日常社会功能、日常角色功能和自评健康（许军、王斌会、陈平雁，1999）。为了更全面地研究健康不平等，本研究采用三个维度来综合测量青少年的健康状况，包括综合性的自评健康、精神健康和身体健康。

（一）自评健康

自评健康是对自己身体状况的主观评价，内容包括现实自评健康、未来自评健康和对痛苦的感觉等。在实际研究中，因为受到研究成本、技术和手段的限制，自评一般健康指标成为社会研究者分析健康问题的首选工具。另外自评健康操作方便简单，自评健康的测量信度也得到了证实（齐亚强，2014）。齐亚强（2014）使用 2008 年中国流动与健康调查的数据，通过分析发现了自评一般健康指标具有良好的信度和效度，但是会存在较为复杂的回答偏误问题，因此不同人群的可比性还值得商榷。但是自评健康所带来的测量便利性和信度得到了大家的认可，另外它也是一种综合性的测量。在本研究中不会出现不同人群是否具有可比性的问题，研究关注的都是初中在校生，从教育程度等方面都得到控制，这样自评健康就会在控制了一定差异的情况下具有较好的可比性。

（二）精神健康

英国全国精神保健协会的《如何提高精神健康》中提到"良好的精神健康状况不是一个人拥有什么，而是他在做什么。要保持精神健康，他必须重视和接受自己"。因此精神健康的人能够照顾好自己，并认为自己有价值并用合理的标准衡量自己（理查德·威尔金森、凯特·皮克特，2010：65）。心理健康的测量常包括行为功能的失调、心理紧张的频率和强度、心理完好度和生活满意度等方面。主要是对人格测试、智商测试、情绪和情感测试、神经心理测试等，用到的量表包括 MIMPI、EPQ、IQ、SAS、HAMID 等（黄津芳、刘玉莹，2000）。刘林平、郑广怀、孙中伟（2011）根据对长三角和珠三角外来务工者的问卷调查发现劳动者权益与打工者的精神健康密切相关。但是目前对于精神健康方面没有公认的量表和标尺，因此存在局限性。

（三）客观健康

对于客观健康的测量，就是身体健康测量。常用的评定量表有日常生活活动能力（ADL）评定方法及工具性日常生活活动能力（IADL）评定方法。身体健康状态通过测量慢性病情况、经常性的身体不适、抑郁等自评健康指标，以及高血压、心率过高、肥胖、肺活量偏低等健康体测指标。有学者提出身体功能状况和疾病发生率相对比较客观的指标，对社会经济因素反应更敏感（孙祺、饶克勤、郭岩，2003）。对于身体健康的测量，除了使用数据中的自评健康，为了考虑到更客观的测量，很多研究使用问卷中的问题，例如"过去的一年里，您是否受到以下方面病症的困扰"："颈椎、腰椎、骨质增生等运动系统问题；肠胃、肝脏等消化系统问题；失眠、头痛等神经系统问题；抑郁、烦躁、疲倦等情绪困扰问题；视力下降、视觉疲劳等眼科问题"。

三　数据与变量测量

（一）数据来源

本研究的数据来自两个调查数据库，中国教育追踪调查（China Educa-tion Panel Survey，CEPS）和中国健康与养老追踪调查（China Health and Retirement Longitudinal Survey，CHARLS）数据。两个都是全国性的抽样追踪数据，研究青少年时期健康不平等的因素与机制时使用的是 CEPS 数据，在研究青少年时期健康不平等带来的后果时，分析近期对于个体发展能力影响使用的是 CEPS 数据，分析远期地位获得则使用 CHARLS 数据。

中国教育追踪调查（CEPS）2013～2014 学年和 2014～2015 学年两期数据，在本研究使用的样本年龄在 14 岁左右并且正在初中就学的群体，而中国健康与养老追踪调查（CHARLS）是使用其基线数据和追踪数据，以及 2014 年生命历程的追踪数据，其中历史回顾调查询问的是其 15 岁左右的健康状况等变量。因此首先从年龄群体上，两个数据可以很好地衔接，两者的青少年（初中生）时期的界定都是 14 岁或 15 岁。其次，两个数据都是追踪性数据，能够较好地解决双向因果等问题。最后，从分析逻辑上，CEPS 数据可以考察健康不平等近期的效应，而 CHARLS 数据可以考察健康对于地位获得的长期效应。

1. 中国教育追踪调查（CEPS）[①]

"中国教育追踪调查"（China Education Panel Survey，CEPS）是由中国人民大学中国调查与数据中心（NSRC）提供。调查项目目的在于观察青少年学生的教育过程，收集与此相关的详细数据，其他包括当地教育政策，所在学校的课程，师生、朋辈关系，家庭教育环境，家校关系，等等，为研究提供了全国代表性的多层次的数据。

调查采用的是多阶段概率和规模成比例（PPS）抽样方法，以初中学校为基础，在全国范围内的 31 个省区市中抽取 28 个县级单位（PSU）、112 所

[①]　中国教育追踪调查（CEPS）介绍来源于调查首页，http://ceps.ruc.edu.cn/。

有初中教学的学校、438 个班级共计约 2 万名学生作为调查样本，调查数据
具有全国代表性。调查对象较全面，包括学生及其家长、班主任、主科目
任课老师及校领导。第一期调查共收集有效调查学生 19487 人（七年级样本
10279 人，九年级样本 9208 人）。第二期追踪调查以基线被访者为基础继续
追踪，但是九年级学生应届初中毕业（生）并没有继续追踪，第二期数据
以 2013 ~ 2014 学年基线数据中的七年级为追踪对象，在 2014 ~ 2015 学年追
踪对象则变为八年级的学生。到目前为止只有两期的数据可供分析，样本
数为 10279 人。

2. 中国健康与养老追踪调查（CHARLS）[①]

中国健康与养老追踪调查（China Health and Retirement Longitudinal Sur-
vey，CHARLS）是由北京大学国家发展研究院提供。数据收集了中国中老年
人家庭和个人的微观数据，参考很多国际老龄化问题调查的经验，包括美
国健康与退休调查（HRS）、英国老年追踪调查（ELSA），以及欧洲的健
康、老年与退休调查（SHARE）等。

CHARLS 采用了多阶段抽样，在县/区和村居抽样阶段均采取 PPS 抽样
方法，CHARLS 收集了全面立体的数据信息。2008 年，在甘肃和浙江两省
进行了试调查。2011 年在全国开展了基线调查，共收集约 1.7 万人的样本。
2013 年进行了追踪调查，2014 年推出了中国健康与养老追踪调查生命历程
调查问卷（China Health and Retirement Longitudinal Study Life History Survey
Questionnaire）。2014 年 CHARLS 生命历程调查是专项调查，使用回顾的方
法记录调查受访者自从出生以来的生活事件和经历，数据将为全面理解老
年时期健康和生活的影响因素提供支持。

（二）主要变量操作

本研究的第四、五、六部分的分析都是采用中国教育追踪调查（CEPS）
的追踪数据，在这三部分中涉及很多共有的变量，因此在下文中详细描述
主要的变量操作步骤，而中国健康与养老追踪调查（CHARLS）中的变量操
作则在第七部分中进行了具体介绍，共有变量的描述性统计如表 3-1 所示。

---

① 中国健康与养老追踪调查（CHARLS）介绍来源于调查首页，http://charls. ccer. edu. cn/。

1. 青少年时期健康结果

健康变量测量使用的是两期的追踪数据，尽量避免双向因果，因此对于健康结果变量因变量来自第二期调查。对于健康的结果测量，采用自评、心理和身体的三个维度的综合测量。因此在"中国教育追踪调查（CEPS）2014～2015 学年调查"，即 CEPS 第二轮问卷包括自评健康、精神健康状况、生病频率等信息，具体操作如下。

自评健康是依据学生问卷中的"你现在的整体健康情况如何"，一共有 5 个选项，评分从 1 到 5 分代表从"很不好"到"很好"，数值越大说明自评健康越好。心理健康则是根据 CEPS 2014～2015 学年数据中的一组题目合成，具体是一组由 10 道题目组成的李克特量表。问卷中询问学生 7 天内的精神状况，具体包括有没有经常感受到沮丧、消沉且不能集中精力做事、不快乐、感到生活没有意思、提不起劲儿来做事、悲伤、难过、紧张、担心过度、预感有不好的事情会发生、精力过于旺盛、上课不专心等感受的状况。选项由 1 到 5 五个数字组成，数字越大说明负面情绪发生频率越高，在操作中将负向计分逆向调整，并将 10 道题目的分数加总，得到的是 10～50 分的连续变量，分数越高说明心理健康程度越高。

客观身体健康则是根据问卷中询问学生近期生病频率的回答生成，"过去的一年中，你经常生病吗？（例如感冒、发烧、咳嗽、腹泻）"，答案有"没有""很少""经常"，数值从 1 到 3，数值越大生病频率越高，根据研究需要将"经常"生病归为一类，赋值为 1，将"没有"和"很少"生病归为一类，赋值为 0。

2. 重要自变量

使用的是两期追踪数据，采用滞后性模型，所以大部分自变量都是来自"中国教育追踪调查"（CEPS）2013～2014 学年基期调查数据。在 CEPS 中涉及学生、家长及学校，针对学生个人、家长、学校领导、学校老师都有专门的问卷，因此收集到了多层次的数据，那么就从个人、家庭、同学、社区、学校几个层面来梳理重要自变量。

个人变量：生活方式，因为基期没有详细的问题来进行测量，另外考虑到一年时间人的生活方式不会有较大变化，因此采用 CEPS 第二期的生活方式变量。具体的因变量包括吃不健康食物频率，根据问卷"你是否经常吃油炸、烧烤、膨化、西式快餐之类的食品"，选项从 1 到 5，数值越大吃的频率越高，分别为"从不""很少""有时""经常""总是"。喝不健康的饮品频率的测量根据问卷"你是否经常喝含糖饮料（如奶茶）或者碳酸饮料（如可乐）"，选项 1 为"从不"、2 为"很少"、3 为"有时"、4 为"经常"、5 为"总是"。孩子抽烟喝酒的行为的测量则是根据问卷中询问被访者（学生），"最近一年中是否有抽烟、喝酒的行为"，选项也是设计为 1 到 5 的频率选择，从"从不"到"总是"，数值越大说明抽烟喝酒的频率越高。锻炼行为则是通过询问被访者每周的锻炼天数来测量，是一个以 0~7 的连续变量，数值越大则表明锻炼频率越高。

人口学特征，在研究中作为控制变量，主要包括学生性别、户籍、兄弟姐妹数和迁移经历，这些变量都来自 CEPS 2013~2014 学年基期调查数据。具体操作如下：学生性别，男性赋值为 1，女性赋值为 0；户籍是根据你现在的户籍类型，农业户籍赋值为 1，非农户籍赋值为 0；兄弟姐妹数则是一个连续变量，数目越多说明兄弟姐妹越多；迁移经历是考察从小到大有无迁移，有迁移经历赋值为 1，没有则赋值为 0。

家庭变量：随着中国社会经济的发展，居住方式发生巨大变化，很多人会因为工作学习等原因迁移，从而可能造成亲子分离的现象，不同于西方因为婚姻而解体。家庭的居住安排可以反映婚姻或者非婚姻导致的不同居住形式。另外对于孩子自身来说，父母是否同住对于其身心产生的作用也更为直接。研究则选择父母的居住安排，即是否与孩子同住的关系来测量居住方式。CEPS 2013~2014 学年基期调查问卷中会有涉及居住安排的问题，据此将居住方式分成 4 类，与父母一起居住（赋值为 1）、只与母亲一起居住（赋值为 2）、只与父亲一起居住（赋值为 3）、与父母均不同住（赋值为 4）。在界定中主要是以父母的居住安排为主，孩子与祖父母、外祖父母同住的隔代家庭或是留守家庭，或者和其他亲属或其他人居住的家庭都归于父母不同住的类型。本研究除了在特定研究居住方式对于子代健康不平等的部分，其余部分中居住方式简化为一个二分变量，双亲同住赋值为 1，非双亲同住赋值为 0。

家庭社会经济地位（Socioeconomic Status，SES）是本研究的重要自变量，这个变量由 CEPS 基期调查中父辈受教育水平、政治面貌、户口类型、目前从事的职业以及家庭经济条件等 5 个变量通过主成分分析合成得到。其中，父辈受教育水平是指父母双方教育程度较高者的受教育年限；政治面貌是虚拟变量，1 表示"共产党员和民主党派"，0 表示"无党派"；户口类型也是虚拟变量，1 表示"农业户口"，0 表示"非农户口"；目前从事的职业是根据职业类型转化而来的职业地位指数；家庭经济条件是家长报告的对当前家庭经济条件的主观判断，分为"非常困难"、"比较困难"、"中等"、"比较富裕"和"很富裕" 5 类。为了数据分析的简约性，通过主成分分析提取公因子后，我们将取值范围调整为 [0，100]，数值越大表示家庭社会经济地位越高。

父母的生活习惯。在孩子社会化的过程中父母是孩子的老师，对于青少年群体来说，父母的行为方式和生活习惯都会影响到孩子。因为在第一期问卷中并没有设计父母生活习惯的问题，因此采用在 CEPS 第二轮家长问卷中问到同住成员生活习惯，"和孩子住在一起的家庭成员中，有没有人几乎每周都喝酒"，生成一个同住成员喝酒的虚拟变量（1 代表"喝酒"，0 代表"不喝"）。同样的操作，"和孩子住在一起的家庭成员中，有没有人抽烟"，生成同住成员抽烟的虚拟变量（1 代表"抽烟"，0 代表"不抽"）。同住成员抽烟除了可能被青少年习得，抽烟产生的二手烟对于同住成员的身体也是另外一种危害。

父母监管。根据 CEPS 基期学生问卷中父母对于孩子的一系列行为的严格程度，具体问题是"你父母在以下事情上管你严不严"，具体分为作业、考试；在学校表现；每天上学；每天几点回家；和谁交朋友；穿着打扮；上网时间；看电视的时间共 8 个方面，每个都有 3 个选项："不管""管，但是不严""管得很严"，因此累加起来生成一个 8~24 分的连续变量，数值越大说明父母监管越严格。

父母互动的频率。CEPS 基期中学生问卷中问到学生，"你和父母一起吃晚饭的频率"，"你和父母一起参观博物馆、动物园和科技馆等的频率"，"你和父母一起外出看电影、演出、体育比赛的频数"，每个题目答案有 6 个选项（1 代表"从不"，2 代表"每年一次"，3 代表"每半年一次"，4 代表"每个月一次"，5 代表"每周一次"，6 代表"每周一次以上"）。加总后得到一个 6~36 分的连续变量，分数越高说明与父母互动的频率越高。

父母教育期望压力。对于学生来说，最主要的任务是学习。因此类似于成年人的工作，学习是其重要的活动。父母对于孩子的教育期望，孩子对于此期望的压力情况，在 CEPS 基期问卷中就有问到"你对这种期望感到"如何，共 5 个选项（1 代表"毫无压力"，2 代表"有点压力"，3 代表"一般"，4 代表"压力比较大"，5 代表"压力很大"），分值越高，说明孩子的学业压力越大。

同学变量：同学即同辈群体变量，包括好朋友个数、朋友互动频率、同辈生活习惯。好朋友的个数是在 CEPS 基期学生问卷中直接询问好朋友的个数，是一个连续性的变量，数值越大说明朋友数目越多。朋友互动频率，CEPS 基期数据学生问卷中设置了与同学互动的变量，"最近一年来，你自己或与同学一起参观博物馆、动物园、科技馆等的频率"，"最近一年来，你自己或与同学一起外出看电影、演出、体育比赛等的频率"，回答选项有 6 个，1 代表"从不"，2 代表"每年一次"，3 代表"每半年一次"，4 代表"每个月一次"，5 代表"每周一次"，6 代表"每周一次以上"。将两个问题的回答相加，得到一个取值在 2～12 分的连续变量，数值越大说明被访者参加活动频率越高。

同辈生活习惯。朋友中是否有人抽烟喝酒，CEPS 基期数据在询问好朋友的状况时问到"几个好友中有没有以下情况——抽烟、喝酒"，回答是 1 代表"没有这样的"，2 代表"1～2 个这样的"，3 代表"很多好友是这样的"。因为抽烟喝酒人数不是很多，另外便于比较，因此将其转换为虚拟变量，0 代表"朋友中没有抽烟、喝酒的"，1 代表"朋友中有抽烟、喝酒的"。

社区变量：居住的地方是一个物理空间，但也代表着周围的各种设施以及事物互动的场所。社区环境包括三方面：治安、卫生环境、环境污染。问卷中分别设置了三个问题："您认为您家所在社区治安怎么样"，4 个选项（1 非常差，2 比较差，3 比较好，4 非常好）；"您认为您家所在社区环境卫生怎么样"，4 个选项（1 非常差，2 比较差，3 比较好，4 非常好）；"您认为您家所在社区是否有环境污染"，同样也设置了 4 个选项（1 污染很严重，2 污染比较严重，3 有轻微污染，4 没有污染）。考虑到模型的简洁性，将三者合并成一个社区环境变量（治安、卫生、污染），得到一个取值为3~12分的连续变量，分数越高说明社区环境越优异。

住房质量变量的测量，这组变量都是体现房屋质量的，例如家中有没有自来水、家中有没有独立卫生间，两者的回答都是分类变量，有的话赋值为1，没有则赋值为0。自来水和独立卫生间都是家庭物质条件的判断依据，也是卫生条件好坏的体现。而另一个变量家庭居住房屋类型，其实在原问题中有多种分类，具体包括工棚、地下室、农村平房、农村楼房、城市平房、城市普通楼房、城市高级住宅和其他，因为有的分类数量很少，为了模型的简洁，直接划分为楼房与非楼房，其中将城市高级住宅归为楼房。居住的是楼房，赋值为1，不是则赋值为0。

基期的健康状况。基期的健康状况也被放入模型作为衡量稳健性的因素，也是包括自评健康和精神健康，操作与上文的一致，但客观健康在基期调查中并没有生病频率的问题，因此采用"过去一年中，你有没有住过院"，选项"有"则赋值为1，"没有"则赋值为0。

学校变量：学校师生比、教师本科率、学生人均经费、学校设施、所在地区5个变量。师生比是指学生数量与老师数量之比，用的是CEPS基线调查的数据。教师中拥有本科及以上学历的教师所占比例，这是为了考察师资队伍的学历水平。学校中初中生人均财政拨款情况生成人均经费，在模型中变量会进行对数化处理。学校设置是指学校中的实验室、电脑教室、图书馆、音乐室、学生活动室、心理咨询室、学生餐厅、运动场、体育馆，每个设置了3个选项考察是否有这些实施并且运转状况，通过处理加总产生一个学校设施的变量（10~30分），分值越高说明学校设施配置越齐全。CEPS基期数据中问到学校所在地区，分为东部（赋值为1）、中部（赋值为2）和西部（赋值为3）。

表3-1　本书共有变量描述统计（已加权）

变量	样本数	均值	标准差	最小值	最大值
健康结果 W2					
自评健康 W2	9355	3.815	0.953	1	5
精神健康 W2	10279	37.181	7.849	10	50
经常生病 W2	9330	0.090	0.287	0	1

续表

变量	样本数	均值	标准差	最小值	最大值
基线健康结果					
基线自评健康	10164	4.026	0.922	1	5
基线精神健康	10279	19.620	3.826	5	25
基线住院与否	10178	0.091	0.288	0	1
人口学特征					
性别（男性＝1）	10279	0.531	0.499	0	1
户籍（农村＝1）	10279	0.619	0.485	0	1
兄弟姐妹数	10279	0.912	0.900	0	6
迁移经历（有＝1）	10199	0.110	0.314	0	1
生活方式					
吃不健康食物频率 W2	9362	2.680	0.839	1	5
喝不健康饮品频率 W2	9321	2.784	0.863	1	5
抽烟喝酒频率 W2	9413	1.128	0.528	1	5
锻炼频率 W2	9206	3.110	1.906	0	7
家庭层面					
居住方式（非双亲＝1）	10279	0.393	0.488	0	1
家庭社会经济地位	10279	42.518	14.114	1.552	92.043
父母监管	10279	18.987	3.162	8	24
父母互动	10279	21.566	6.487	6	36
家庭层面					
学业期望压力	10279	3.075	1.115	1	5
同住群体抽烟 W2	10279	0.265	0.441	0	1
同住群体喝酒 W2	10279	0.587	0.492	0	1
朋友层面					
朋友抽烟喝酒（喝＝1）	10279	0.074	0.262	0	1
朋友个数	9963	12.909	16.558	0	99
朋友互动频率	10279	3.729	1.917	2	10
居住社区层面					
自来水（有＝1）	10279	0.773	0.418	0	1
独立卫生间（有＝1）	10279	0.755	0.429	0	1
住房类型（楼房＝1）	10279	0.548	0.497	0	1
社区环境	10279	8.175	2.981	0	12

变量	样本数	均值	标准差	最小值	最大值
学校层面					
学校师生比	10279	12.790	4.066	3.437	33.2
教师本科率	10279	0.632	0.321	0	1
学生经费	10279	6.192	1.494	0	8.256
学校设施	10279	19.870	3.729	12	30
地区					
东部	10279	0.432	0.495	0	1
中部	10279	0.321	0.466	0	1
西部	10279	0.245	0.430	0	1

注：变量后标注 W2，表明变量来自第二轮（CEPS 2014~2015 学年调查）数据，未标明则来自基期调查数据。

四　统计分析方法

在健康不平等研究中，社会经济与健康水平的关系存在两种争论，一种是社会因果论，另一种是健康选择论。简单来说，社会因果论认为社会经济地位决定着健康水平，社会经济地位越高，健康状况越好。健康选择论则认为，健康状况好的个体才会获得更高的社会经济地位。这两种争论的因果关系正好是相反的，其实关键是因果关系的顺序，因此可使用追踪数据进行研究，CEPS 已经完成了两期的调查，可以采用 Steven E. Finkel 构建的交互因果模型（芬克尔，2016）。反向因果会导致内生性问题，虽然定量分析方法日趋完善，但局限在数据质量、研究设计和模型设置，还处于对于实证结果的描述，因果判断还不足（陈云松、范晓光，2010）。学者强调在实证分析中关注因果关系，关注回归分析中的模型设置。也只有进行因果分析才可能预测，提出对应的干预措施，制定政策等（王天夫，2006b）。

因此在估计青少年时期健康不平等影响因素时，健康结果采用的是第二期调查的数据，而控制变量和其他变量尽可能采用基线数据，基线数据中的健康结果也作为控制变量（见图 3-2）。因为各种因素对于健康状况具有滞后性，在同一轮调查的数据无法判断其他变量与健康结果变量的先后顺序，因此就很难判断真正的因果关系，尤其是自评健康状况、近一年的生病频率都可能是前一年的因素造成的。那么我们的研究则用基线调查中的数据作为自变量，用第二期调查中的数据作为健康结果变量，这样则尽可能避免内生性和错误的因果。

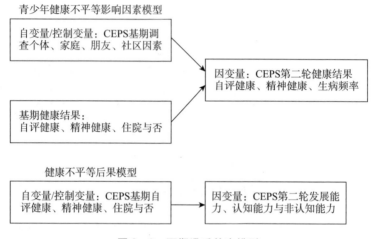

图 3-2 两期滞后效应模型

（一）固定效应模型（Fixed-effects Model）

CEPS 是多层次的数据结构，学生是嵌套于学校的，是从学校层面进行抽样获得的数据。使用多层次的模型（Multi-level Regression Model）来进行分析，第一层是学生，第二层是学校。在不同学校之间存在巨大的异质性，比如城乡、地区、学校级别、办学水平、经费投入、设施和师资力量等的差异，另外在同一个学校内存在很强的同质性（吴愈晓、黄超，2016）。再加上学校的特征可能受到家庭因素或者两者相互间的影响，对于健康会有重要影响，所以使用固定效应模型进行分析，控制学校层面的异质性。

$$y_{ij} = \sum_{k=1}^{n} \beta_k X_{kij} + \alpha_j + \varepsilon_{ij}$$

在方程中 y_{ij} 是因变量，代表的是 j 学校 i 个体（学生）的健康状况。X_{kij} 代表 j 学校 i 个体（学生）的第 k 个个体层次的变量，β_k 是第 k 个个体层次的变量的回归系数；α_j 是固定截距，所有学校层面未观察到的异质性均在其中；ε_{ij}是个体层次的随机误差项。在本研究第四部分、第五部分、第六部分的分析中所使用的固定效应模型都是控制住学校层面的差异。

（二）多元线性回归模型

多元线性回归模型（Multivariable Linear Regression Model）是建立一系列自变量与一个因变量之间的联系，并估计每个自变量对于因变量的作用参数。我们使用最小二乘法（OLS）估计出常数项α和β参数值。若关键自变量x_i对y_i的值能够进行有效估计，那么参数值β_m必须不能为0，即关键自变量的参数值在统计上应显著且不为0，才能显示出自变量与因变量间的关系。

$$y_i = \alpha + \beta_m x_i + \beta_k x_c + \varepsilon_i$$

本研究中健康的状况，包括成年自评健康是连续性的变量，也都需要使用多元线性回归。以自评健康分析为例，其中，α是截距，ε_i是未被模型解释的随机误差，方程的系数β_m到β_k分别表明性别、居住方式、生活方式、家庭社会经济地位等变量对于精神健康指数的影响。

（三）二分类逻辑斯蒂回归模型

虚拟变量（variable dummy）的概念，当一个因变量被分为k个类型的结果时，可以被转换成$(k-1)$个虚拟变量。从最简单的情况开始，我们假设一个变量只能分为两个范畴（事件发生 [$y=1$]，事件未发生 [$y=0$]）。二元的概率分布形态，我们可以运用的其中一种非线性模型就是Logistic模型：

$$P(Y=1 \mid X) = \pi(X) = \frac{e^{\alpha+\beta X}}{1+e^{\alpha+\beta X}} = \frac{1}{1+\dfrac{1}{e^{\alpha+\beta X}}}$$

在研究青少年时期的生活方式影响因素分析中，因为青少年是否吃不健康食物、是否喝不健康饮品，以及是否住院都是二项变量或虚拟变量，因此采用Logit模型。例如从影响青少年吃不健康食物因素分析，从包含个人的性别、生活方式、居住方式等变量出发，作为基准模型是这样设定的：

$$Log(P_i/1 - P_i) = \alpha + \beta_1 \text{性别} + \beta_2 \text{生活方式} + \beta_3 \text{居住方式} + \cdots + \beta_k \text{变量} + \varepsilon$$

其中 P_i 是表示吃不健康食物的概率，α 是截距，ε 是未被模型解释的随机误差。方程的系数 β_1 到 β_k 分别表明各变量对于是否吃不健康食物的影响。

（四）因子分析

社会科学领域很多概念无法直接测量，如智力、人格和社会经济地位，这些概念通常被称为潜变量（王孟成，2014：5）。如以本研究中重要的自变量——社会经济地位（SES）为例，可以利用收入、教育、职业等测量个体在社会上的地位和影响力，但这些不能完全代表社会经济地位。因此用可测量的外显变量或指标生成潜变量，生成社会经济地位的全貌（邱皓政，2008：2）。

潜变量是无法直接测量的变量，需要用统计方法计算出来。我们收集的调查数据，是可以直接测量和观察的变量，称为"外显变量"。让人熟知和经常使用的就是"因子分析"（Factor Analysis，FA），得出的是一个连续的变量，可以测量强弱高低。因子分析是用于解释变量之间相关关系的统计技术，是为了解释指标间的相关关系和简化数据。指标间会存在相关性，因为有潜在的共同因子或公因子（Common Factor，CF），如果这个共同因子被提前，那么指标间的相关性将不存在，即实现局部独立性（王孟成，2014：63）。主成分分析（Principal Component Analysis，PCA）是将原来选取的多个测量指标，利用线性变换的方法重新组合，获得数量少，并且互不相关的综合性指标，并使指标能反映出原指标变量所包含的信息，从而达到简化数据和揭示变量关系的目的。本研究中的几个变量都是使用因子分析得出的，比如社会发展能力指标，由多个青少年能力变量取公因子得到。

五　青少年时期健康不平等状况

（一）青少年时期健康结果

对于健康的测量有很多，本书主要从自评健康、精神健康、生病频率三个方面综合研究青少年（初中生）健康不平等的现状。首先自评健康是测量健康的综合性指标，它是健康水平的综合性评价，自评健康的可信度已经获得了认可。精神健康通过量表计算而来，其能反映个体的精神健康水平，分值越大精神健康状况越好。生病频率则是健康的客观测量，这主要是从狭义健康角度出发，主要看身体的健康状况，把有没有生病作为标准。从三个方面来测量健康，同时 CEPS 是全国代表性样本，数据结果可更为全面和细致地呈现中国青少年健康不平等的现状。

1. 自评健康

因为受到研究成本、技术和手段的限制，自评健康指标成为社会研究者分析健康问题的首选工具，自评健康操作方便简单，同时测量信度也得到了证实（齐亚强，2014）。中国教育追踪调查（CEPS）自评健康在问卷中直接询问，回答有 5 个选项，分别代表健康"很不好"、"不太好"、"一般""比较好"和"很好"。本研究样本的自评健康的状况如图 3-3 所示，在样本中回答"很不好""不太好"的比例比较低，分别占到 1.05% 和 6.28%，这主要原因是被访者都是在校的学生，他们的健康状况总体良好。但是回答"一般"的比例比较高，达到 31.82%，把回答"一般""不太好""很不好"3 个选项的累加起来作为不健康的测量，比例将近四成（39.15%）。自评健康回答"很好"的占到 32.82%，回答自评健康"比较好"的有 28.02%。

2. 精神健康

心理学对于精神健康的测量有很多量表，以往研究主要是通过人格测试、智商测试、情绪和情感测试、神经心理测试等，用到的量表也有很多（黄津芳、刘玉莹，2000）。在 CEPS 中有一个由 10 道题目组成的李克特量表，用来测量心理健康，问卷中询问学生 7 天内的精神状况，有没有经常感受到沮丧、消沉的不能集中精力做事、不快乐、感到生活没有意思、提不起劲儿来做事、悲伤、难过、紧张、担心过度、预感有不好的事情发生、精力过于旺盛、上课不专心等。通过累加得到精神健康指标，测量从 10 分到 50 分，分值越高表示学生精神健康水平越高，样本的均值为 37.65 分，总体上学生精神健康处于"较好"状态。

3. 生病频率

对于客观健康指标的测量，有学者提出身体功能状况和疾病发生率相

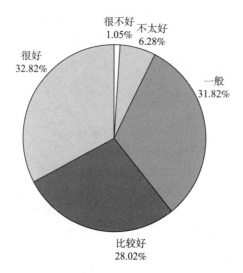

图 3 - 3　青少年时期自评健康水平分布（已加权，N = 9823）

对比较客观的指标，对社会经济因素反应更敏感（孙祺、饶克勤、郭岩，2003）。研究中常用的评定量表有基本日常生活活动能力（ADL）评定方法及工具性日常生活活动能力（IADL）评定方法。还有的身体健康状态通过测量慢性病情况、经常性的身体不适、抑郁等自评健康指标以及高血压、心率过高、肥胖、肺活量偏低等健康体测指标，而这些指标在以往的研究中主要针对老年人群体。有的研究一般会采用两周生病情况或者四周生病情况来测量，这是从客观的指标来测量健康情况。在 CEPS 的数据中也有相同类型的题目，问被访者（学生）："过去一年中，你经常生病吗？"如图 3 - 4 所示的样本为近一年生病频率，回答"没有"的占到 11.14%、"经常"的占 9.34%、"很少"的占 79.52%。

（二）青少年时期健康不平等

本部分主要从四个维度分析考察样本青少年（中学生）健康不平等的状况，这四个维度包括性别、户籍、社会经济地位和地区（东部、中部、西部）。

1. 性别差异

女性在健康方面处于劣势或者说敏感地位，女性承担更多的生理功能，因此会承担更多的健康风险。王斌、高燕秋（2007）分析了孕产妇死亡健康公平性问题；王天夫（2006a）研究了城市夫妻间的婚内暴力冲突及其对

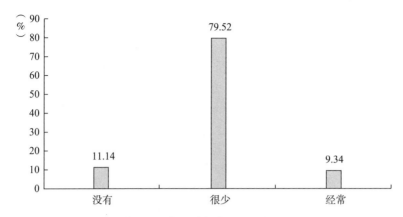

图 3 - 4　学生近一年生病频率（已加权，N = 9796）

健康的作用；徐安琪（2004）以上海市的数据为例，分析女性的身心健康及其影响因素。崔斌、李卫平（2009）则从社会保障方面，分析健康性别不平等与政府卫生预算的关系。这些研究从工作、家庭、社会保障方面，考察了成年群体的状况，但是样本体现的是青少年性别与健康的关系，具体结果如表 3 - 2 所示。

表 3 - 2　自评健康、生病状况的性别差异（已加权）

单位：%

自评健康状况（N = 9330）	女性	男性	合计
不健康	40.32	36.66	38.41
健康	59.68	63.34	61.59
近期生病情况（N = 9355）	女性	男性	合计
没有	9.58	13.08	11.41
很少	78.42	80.55	79.53
经常	12.00	6.38	9.06

　　问卷中问到被访者健康状况是五分类变量，为了能够更加清晰地显示出健康间的差异，我们将五分类简化成两分类，健康（比较好、很好），不健康（很不好、不太好、一般），这也是自评健康研究中研究者通常使用的方法。数据显示，自评健康男性选择健康的比例为 63.34%，高于女性的59.68%，表明男性健康优于女性，在成年人的健康状况性别比较中也是女

性处于更差的状况。从客观健康指标（生病频率）来看，样本中男性的健康水平高于女性，具体来看，女性"经常生病"的比例为12%，远高于男性的6.38%，近似是男性比例的两倍。

精神健康方面（见图3-5），男性群体的精神健康均值稍高，但是两者差异不大，男性为38.18分，女性为37.55分。总体来说，男性健康状况优于女性，男性有更好的自评健康、精神健康，较低的生病频率。

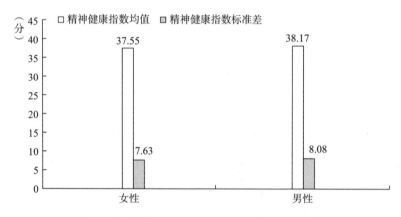

图3-5 精神健康均值性别差异（已加权）

2. 户籍差异

中国存在巨大的城乡差异，何雪松、黄富强、曾守锤（2010）以上海的实证数据分析迁移群体的精神健康，移民压力、支持和迁移意义将会以不同的路径来影响精神健康。胡荣、陈斯诗（2012）从影响农民工精神健康的社会因素入手展开分析；牛建林等（2011）研究城市外来务工人员的工作和居住环境及其健康效应；朱玲（2009）则在文章中分析农村迁移工人的劳动时间以及他们的健康。也有少量研究从变迁视角和机制研究入手，如对于农民工的迁移，齐亚强等（2012）研究发现我国人口流动中的健康选择机制。另外，农村儿童和孕产妇的死亡率要高出城市一倍，农村儿童的营养状况与城市儿童相比也有明显的差距。刘晓婷（2014）研究发现了拥有城镇职工基本医疗保险的老人要比拥有城镇居民基本医疗保险的老人及拥有新农合的老人在自评健康、心理风险、整体健康状况等方面依次具有显著优势。因此，本部分将从户籍差异分析青少年的健康状况。

如表3-3所示，根据被访者现在的户籍类型，区分为农业户籍和非农户籍。自评健康方面，非农户籍的孩子自评健康状况为"健康"的占比为62.92%，农业户籍中自评为"健康"的占比为59.67%，城市中自评为"健康"的占比高于农村。城乡户籍的学生生病频率差异并不大，回答"经常生病"的学生中非农户籍的比例还略高于农业户籍群体。但是从有没有生病的角度来看，非农户籍的比例略高于农业户籍，说明非农户籍的学生客观健康状况稍好。

表 3 - 3　自评健康、生病状况的户籍差异（已加权）

单位：%

自评健康状况（N = 9823）	非农户籍	农业户籍	合计
不健康	37.08	40.33	39.16
健康	62.92	59.67	60.84
过去一年生病情况（N = 9796）			
没有	11.34	11.03	11.14
很少	79.11	79.75	79.52
经常	9.55	9.22	9.34

城乡户籍孩子的精神健康状况如图 3 - 6 所示，农业户籍的精神健康均值为 37.37 分（标准差 7.70），非农户籍健康指数均值为 38.13 分（标准差 8.38），非农户籍孩子的精神健康均值稍高于农业户籍的孩子。

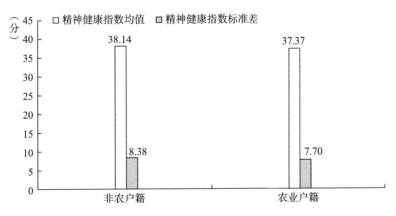

图 3 - 6　精神健康均值户籍差异（已加权）

3. 社会经济地位差异

自评健康也随着社会经济地位产生差异。在分析中将社会经济地位按照总样本数进行四等分，分别为 25%、50%、75%、100%，粗略地将其命名为底层、下层、中层、上层。从 1 到 4，数字越大说明社会经济地位等级越高。在家庭社会经济最高的上层群体中自评为"健康"的比例最高，达70.67%，中层家庭的孩子自评为"健康"的比例为 59.83%，底层、下层自评为"健康"的比例分别为 57.30%、60.36%。自评健康总体上随着社会经济地位的增高而提升，但中层家庭的数值会有一些下降。

从青少年的生病频率比例（如表 3-4 所示）看，随着家庭社会经济地位的提升，孩子回答"没有生病"的比例有增加的趋势，下层家庭的孩子"没有生病"的比例是四组中最低的有 10.59%，而上层这个比例达到12.49%，中层家庭的孩子经常生病的比例最高。

表 3-4　自评健康、近期生病状况的社会经济地位差异（已加权）

单位：%

自评健康状况（N=9823）	底层	下层	中层	上层	合计
不健康	42.7	39.64	40.17	29.33	39.16
健康	57.3	60.36	59.83	70.67	60.84
近期生病情况（N=9796）					
没有	10.59	11.06	11.10	12.49	11.14
很少	79.61	80.36	78.77	79.58	79.52
经常	9.8	8.58	10.13	7.93	9.34

根据家庭社会经济地位的分层情况看精神健康指数差异（见图 3-7），总体呈现为家庭社会阶层越高，精神健康分数越高的情况。底层精神健康的均值为 37.29 分，下层为 37.89 分，中层为 37.20 分，上层为 38.86 分，分数总体上呈递增趋势，说明精神健康状况越来越好，但是中层的精神健康均值是几个群体中最低的。

4. 地区差异

从省层面的数据上看也存在差异，例如有研究根据《全国第六次人口普查河南省数据》和《河南省 2011 年统计年鉴》的研究发现，河南省居民

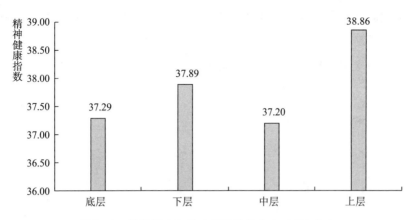

图3－7　精神健康与社会经济地位分布（已加权）

期望寿命存在性别差异（黄洋洋、王曼、杨永利等，2013）。从东西部比较上看，西部地区孕产妇的死亡率与东部地区相比较高，儿童的低体重率和生长迟缓率数值则表现为西部地区高于东部地区（邓曲恒，2010）。因此，地区性健康差异也是重要的研究方面。

中国地域广阔，根据地区划分成东中西三部分，数据结果显示学生的自评健康存在明显的地域差异，东部地区的学生自评为"健康"的人数最多，占到东部人数的63.85%，中部次之（60.55%），西部地区学生自评为"健康"的人数占比为58.77%，具体结果如表3－5所示。从地区来看，也显示出东部地区学生"没有生病"的比例最高（12.37%），"经常生病"的比例最低（7.35%），西部地区"没有生病"的比例为11.24%，"经常生病"的比例高达11.06%。

表3－5　自评健康、近期生病状况的地区差异（已加权）

单位：%

自评健康状况（N＝9823）	东部	中部	西部	合计
不健康	36.15	39.45	41.23	38.41
健康	63.85	60.55	58.77	61.59
近期生病情况（N＝9796）				
没有	12.37	10.14	11.24	11.41
很少	80.28	79.9	77.7	79.53
经常	7.35	9.96	11.06	9.06

从地区分布的角度看精神健康指数（见图 3-8），东部地区的学生精神健康分数最高（38.77 分），中部为 37.60 分，西部为 35.59 分。东部到西部学生的健康均值越来越低，说明精神健康状况从东部到西部越来越差。

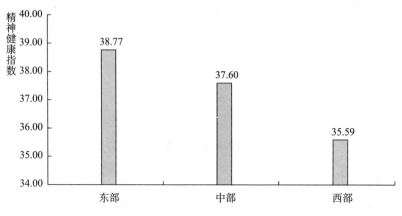

图 3-8　精神健康地区分布（已加权）

六　小结

本章第一部分主要是对本书的理论框架进行梳理，确定以地位获得为主的分析框架，从代际和代内传递的角度研究健康不平等的产生和结果。之后论述了研究所使用的数据和主要变量的描述，采用的两个数据库都是全国范围的追踪数据，具有很好的代表性，另外可从年龄上将两个数据的分析连接上，因为中国教育追踪调查（CEPS）与中国健康与养老追踪调查（CHARLS）选取的分析样本均在 15 岁左右。根据分析的数据特点和研究逻辑，列举出研究中使用的分析方法，最主要的就是固定效应模型，因为 CEPS 是从学校层面进行抽样，在一个学校的学生有很强的同质性，固定住学校层面的差异则会尽可能地避免偏误。

使用 CEPS 2014~2015 年的样本分析得出青少年时期健康的状况，具体分析青少年（初中生）存在着健康的差异。性别角度看，男性自评为健康的比例更高。男性近期生病的频率只有 6.38%，而女性高达 12%。精神健康方面，男性群体的精神健康均值也比女性稍高。户籍角度，非农户籍自评为健康的高于农业户籍的被访者。两者的生病频率上，选择"没有生病"

的比例非农户籍比例高于农业户籍。非农户籍的精神健康均值也稍高于农
业户籍的青少年，说明非农户籍精神健康状态好于农业户籍的青少年。社
会经济地位角度，将家庭社会经济地位分为底层、下层、中层和上层。随
着阶层地位的提升，青少年自评为健康的比例也在增多，除了中层家庭的
青少年。从近期生病频率上看，随着阶层地位上升，青少年近期"没有生
病"的比例在上升，上层群体的比例远高于其他群体。从精神健康指数的
均值上看，从社会底层到社会上层中的青少年，他们自评为健康的比例随
着阶层的上升而增加，但是在社会中层（50%～75%）的群体中发现自评
为"健康"的比例最低，这一点有可能与中产的特性有关，是否与现在经
常谈论的"中产焦虑"和"中产陷阱"有关，还有待于下一步的研究。地
区分布也是呈现一边倒的情况，东部地区在自评健康、近期生病情况和精
神健康上的表现都是三个地区中最好的。自评健康和精神健康指数均值都
是东中西，健康水平越来越差。因此样本中的数据呈现出在中国青少年群
体中也有健康不平等，在性别、户籍、社会经济地位和地区上都有显现。

第四章

青少年健康不平等生成机制（上）

第三章的数据分析结果显示青少年（初中生）存在健康不平等的现象，本章和下一章则是重点分析青少年（初中生）健康不平等产生的机制。CEPS 从学校层面进行抽样，样本中的个体最主要的生产生活场所是学校和家庭，另外，孩子相对于成年人有着更为简单的人际互动，更为固定的生活方式与生活环境，这样就像是给研究者创造了一个相对稳定且固定的研究平台与"实验室"。根据影响孩子健康不平等因素的多层性，本研究将从个体层面因素（生活方式）、家庭层面因素（居住方式）、同辈群体因素（社会网络）和社区层面因素（邻里效应）分别考察生成健康不平等的机制，最后综合考察家庭社会经济地位影响青少年健康不平等的机制。本章论述生成机制的内部因素（上），即个体层面因素（生活方式）、家庭层面因素（居住方式），而将同辈群体因素（社会网络）、社区层面因素（邻里效应）和家庭社会经济因素的机制作为外部因素（下），将在第五章中进行详细论述。

一　个人因素：生活方式与青少年健康不平等

本节将关注子代生活方式与个体健康的关系。生活习惯是与健康密切联系的因素，也是对健康影响最直接的因素。研究者一方面认为生活方式的改变是社会经济发展的结果，另一方面生活方式是社会经济地位影响健康的中介变量（王甫勤，2012）。因此本章第一节将探讨青少年的生活方式是否影响他们自身健康，子代的生活方式是否是父代社会经济地位对其健康作用的中介因素，父代的社会经济地位是否会影响孩子生活方式的形成。

从目前对于生活方式与健康的研究中可以发现，国内外学者已经确认生活方式对健康具有至关重要的作用。马克斯·韦伯和布迪厄都是从阶层的角度看生活方式差异的，认为生活方式有特定的阶层属性。经济学家则认为生活方式的选择是理性的个体对于自己的选择过程，是牺牲健康还是投资健康（戒烟、戒酒和养成健康生活习惯）。国内学者的研究也发现社会经济地位是通过生活方式直接（王甫勤，2012）或间接（黄洁萍、尹秋菊，2013）影响个体健康的。然而研究的主体多为成年人，社会经济地位也是其本人的状态，对于未成年人也只是在研究生活方式的影响因素中有所涉及。本节研究生活方式是否也是青少年家庭社会经济地位的中介因素，生活方式的阶层性是否会传递给下一代，并且在子代身上体现呢？在这个基础上，本节将进一步研究影响青少年健康生活方式形成的因素。

（一）生活方式与青少年健康

正如韦伯所说，每个阶层会拥有特定的生活方式，而家庭社会经济地位高的则会趋向于更加好的生活方式，另外从经济学理性人的角度来说，家庭社会经济地位高的也会更多选择健康的生活方式。生活方式是公认影响健康的因素，生活方式被界定为那些与健康风险相关的一系列行为模式（Cockerham，2009）。这些行为模式也包括社会流行病学研究一直关注的吸烟、饮酒、饮食、锻炼、体检等与个人健康状态直接相关的近端因素（House，2002）。王甫勤（2012）将健康生活方式作为中间机制来解释社会经济地位与健康不平等之间的因果关系，并获得数据的支持，他发现社会经济地位越高的人，其产生和维持健康生活方式的动机和能力（经济支持）也越强，平均而言社会经济地位指数（SEI）每增加1个单位，人们经常参加健身与体育活动的优势相应增加0.9%，而经常参加健身与体育活动的人，其健康状况良好的优势是那些不常参加健身与体育活动者的1.3倍左右，在一定程度上揭示了健康不平等的产生机制。因此提出以下假设。

假设1：生活方式越是健康的青少年，他们的健康状况越好。

社会经济地位（SES）与不健康的行为（如抽烟、缺乏运动、营养不良等）有关，已经被证明其中涵盖了各种潜在因果机制。因为健康行为的不同，所以因果机制也是不同的，其中更多的解释是高收入可以用来购买健康的能力更强。社会经济地位也许会产生出不健康的生活方式，这些会影响吸烟、锻炼和饮食（Cockerham，2009）。Fred Patrick、Justin（2010）提出9种社会经济地位与健康行为的关系，其中包括贫困和不平等导致的压力，较少的健康行为，阶层间的差异，个体缺乏健康风险的知识和获取渠道，医疗机构的作用，社区资源分配不均，社会支持与同伴影响等等机制，这些生活方式都会导致健康的差异，因此推出假设。

假设2：家庭社会经济地位越高，青少年的健康状况越好。

生活方式对于健康的作用如此重要，那对于影响生活方式的社会因素也得到重视。其中有研究表明家庭因素在青少年健康生活方式形成的过程中发挥了特殊作用，父母与孩子共同生活会影响孩子的运动和饮酒等习惯（Farrell and Shields，2002）。另外社会网也会对于孩子的生活习惯产生作用，研究发现高年级的学生饮酒、吸烟很大程度上受到周围人影响（Komlos，Smith，and Bogin，2004）。另外一个重要因素是收入水平也会影响到生活方式，社会经济地位高的家庭会注重家庭饮食的质量。Du et al.（2004）也从社会经济层面出发，研究了收入变化对饮食行为的影响，结果显示收入增长可能会以某种方式对饮食及身体器官产生不好的影响，从而导致低收入家庭可能由收入增长而受到的这种影响最为显著。黄洁萍（2014b）的研究还分析了社会经济地位如何通过生活方式影响城镇劳动力健康。但社会经济地位群体的健康状况差异，使用健康行为例如抽烟、饮酒、缺乏锻炼和较差的饮食并不能完全解释（Lantz et al.，1998）。青少年是生活在家庭、社区和学校中的个体，他们的活动范围较为固定，并且青少年处于个人的生长发展阶段，对于外界因素十分敏感。因此提出假设。

假设3：家庭社会经济地位越高越有利于健康生活方式形成。

假设4：父母、同辈群体生活方式越好，青少年的生活方式越健康。

（二）数据、变量和方法

对于健康的界定，1986年世界卫生组织进一步指出："人人能够实现愿望、满足需要、改变和适应环境；健康是每天生活的资源，并非生活的目的；健康是社会和个人的财富，是人体能力的体现。"（黄建始，2004）从世界卫生组织的定义中可以看出健康不仅是没有疾病、不虚弱，还涉及了身体、心理和社会适应三个方面。因此，考虑健康的多种表现，须从总体综合评价的自评健康状况、精神健康状况和近期生病频率来考察健康不平等的因素。

1. 数据

使用的是中国教育追踪调查 CEPS 两期追踪数据，健康结果变量来自第二期数据，即 CEPS 2014～2015 年调查，生活方式变量来自第二期，问卷中有详细的问题进行测量。其余的自变量和控制变量都是来自第一期（CEPS 2013～2014 基线调查），其中的健康结果也被纳入模型中，在研究因果效应时控制第一期的健康效应。

2. 变量操作

本节第一部分研究生活方式对于健康的作用，以及考察生活方式是不是家庭社会经济因素——健康的中介变量。因此因变量是来自 CEPS 第二期的健康指标，主要的健康指标不仅仅是单一的自评健康水平，还有精神健康状况，以及最近一年的生病情况。自评健康是综合的指标、精神状况和客观的健康状况三者从整体上测量健康。具体的变量操作已在第三章中详细说明。

本节的第二部分是研究影响子代生活方式因素分析，包括饮食、锻炼等情况。具体的因变量包括是否吃不健康食物，根据问卷"你是否经常吃油炸、烧烤、膨化、西式快餐之类的食品"，是否喝不健康的饮品的测量是根据问卷"你是否经常喝含糖饮料（如奶茶）或者碳酸饮料（如可乐）"，是个连续变量，由 1 到 5，数值越大频率越高。对孩子抽烟喝酒行为的测量则是根据问卷中询问被访者（学生），"最近一年中是否有抽烟、喝酒的行为"，数值越大抽烟喝酒频率越高。锻炼行为则是通过询问被访者每周的锻炼天数来测量，是一个 0 至 7 的连续变量，数值越大表明锻炼频率越高。

控制变量包括被访者的人口特征（性别、户籍、兄弟姐妹数），迁移经历（迁移＝1），居住方式（非双亲＝1）。另外需要注意的是，CEPS 是通过学校层面进行抽样的，其中包括学校师生比、教师本科率、学生经费和学校设施等。本节变量的描述性统计见表 4 - 1。

表 4 - 1 本节变量描述性统计（已加权，N = 8738）

变量	均值	标准差	最小值	最大值
健康结果 W2				
自评健康 W2	3.823	0.952	1	5
精神健康 W2	37.906	7.865	10	50
经常生病 W2	0.092	0.289	0	1
基线健康结果				
基线自评健康	4.042	0.910	1	5
基线精神健康	19.738	3.782	5	25
基线住院与否	0.090	0.287	0	1
生活方式				
吃不健康食物频率 W2	2.685	0.841	1	5
喝不健康饮品频率 W2	2.792	0.865	1	5
抽烟喝酒频率 W2	1.122	0.520	1	5
锻炼频率 W2	3.119	1.908	0	7
同住喝酒 W2	0.290	0.454	0	1
同住抽烟 W2	0.647	0.478	0	1
控制变量				
性别（男性 = 1）	0.520	0.500	0	1
户籍（农业 = 1）	0.610	0.488	0	1
兄弟姐妹数	0.872	0.876	0	6
迁移经历（有 = 1）	0.106	0.308	0	1
居住方式（非双亲 = 1）	0.372	0.483	0	1
学校师生比	12.760	4.029	3.437	33.2
教师本科率	0.645	0.321	0	1
学生经费	6.261	1.366	0	8.256
学校设施	19.981	3.746	12	30
地区				
东部	0.449	0.497	0	1
中部	0.306	0.461	0	1
西部	0.243	0.429	0	1

注：变量标注 W2，表明变量来自第二轮（CEPS 2014~2015 学年调查）数据，未标明则来自基期调查数据。

3. 模型选择

因为数据在设计抽样时候的设计，以及依照健康的生态学理论，因此在分析子代健康影响因素时采用多层次的固定效应模型。

$$y_{ij} = \sum_{k=1}^{n} \beta_k X_{kij} + \alpha_j + \varepsilon_{ij}$$

在方程中 y_{ij} 是因变量，代表的是 j 学校 i 个体（学生）的健康状况。X_{kij} 代表 j 学校 i 个体（学生）的第 k 个个体层次的变量，β_k 是第 k 个个体层次的变量的回归系数；α_j 是固定截距，所有学校层面未观察到的异质性在其中；ε_{ij} 是个体层次的随机误差项。在分析中，自评健康和精神健康作为连续变量，在分析子代生活方式时，吃不健康食物频率、喝不健康饮品频率和抽烟喝酒频率，以及锻炼频率都是连续性的变量，因此使用多元线性回归模型。

（三）数据分析结果

本节数据分析分为两部分：第一部分是考察子代生活方式对于健康的作用，以及家庭社会经济地位所起的作用；第二部分研究影响子代生活方式形成的原因。

1. 生活方式与健康不平等

（1）生活方式与自评健康

王甫勤（2012）的研究已经验证生活方式是社会经济地位对健康作用的重要中介，社会经济地位是通过生活方式来影响健康的，那么这个机制是否同样适用于青少年群体，下面会重点分析这个问题。

表 4-2 采用的是多层次线性回归固定效应模型，将学校层面的特征控制住，保证健康不平等差异不是学校层面的抽样造成的。模型 1 中加入生活方式变量，控制了性别、户籍、兄弟姐妹数、迁移经历以及居住方式。控制其他变量，自评健康方面男性与女性相比更加健康，两者相差 0.112 个单位（$p < 0.001$）。另外在非双亲同住中的孩子与父母都在的家庭比起来，自评健康状况更差，非双亲同住对青少年自评健康来说是一种重大的伤害。加入一组生活方式变量，控制其他变量，吃不健康的食物（如油炸等快餐食物）的频率每提升 1 个单位，自评健康要差 0.071 个单位（$p < 0.001$）。

喝不健康饮品（含糖饮料，如奶茶；碳酸饮料，如可乐）对于自评健康没有显著作用。但是，青少年抽烟喝酒比没有这种行为的自评健康要差 0.064 个单位，并且数据上呈现显著性影响（$p < 0.01$）。以上三种都是对自评健康产生负面的作用，锻炼身体的频率对于健康的作用则是相反的，如模型 1 中所示，控制其他变量，锻炼频率越多，孩子自评健康越好，每增加 1 天锻炼，自评健康增加 0.038 个单位（$p < 0.001$）。这个结果与我们对于健康习惯的认识相一致，吃不健康食物、抽烟喝酒这些都对自评健康有负向作用，经常锻炼则会提升自评健康水平。

表 4 - 2　生活方式与自评健康的线性固定效应模型

变量	模型 1	模型 2	模型 3	模型 4
生活方式				
吃不健康食物频率	-0.071 ***		-0.073 ***	-0.045 ***
	(0.014)		(0.014)	(0.013)
喝不健康饮品频率	-0.015		-0.015	-0.006
	(0.014)		(0.014)	(0.013)
抽烟喝酒频率	-0.064 **		-0.066 **	-0.031
	(0.021)		(0.021)	(0.019)
锻炼频率	0.038 ***		0.037 ***	0.026 ***
	(0.005)		(0.005)	(0.005)
家庭社会经济地位		0.004 ***	0.004 ***	0.002 +
		(0.001)	(0.001)	(0.001)
基线自评健康				0.357 ***
				(0.011)
基线精神健康				0.024 ***
				(0.002)
基线住院（是 =1）				-0.096 **
				(0.033)
性别（男 =1）	0.112 ***	0.114 ***	0.112 ***	0.087 ***
	(0.020)	(0.020)	(0.020)	(0.018)
户籍（农业 =1）	-0.024	-0.001	-0.003	0.006
	(0.024)	(0.024)	(0.024)	(0.022)
兄弟姐妹数	-0.003	0.005	0.004	0.003
	(0.014)	(0.014)	(0.014)	(0.013)

续表

变量	模型 1	模型 2	模型 3	模型 4
迁移经历（有=1）	0.017	0.014	0.018	0.023
	(0.030)	(0.030)	(0.030)	(0.028)
居住方式（非双亲=1）	-0.134 ***	-0.132 ***	-0.124 ***	-0.075 ***
	(0.023)	(0.023)	(0.023)	(0.021)
常数项	4.036 ***	3.656 ***	3.834 ***	1.902 ***
	(0.051)	(0.053)	(0.068)	(0.086)
样本量	8738	8738	8738	8738
Rho	0.036	0.035	0.034	0.029
Log-likelihood	-11525.257	-11570.229	-11515.143	-10822.472

注：用双尾检验：$^+ p < 0.10$，$^* p < 0.05$，$^{**} p < 0.01$，$^{***} p < 0.001$；括号内数字为标准误。

模型 2 是只加入家庭社会经济地位变量，控制其他变量，家庭社会经济地位每提升 1 个单位，被访者的自评健康增加 0.004 个单位，数据上呈显著性影响（$p < 0.001$）。说明父代社会经济地位越好，子代的自评健康状况越好。

模型 3 是个体生活方式与自评健康的全模型，控制生活方式变量和家庭社会经济地位变量，与模型 2、模型 3 相比，家庭社会经济地位变量系数和显著性都没有发生变化，同样生活方式的四个变量显著性也没有变化，但是不健康生活习惯对于自评健康的影响程度（变量系数）加大。这表明，在青少年群体中，生活方式并不是家庭社会经济地位对健康影响的中介变量。这一点与王甫勤（2012）在研究成年人对其本身社会经济地位与生活方式的机制不同，也就是说，生活方式和家庭社会经济地位两者分别影响孩子的自评健康状况，父代的社会经济地位优势有助于孩子的自评健康。

模型 4 在全模型的基础上控制住基线调查健康状况，结果显示基期的健康状况越好越会促进现在的自评健康。关键在于控制基线健康状况后，解释了部分家庭社会经济地位对目前自评健康的影响。吃不健康食物对于目前健康的影响减弱，表现为变量系数变小，但是显著性没有改变。抽烟喝酒对于自评健康的作用被解释，系数变小和显著性消失，表明抽烟喝酒的作用通过基期健康水平作用于现在的自评健康。锻炼对于第二期自评健康的作用依旧显著，说明锻炼对于自评健康的影响十分稳健。吃不健康食物频率和锻炼频率对于青少年自评健康的作用是稳健的，并且因果关系得到检验。

（2）生活方式与精神健康

被访者自评健康受到生活方式的作用影响显著，对于子代精神健康的效果如表 4-3 所示。在分析生活方式是如何影响精神健康的模型中，采用的分析策略与自评健康一致，采用的是固定住校级层面变量，控制因抽样带来的偏误。

表 4-3　生活方式与精神健康的线性固定效应模型

变量	模型 1	模型 2	模型 3	模型 4
生活方式				
吃不健康食物频率	-1.247***		-1.261***	-1.001***
	(0.122)		(0.122)	(0.113)
喝不健康饮品频率	-0.944***		-0.948***	-0.774***
	(0.115)		(0.115)	(0.106)
抽烟喝酒频率	-1.954***		-1.967***	-1.436***
	(0.176)		(0.176)	(0.163)
锻炼频率	0.247***		0.242***	0.152***
	(0.046)		(0.046)	(0.042)
家庭社会经济地位		0.021*	0.029***	0.012
		(0.008)	(0.008)	(0.007)
基线自评健康				0.448***
				(0.092)
基线精神健康				0.740***
				(0.021)
基线住院（是 =1）				-0.434
				(0.281)
性别（男性 =1）	0.594***	0.474**	0.589***	0.448**
	(0.169)	(0.172)	(0.169)	(0.156)
户籍（农业 =1）	-0.036	0.135	0.110	0.082
	(0.200)	(0.210)	(0.204)	(0.188)
兄弟姐妹数	-0.369**	-0.282*	-0.318**	-0.194+
	(0.116)	(0.121)	(0.117)	(0.108)
迁移经历（有 =1）	-0.427+	-0.473+	-0.418+	-0.205
	(0.252)	(0.260)	(0.252)	(0.233)

续表

变量	模型 1	模型 2	模型 3	模型 4
居住方式（非双亲 = 1）	− 0.842 ***	− 0.965 ***	− 0.779 ***	− 0.302 +
	(0.195)	(0.202)	(0.196)	(0.181)
常数项	45.865 ***	37.468 ***	44.470 ***	27.086 ***
	(0.431)	(0.458)	(0.575)	(0.728)
样本量	8738	8738	8738	8738
Rho	0.043	0.042	0.041	0.037
Log-likelihood	− 30177.701	− 30454.393	− 30170.931	− 29466.494

注：用双尾检验：$^+ p < 0.10$，$^* p < 0.05$，$^{**} p < 0.01$，$^{***} p < 0.001$；括号内数字为标准误。

模型 1 是生活方式模型，放入控制变量性别、户籍、兄弟姐妹数、迁移经历以及居住方式变量。与自评健康的逻辑不同，控制其他变量，男性比女性有更高的精神健康分数，男性多 0.594 分，在数据上呈显著（$p < 0.001$）。另外，兄弟姐妹数越多，对于孩子的精神健康负面作用越大，每多 1 个兄弟姐妹，精神健康减少 0.417 分（$p < 0.01$）。与非双亲同住的被访者精神健康比与双亲同住的少 0.842 分，并且数据呈显著（$p < 0.001$）。这说明非同住对于孩子来说有着巨大的负面效应，对他们的精神健康不利。控制其他变量，吃不健康食品（油炸、烧烤、膨化、西式快餐之类的食品）频率越高比不吃的精神健康低 1.247 分（$p < 0.001$）。喝不健康饮品的也比不喝的精神健康低 0.944 分（$p < 0.001$）。学生中抽烟喝酒的比没有这样经历的学生精神健康低 1.954 分（$p < 0.001$），初中年级抽烟的群体有一定的选择性，这批孩子可能有更大的压力。勤锻炼也可以显著提升学生个体的精神健康，锻炼频率越高个体的精神健康越好，锻炼天数每增加 1 天，精神健康会增加 0.247 分（$p < 0.001$）。生活方式变量对于孩子精神健康指数的作用都是呈显著（$p < 0.001$），再次验证了良好的饮食和生活习惯不仅有助于自评健康，对于子代的精神健康也有促进作用。

模型 2 是加入家庭社会经济地位变量，控制其他变量，家庭社会经济地位每增高 1 个单位，精神健康也提升 0.021 分（$p < 0.05$）。模型 3 这一全模型是在基准模型基础上加入子代生活方式及家庭社会经济地位变量，家庭社会经济地位越高，子代的精神健康指数也越高。生活方式对于精神健康的作用也没有减弱，家庭社会经济地位对于子代精神健康的影响也不是中

介作用。反而加入生活方式变量，社会经济地位对于精神健康的影响增大。

模型4则是在模型3的基础上加入基线健康状况，基线的健康状况对目前的精神健康具有正向积极作用，基线中是否住院对于第二年精神健康指数并无影响。控制基线精神健康状况之后，生活方式对于孩子精神健康影响未变，变量的系数减小，说明一部分生活方式对于精神健康的作用被上一年的健康状况解释了。家庭社会经济地位变量对于精神健康的显著性消失，系数减小，家庭社会经济地位通过影响基线健康影响被访者的精神健康。另外，健康有累积性，之前的健康状况会促进后来的健康水平。

（3）生活方式与近期生病情况

为了更好地测量健康，不光采用自评健康这个综合指标，从心理方面采用精神健康指数，还通过近期是否经常生病来进一步全面地测量健康。因为生病频率的测量是"没有""很少""经常"三分类变量，将没有生病和很少生病归为一类，经常生病为一类，采用 Logit 模型，并且使用固定效应模型控制，固定学校层面变量产生的差异。

表4-4中模型1是生活方式模型，放入人口特征指标进行控制。控制其他变量，女性与男性相比经常生病的可能性更大，增加0.670个单位。有兄弟姐妹的人比没有兄弟姐妹的，迁移的群体比没有迁移的相比数据上都不显著，在是否经常生病上没有显示出差异。生活方式变量中的结果显示不健康的饮食习惯对于生病频率有显著影响，经常吃快餐食物和经常喝含糖、碳酸饮料的生病的频率更高，这些所谓的垃圾食品增加了生病的可能。控制其他变量，抽烟喝酒频率越高被访者经常生病的可能性越大，锻炼频率并不影响被访者近期是否经常生病，只是系数上呈现负向作用，但没有统计学上的意义。模型2是控制家庭社会经济地位模型，控制其他模型，社会经济地位越高会减少经常生病的可能，只是在 $p < 0.05$ 程度上显著，社会经济地位每提升1个单位，经常生病频率减少0.003个单位。

模型3全模型，与之前自评健康状况和精神健康的全模型一致，加入家庭社会经济地位变量。控制其他变量，吃不健康食物频率越多则增加0.298个单位的经常生病可能（$p < 0.001$），喝不健康饮品的增加0.093个单位的生病可能是在0.10标准上显著。抽烟喝酒频率越高也会增加被访者（学生）经常生病的可能，比较几个模型后发现生活方式并不是家庭社会经济

地位对于健康影响的中介因素。

表 4 - 4　生活方式与是否经常生病的固定效应模型

变量	模型 1	模型 2	模型 3	模型 4
生活方式				
吃不健康食物频率	0.293 ***		0.298 ***	0.241 ***
	(0.057)		(0.057)	(0.058)
喝不健康饮品频率	0.091 +		0.093 +	0.080
	(0.054)		(0.054)	(0.056)
抽烟喝酒频率	0.215 **		0.219 **	0.144 *
	(0.067)		(0.067)	(0.072)
锻炼频率	- 0.023		- 0.022	0.003
	(0.022)		(0.022)	(0.023)
家庭社会经济地位		- 0.007 *	- 0.009 *	- 0.005
		(0.004)	(0.004)	(0.004)
基线自评健康				- 0.648 ***
				(0.045)
基线精神健康				- 0.048 ***
				(0.010)
基线住院（是 =1）				0.694 ***
				(0.117)
性别（男性 =1）	- 0.670 ***	- 0.660 ***	- 0.669 ***	- 0.685 ***
	(0.082)	(0.080)	(0.082)	(0.084)
户籍（农业 =1）	- 0.104	- 0.156 +	- 0.151	- 0.190 +
	(0.093)	(0.095)	(0.095)	(0.098)
兄弟姐妹数	- 0.076	- 0.099 +	- 0.095	- 0.097
	(0.058)	(0.058)	(0.059)	(0.060)
迁移经历（有 =1）	- 0.187	- 0.172	- 0.189	- 0.200
	(0.126)	(0.126)	(0.126)	(0.130)
居住方式（非双亲 =1）	0.092	0.106	0.069	- 0.060
	(0.090)	(0.090)	(0.090)	(0.094)
样本量	8659	8659	8659	8659
Log-likelihood	- 2204.857	- 2238.665	- 2201.777	- 2026.100

注：用双尾检验：$^+p < 0.10$，$^*p < 0.05$，$^{**}p < 0.01$，$^{***}p < 0.001$；括号内数字为标准误。

　　模型 4 则是在全模型基础上加入基线健康情况，基线健康情况是采用近期有没有住院、自评健康和精神健康进行测量。基线如果住院的话则增加孩子近期生病的概率，基线自评健康和精神健康都有助于减少生病的情况，说明健康都是相互关联的，另外社会经济地位对于生病频率的影响被基线健康水平解释。生活方式中抽烟喝酒和吃不健康食物的频率，都是影响被访者（学生）是否经常生病的原因。

综上所述，从表4-2至表4-4分别考察了生活方式与家庭社会经济地位对于健康（自评健康、精神健康、是否经常生病）的作用，三者都表明了被访者（学生）自身的生活方式并不能作为中介变量解释家庭社会经济地位对其健康的作用。与非双亲同住的孩子自评健康和精神健康都比完整家庭的差，与非双亲同住对于学生身心健康造成了伤害。数据分析结果使假设1（生活方式越是健康的青少年，他们的健康状况越好）和假设2（家庭社会经济地位越高，青少年的健康状况越好）得到了验证。家庭社会经济可以显著提升子代的自评健康和精神健康水平，也会减少子代经常生病的可能。

2. 影响生活方式因素分析

第一部分的数据分析结果显示生活方式是影响孩子健康水平的重要因素，同时也表明在青少年群体中，生活方式并不是影响家庭社会经济地位的中介因素。因此家庭社会经济地位越高，不代表青少年时期的生活方式越健康，那么具体是什么样的作用效果，下面探讨影响青少年生活方式的因素。这样的结果可以为改善生活方式增加驱动力，因为健康的生活方式并不是与家庭社会经济地位紧密相连，通过改善青少年的生活方式，依旧可以提升青少年的健康状况。

对于生活方式的测量，本研究基于问卷所设题目的限制及以往研究中对于生活方式的狭义判断，我们选取了饮食方式和生活习惯，具体包括吃不健康的食品频率、喝不健康的饮品频率、抽烟喝酒频率以及身体锻炼的频率。前三者是五分类变量，作为连续性变量，身体锻炼频率是连续性变量，因此使用多元线性回归模型。

通过前文的分析可以清楚地认识到，经常吃油炸、烧烤、膨化、西式快餐之类的食品，经常喝含糖饮料或者碳酸饮料，经常抽烟喝酒都会对健康产生负面影响，因此研究青少年生活方式的生成机制是十分重要和迫切的。

（1）影响吃不健康食物的因素

表4-5是孩子吃不健康食物的因素分析，模型1是在控制变量的基础上加入互动变量，家人的生活习惯、同辈的习惯以及父母的监管。控制其他变量，可以发现家长抽烟喝酒的习惯，这些不利于健康的生活方式会增加孩子吃不健康食物的频率。同辈群体中同样有不健康的生活方式，如抽烟喝酒也会增加吃不健康食物的频率。父母对孩子监管得越严格，孩子吃不健康食物的概率越低，但在数据上并不显著。

表4-5 估计吃不健康食物频率的线性固定效应模型

变量	模型1	模型2	模型3	模型4
同住的人喝酒	0.074 *** (0.020)	0.075 *** (0.020)	0.074 *** (0.020)	0.072 *** (0.020)
同住的人抽烟	0.087 *** (0.018)	0.087 *** (0.018)	0.091 *** (0.018)	0.087 *** (0.018)
同辈抽烟喝酒	0.157 *** (0.039)	0.156 *** (0.039)	0.155 *** (0.039)	0.127 ** (0.039)
父母监管	-0.004 (0.003)	-0.004 (0.003)	-0.004 (0.003)	-0.002 (0.003)
自来水（有=1）		-0.012 (0.029)	-0.017 (0.029)	-0.020 (0.029)
独立卫生间（有=1）		0.077 ** (0.026)	0.070 ** (0.026)	0.077 ** (0.026)
住房类型（楼房=1）		0.039 + (0.023)	0.029 (0.023)	0.031 (0.023)
社区环境		-0.012 *** (0.003)	-0.013 *** (0.003)	-0.010 ** (0.003)
家庭社会经济地位			0.003 *** (0.001)	0.004 *** (0.001)
基线自评健康				-0.030 ** (0.010)
基线精神健康				-0.017 *** (0.002)
基线住院（是=1）				0.056 + (0.031)

变量	模型 1	模型 2	模型 3	模型 4
性别（男性 = 1）	−0.110 ***	−0.110 ***	−0.111 ***	−0.106 ***
	(0.017)	(0.017)	(0.017)	(0.017)
户籍（农业 = 1）	−0.029	−0.025	−0.008	−0.009
	(0.021)	(0.021)	(0.021)	(0.021)
兄弟姐妹数	−0.024 *	−0.022 +	−0.016	−0.018
	(0.012)	(0.012)	(0.012)	(0.012)
迁移经历（有 = 1）	0.007	0.013	0.014	0.008
	(0.026)	(0.026)	(0.026)	(0.026)
居住方式（非双亲 = 1）	0.052 **	0.053 **	0.060 **	0.046 *
	(0.020)	(0.020)	(0.020)	(0.020)
常数项	2.776 ***	2.782 ***	2.625 ***	3.022 ***
	(0.059)	(0.067)	(0.076)	(0.089)
样本量	8738	8738	8738	8738
Log-likelihood	−10330.422	−10318.111	−10308.912	−10265.126

注：用双尾检验：$^+ p < 0.10$，$^* p < 0.05$，$^{**} p < 0.01$，$^{***} p < 0.001$；括号内数字为标准误。

模型 2 是外部环境因素模型，模型中放入了居住房屋质量、社区环境与设施、学校环境与设施，这些都是学生群体最主要的生活学习场所。控制其他变量，居住房屋变量中有独立卫生间会增加被访者吃不健康食物的频率。在社区变量方面，小区的环境（卫生、安全、无污染）越好，学生吃不健康食物的频率越低，社区环境每提升 1 个单位，学生吃不健康食物的频率减少 0.012 个单位（$p < 0.001$）。

模型 3 是控制了性别、户籍、兄弟姐妹数、迁移经历、居住方式、外部环境等因素后，继续加入了家庭社会经济地位这一变量，发现家庭社会经济地位越高，学生会增加吃不健康食物的频率。这是由于油炸、烧烤、膨化、西式快餐之类的食品在中国需要用更多的金钱购买，而社会经济地位好的家庭或个人更乐于消费这样的食品。

模型 4 是在模型 3 基础上加入一组基期健康水平变量，结果显示，同住成员抽烟喝酒，同辈成员抽烟喝酒这些身边人的不健康生活方式会增加学生吃不健康食物的频率。家长或朋友中不健康的生活习惯会增加吃不健康食物的概率，因为周围人不健康的生活习惯，说明他们对于健康也没有太多关注，这将影响到孩子自身的决定。更好的社区环境会减少吃不健康食物的频率，家庭社会经济地位越高，会吃更多不健康的食物，这与经济发展阶段密切相关，大多数非健康食物需要一定的消费能力支持。数据结果也显示，女性相对于男性有更高的概率吃不健康食物，社会经济地位高的家庭吃不健康食物的频率比社会经济地位低的家庭高，控制其他变量，家庭社会经济地位每提升 1 个单位，吃不健康食物的频率增加 0.004 个单位（$p < 0.001$）。基线的自评健康和精神健康越好的学生，他们会减少吃不健康食物（$p < 0.01$），基线中有住院经历的则会增加吃不健康食物的频率（$p < 0.10$），这些都反映了越是健康的个体越会减少吃不健康食物的频率。

（2）影响喝不健康饮品的因素

碳酸和含糖饮料从医学上被证明会影响个体的身体健康，前文中精神健康和生病频率都验证了不健康饮品对健康的负面作用。分析采用嵌套模型，数据分析结果如表 4-6 所示。模型 1 放入的是父母、同辈的生活习惯，以及父母的监管；模型 2 继续放入的是外部环境变量，包括居住质量、社区、学校环境；模型 3 加入家庭社会经济地位变量；模型 4 则继续加入基期健康变量。

表 4-6 估计喝不健康饮品频率的线性固定效应模型

变量	模型 1	模型 2	模型 3	模型 4
同住的人喝酒	0.065 **	0.066 **	0.066 **	0.063 **
	(0.021)	(0.021)	(0.021)	(0.021)
同住的人抽烟	0.129 ***	0.129 ***	0.132 ***	0.128 ***
	(0.019)	(0.019)	(0.019)	(0.019)
同辈抽烟喝酒	0.202 ***	0.199 ***	0.199 ***	0.172 ***
	(0.041)	(0.041)	(0.041)	(0.041)
父母监管	-0.004	-0.003	-0.003	-0.002
	(0.003)	(0.003)	(0.003)	(0.003)
自来水（有 = 1）		0.027	0.022	0.020
		(0.031)	(0.031)	(0.031)
独立卫生间（有 = 1）		0.111 ***	0.106 ***	0.111 ***
		(0.028)	(0.028)	(0.028)
住房类型（楼房 = 1）		0.008	-0.000	0.001
		(0.024)	(0.024)	(0.024)

续表

变量	模型 1	模型 2	模型 3	模型 4
社区环境		-0.015***	-0.015***	-0.013***
		(0.003)	(0.003)	(0.003)
家庭社会经济地位			0.003**	0.003***
			(0.001)	(0.001)
基线自评健康				-0.017
				(0.011)
基线精神健康				-0.018***
				(0.002)
基线住院（是=1）				0.019
				(0.033)
性别（男性=1）	0.070***	0.072***	0.071***	0.075***
	(0.018)	(0.018)	(0.018)	(0.018)
户籍（农业=1）	-0.021	-0.018	-0.004	-0.004
	(0.022)	(0.022)	(0.022)	(0.022)
兄弟姐妹数	-0.021	-0.018	-0.013	-0.016
	(0.013)	(0.013)	(0.013)	(0.013)
迁移经历（有=1）	0.002	0.008	0.008	0.002
	(0.028)	(0.028)	(0.028)	(0.028)
居住方式（非双亲=1）	0.037+	0.036+	0.042*	0.029
	(0.021)	(0.021)	(0.021)	(0.021)
常数项	2.782***	2.768***	2.641***	3.014***
	(0.063)	(0.071)	(0.081)	(0.095)
样本量	8738	8738	8738	8738
Log-likelihood	-10851.676	-10834.863	-10829.548	-10795.222

注：用双尾检验：$^+p<0.10$，$^*p<0.05$，$^{**}p<0.01$，$^{***}p<0.001$；括号内数字为标准误。

模型 1 显示，控制其他变量，家人如果有不健康的生活习惯，那么这一点对孩子也会产生负面作用，家庭中有人抽烟喝酒，以及同辈的好朋友中有人抽烟喝酒，都会增加孩子喝不健康饮品的频率。父母监管变量对于孩子喝不健康饮品的频率在数据中并不显著。

模型 2 是加入外部环境因素，居住环境（有独立卫生间）好会增加孩子喝不健康饮品的频率，一方面独立卫生间更多展现的是城乡间差异，另一方面是家庭社会经济条件的体现。控制其他变量，社区环境越好，则代表着社区卫生、安全、无污染则减少孩子喝不健康饮品的频率，社会环境质量每提升 1 个单位，减少孩子喝不健康饮品 0.015 个单位（$p < 0.001$）。

模型 3 加入家庭社会经济地位变量，可以发现家庭社会经济地位越高，越会增加孩子喝不健康饮品的频率，控制其他变量，家庭社会经济地位每提升 1 个单位，喝不健康饮品可能增加 0.003 个单位（$p < 0.001$）。而父母作为孩子的表率和"老师"，如果他们不注重健康的生活方式，孩子便会增加喝不健康饮品的可能。

模型 4 是继续加入一组基线健康变量，基线自评健康和是否经常生病同喝不喝不健康饮品没有影响，但是基线精神健康状况越好越会减小喝不健康饮品的频率，精神健康每提升 1 分，喝不健康饮品的频率减少 0.018 个单位（$p < 0.001$）。因此在是否喝碳酸、含糖饮料方面，结果显示社会经济地位越高的家庭，父母、朋友有不健康生活习惯都会增加喝不健康饮品的频率，父母的监管不影响孩子喝不喝不健康的饮品，男性比女性喝不健康饮品的频率更高。

（3）影响孩子抽烟喝酒因素

抽烟喝酒对于还在读初中的孩子来说是一个严重失范的事情，是属于越轨的行为，这种行为不光会影响别人的评价，同时也会影响孩子的身心健康，这一点在前文中也得到验证。那么是什么因素导致这些孩子抽烟喝酒呢？数据分析结果如表 4-7 所示。

表 4-7 估计抽烟喝酒频率的线性固定效应模型

变量	模型 1	模型 2	模型 3	模型 4
同住的人喝酒	0.026 * (0.012)	0.025 * (0.012)	0.025 * (0.012)	0.023 * (0.012)
同住的人抽烟	0.037 *** (0.011)	0.038 *** (0.011)	0.040 *** (0.011)	0.038 *** (0.011)
同辈抽烟喝酒	0.329 *** (0.023)	0.325 *** (0.023)	0.325 *** (0.023)	0.312 *** (0.023)
父母监管	-0.004 * (0.002)	-0.004 * (0.002)	-0.004 * (0.002)	-0.003 + (0.002)
自来水（有 =1）		0.002 (0.017)	-0.001 (0.017)	-0.002 (0.017)

续表

变量	模型1	模型2	模型3	模型4
独立卫生间（有=1）		-0.004 (0.015)	-0.007 (0.015)	-0.005 (0.015)
住房类型（楼房=1）		-0.020 (0.013)	-0.025+ (0.013)	-0.024+ (0.013)
社区环境		-0.008*** (0.002)	-0.008*** (0.002)	-0.007*** (0.002)
家庭社会经济地位			0.002*** (0.000)	0.002*** (0.000)
基线自评健康				-0.003 (0.006)
基线精神健康				-0.009*** (0.001)
基线住院（是=1）				-0.004 (0.019)
性别（男性=1）	0.081*** (0.010)	0.081*** (0.010)	0.080*** (0.010)	0.082*** (0.010)
户籍（农业=1）	0.000 (0.012)	-0.002 (0.012)	0.006 (0.012)	0.006 (0.012)
兄弟姐妹数	-0.005 (0.007)	-0.005 (0.007)	-0.002 (0.007)	-0.004 (0.007)
迁移经历（有=1）	0.019 (0.015)	0.018 (0.015)	0.018 (0.015)	0.015 (0.015)
居住方式（非双亲=1）	0.038** (0.012)	0.036** (0.012)	0.040*** (0.012)	0.034** (0.012)
常数项	1.085*** (0.035)	1.156*** (0.039)	1.082*** (0.045)	1.259*** (0.053)
样本量	8738	8738	8738	8738
Log-likelihood	-5744.966	-5733.475	-5727.615	-5700.878

注：用双尾检验：+ $p<0.10$，* $p<0.05$，** $p<0.01$，*** $p<0.001$；括号内数字为标准误。

模型1为互动模型，家长和同辈群体抽烟会提升孩子抽烟喝酒的频率。家中有人饮酒同家中无人不饮酒相比，增加了孩子抽烟喝酒的可能，系数为0.026，显著性也只是在 $p<0.05$ 上显现。家中有人抽烟的话，那么对于孩子抽烟喝酒的影响十分显著，会使抽烟喝酒频率增加0.037个单位（$p<$

0.001）。其中朋友中有抽烟喝酒与没有抽烟喝酒的相比，被访者（学生）自己抽烟喝酒的频率高，并且系数（0.329）大（$p < 0.001$），这说明了在抽烟喝酒上青少年同伴的因素影响巨大，远高于家长的影响。同时也可以发现控制其他变量，父母的严格监管也会降低孩子抽烟喝酒的频率，父母对于孩子的监管严厉程度越高，孩子抽烟喝酒的频率就会越低。

模型 2 在模型 1 基础上加入外部环境变量，控制其他变量，更好的社区环境（安全、卫生、无污染）会减少孩子抽烟喝酒频率，社区环境每提升 1 个单位，学生抽烟喝酒的频率就下降 0.008 个单位（$p < 0.001$）。外部环境变量的加入对于家长和同辈群体的生活习惯变量的效果无影响。

模型 3 中加入了社会经济地位变量，控制其他变量，社会经济地位变量对于抽烟喝酒的行为系数呈正面影响，也就是说，社会经济地位越高的家庭，孩子抽烟喝酒的频率越高，家庭社会经济地位每提升 1 个单位，孩子抽烟喝酒的频率会增加 0.002 个单位（$p < 0.001$）。

模型 4 加入了基期的健康状况，父母监管变量和社区环境变量的显著性和系数降低，它们对于抽烟喝酒频率的影响被基期健康状况解释。基期的自评健康和客观健康（是否住院）并不影响抽烟喝酒的频率，精神健康好会降低抽烟喝酒频率，精神健康每提升 1 分，抽烟喝酒频率会降低 0.009 个单位（$p < 0.001$），可能抽烟喝酒也是为了缓解精神压力，因此精神状况好则不需要抽烟喝酒。父母有抽烟的习惯以及朋友有抽烟喝酒的习惯对被访者自己抽烟喝酒具有极大的负面作用，学生会受到身边群体的影响从而去抽烟喝酒，而其中同辈群体的影响更大。另外，父母的监管也是削弱这种行为发生的途径，更好的社区环境（安全、卫生、无污染）也会减少孩子抽烟喝酒的可能，体现出邻里效应的积极作用。

（4）影响运动频率的因素

现在全民兴起的运动浪潮，使"运动会提升身体健康程度"成为共识。前文的分析也证明精神健康、自评健康，运动都会带来正面效应。影响孩子锻炼频率的因素分析结果如表 4 - 8 所示，在模型 1 中控制其他变量，家长和同辈的不健康生活习惯并不会影响孩子自己的锻炼频率，父母的监管和互动对孩子的锻炼频率也没有影响。

表 4 - 8 估计运动频率的线性固定效应模型

变量	模型 1	模型 2	模型 3	模型 4
同住的人喝酒	-0.029	-0.029	-0.029	-0.029
	(0.045)	(0.045)	(0.045)	(0.045)
同住的人抽烟	-0.006	-0.007	-0.002	0.003
	(0.042)	(0.042)	(0.042)	(0.042)
同辈抽烟喝酒	-0.075	-0.071	-0.072	-0.039
	(0.089)	(0.089)	(0.089)	(0.089)
父母监管	0.005	0.004	0.004	0.001
	(0.006)	(0.006)	(0.006)	(0.006)
自来水（有 = 1）		-0.049	-0.057	-0.054
		(0.066)	(0.067)	(0.066)
独立卫生间（有 = 1）		0.047	0.038	0.027
		(0.060)	(0.060)	(0.060)
住房类型（楼房 = 1）		0.006	-0.007	-0.010
		(0.052)	(0.052)	(0.052)
社区环境		0.013 +	0.013 +	0.009
		(0.007)	(0.007)	(0.008)
家庭社会经济地位			0.005 *	0.004 *
			(0.002)	(0.002)
基线自评健康				0.081 ***
				(0.023)
基线精神健康				0.018 ***
				(0.005)
基线住院（是 = 1）				-0.104
				(0.071)
性别（男性 = 1）	0.056	0.057	0.056	0.049
	(0.039)	(0.039)	(0.039)	(0.040)
户籍（农业 = 1）	0.011	0.012	0.035	0.036
	(0.047)	(0.047)	(0.048)	(0.048)
兄弟姐妹数	-0.029	-0.029	-0.021	-0.019
	(0.027)	(0.027)	(0.028)	(0.028)
迁移经历（迁移 = 1）	-0.100 +	-0.100 +	-0.099 +	-0.094
	(0.059)	(0.059)	(0.059)	(0.059)
居住方式（非双亲 = 1）	-0.006	-0.005	0.005	0.025
	(0.046)	(0.046)	(0.046)	(0.046)

续表

变量	模型 1	模型 2	模型 3	模型 4
常数项	3.311***	3.215***	3.009***	2.435***
	(0.135)	(0.152)	(0.174)	(0.204)
样本量	8738	8738	8738	8738
Log-likelihood	−17535.405	−17533.084	−17530.070	−17512.152

注：用双尾检验：$^+ p < 0.10$，$^* p < 0.05$，$^{**} p < 0.01$，$^{***} p < 0.001$；括号内数字为标准误。

模型 2 是外部环境模型，控制其他变量，可以发现居住质量因素（有独立卫生间的、住在楼房的家庭）与孩子锻炼频率没有关系。但是小区环境会影响锻炼频率，小区环境（安全、卫生、无污染）好，会增加运动频率（$p < 0.10$）。

模型 3 中加入社会经济地位变量，控制其他变量，家庭社会经济地位越高，孩子参加锻炼的频率越高，家庭社会经济地位每提升 1 个单位，运动多 0.005 天（$p < 0.05$）。

模型 4 加入基线健康状况，在前一期中自评健康状况和精神健康状况越好，被访者（学生）的运动频率则会增加，两者都是在 0.001 的标准上呈显著，越健康的群体，会增加锻炼频率。

3. 社会经济地位与生活方式

在前文的分析中，我们知道在青少年群体中生活方式是影响健康的重要因素，但它并不是家庭社会经济地位对于健康的中介因素。父代社会经济地位会影响子代生活方式的形成，为了更直观地观察家庭社会经济地位与生活方式的关系，使用平滑曲线描述生活方式与家庭社会经济地位的关系。

在图 4-1 的结果显示家庭社会经济地位越高，吃不健康食物的频率越高，社会经济地位指数超过 50 增速有所放缓。图 4-2 清晰地反映出家庭社会经济地位与喝不健康饮品频率的关系，社会经济地位指数小于 50 时，家庭社会经济地位与喝不健康饮品频率呈直线上升趋势，即家庭社会经济地位越高，喝不健康饮品的频率越高。社会经济地位指数大于 50 时，社会经济地位并不影响喝不健康饮品频率，甚至表现出些许下降趋势。

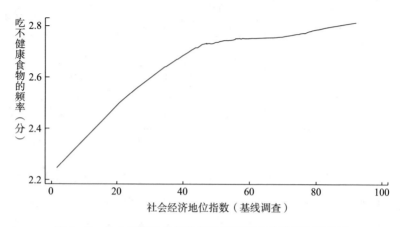

图 4 - 1　社会经济地位指数与吃不健康食物的频率的关系

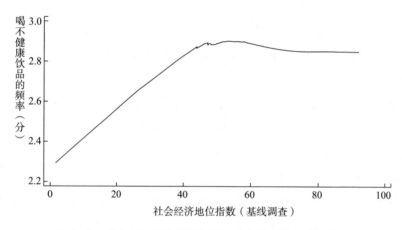

图 4 - 2　社会经济地位指数与喝不健康饮品的频率的关系

图 4 - 3 是家庭社会经济地位与孩子抽烟喝酒频率的关系图，随着家庭社会经济地位指数增加，孩子抽烟喝酒频率总体呈下降趋势，但是社会经济地位指数超过 65 后，频率又有反弹，家庭社会经济地位高的抽烟频率也高。抽烟喝酒需要一定的资金，这可能是导致后半段反弹的原因。图 4 - 4 是社会经济地位与锻炼频率的关系图，因为锻炼频率并不是一个二维变量，因此使用平滑曲线的结果更为清晰。结果显示，总体上父代社会经济地位越高，子代的锻炼频率就会越高。但是在家庭经济地位指数少于 25 时呈平缓上升，在社会经济指数大于 25 后则呈快速上升。这说明在社会经济地位低的家庭，社会经济地位与锻炼没有关系，家庭只有超过一定的经济地位

水平，才会去注意锻炼身体。

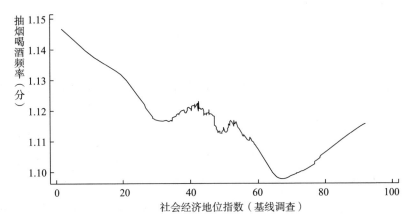

图4-3　社会经济地位指数与抽烟喝酒频率的关系

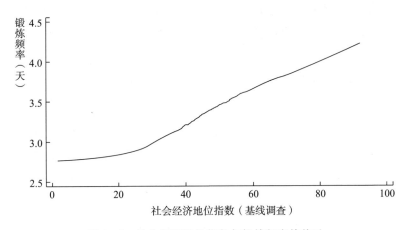

图4-4　社会经济地位指数与锻炼频率的关系

因此可以发现，父代的社会经济地位越高，并不会使子代有着更健康的生活方式。饮食方面，在一定发展阶段内，随着父代的社会经济地位提升而增加吃不健康食物和喝不健康饮品的频率，但是父代社会经济地位较高的家庭会减缓这样的趋势，甚至会降低喝不健康饮品的频率，这说明父代对于子代生活方式的影响并不是线性的。子代抽烟喝酒的频率也是非线性的，到了一定阶段，家庭社会经济地位高的家庭中的孩子抽烟频率更高，可能他们有更多的钱去买烟。而锻炼频率则显现出经济地位越高，锻炼频率越高的现象。

（四）小结

家庭社会经济地位越高越有利于孩子健康，结果显示，一方面家庭的经济地位越高，孩子的自评综合健康水平、精神健康水平越高；另一方面会减少近期经常生病的概率，这样可以完整证明父代的社会经济地位对子代健康的积极作用。本节的第一部分主要考察的是生活方式是否是家庭社会经济地位对健康作用的中介，结果显示社会经济地位给孩子健康带来益处并不是通过生活方式实现的，一定程度上生活方式与社会经济地位给孩子带来的健康效益是独立的。这一点与成年群体的机制不一致，孩子的健康影响机制更为复杂。另外，家庭的社会经济地位对孩子的健康起作用还需要媒介的传播。

生活方式不是家庭社会经济地位对于健康的中介，但是生活方式对孩子健康的影响十分稳健，即使控制了基期的健康状况，生活方式仍然影响健康（自评健康、精神健康和客观健康）状况。本节第二部分对生活方式的影响因素的分析更为重要。从对孩子的健康生活方式的影响因素的分析可以发现，家庭的社会经济地位越高并不都会有利于培养孩子健康的生活方式。在吃不健康食物频率的问题上，社会经济地位越高的家庭孩子吃不健康食物的次数越多。在喝不健康饮品频率的问题上，和快餐问题是一样的机制，经济条件好的家庭的孩子比不好的更容易喝不健康饮品。但是对于是否有抽烟喝酒的行为上，家庭社会经济地位也会影响孩子抽烟喝酒的概率，在描述统计分析部分可以看见在一定社会经济地位家庭中，孩子抽烟喝酒的概率更高。对于锻炼这种健康的生活方式，社会经济地位在数据上也是起到显著性促进作用，家庭社会经济地位越高，孩子参加锻炼的频率越高。在这四种生活方式的表现上，父母的监管在对于减少孩子的不健康饮食习惯上并没有显著作用。对于孩子抽烟喝酒的行为，父母监督起到显著性的减少作用。可见父母的监管可以减少孩子不健康饮食和吸烟喝酒行为，有利于孩子形成健康的生活方式。

发展中国家生活水平比较低，可供选择的生活方式较少。具体来说，健康生活方式是阶层行为还是跨阶层的共同行为，需要仔细考虑中国的国情。而在发达国家，因为生活经济发展程度高，因此阶层间健康生活方式的差异小（于浩，2003）。从以上家庭社会经济地位的影响可以发现，在中国子代群体中健康生活方式并不完全是阶层性的，不代表阶层越高，生活方式越健康。研究中发现，在中国，经济条件越好的家庭的孩子在饮食方面反而会更不健康，他们更容易吃油炸、快餐食物，喝碳酸饮料、奶茶等，而抽烟喝酒这样的习惯对孩子身心健康的危害也很大。唯一符合阶层性逻辑的就是运动，研究发现家庭经济条件越好，子代运动的频率越高，运动作为阶层性的生活习惯得以体现。

二 家庭因素：居住方式与青少年健康不平等

本章第一节是从个体层面讨论生活方式对健康的影响，本节则是研究家庭因素的作用。家庭是通过情感、照顾等联系在一起的经济单位，是社会成员重要的生活场所，对于身心正在成长的孩子来说，更是一个学习与社会化的场所，家庭对于成员健康主要是情感支持和工具支持（Carr and Kristen，2010）。那么家庭因素又是如何对孩子的健康产生影响的呢？本节主要关注的是居住方式对孩子健康的作用，在中国社会转型过程中，居住方式也体现了社会经济的差异，因此居住方式是否会产生健康不平等的效应呢？

针对青少年的研究，心理学家更多关注的是居住方式不同导致的精神健康差异，健康的其他方面很少有涉及。社会学和人口学则更多关注家庭的养老功能，而在社会转型居住方式发生巨大变化的背景下，对家庭健康功能的研究，尤其对青少年健康研究的却不多。另外，现在的研究多是从现象角度和结果角度来分析，很少从具体的机制性入手。本节则从家庭因素角度入手研究青少年的健康，包括自评健康、精神健康、客观健康（是否经常生病），更重要的是关注不同居住方式对孩子健康的结果与影响机制。

（一）居住方式与青少年健康

家庭是通过情感将个体联系在一起的经济单位，对成员的健康庇护主要体现在情感支持和工具支持（Carr and Springer，2010）两个方面，其中婚姻体现情感支持的功能，家庭经济情况则体现工具支持的功能。婚姻关系是成人生活中最重要的关系，婚姻状况同个人的心理健康和身体健康密切相关，在婚者相比未婚者、离婚（或分居）者、丧偶者等有更好的身体功能，更低的心理压抑、焦虑或压力，更低的死亡率（更高的预期寿命）等，并且这种密切相关的趋势在不同的文化和历史背景下持续稳定（Slatcher and Richard，2010）。另外基于婚姻对成年人口的情感支持作用，在婚者在追求心理健康、身体健康等方面的责任感和动机要强于非在婚者，他们受到更多社会规范的约束，从事损害健康行为的概率较低（Koball et al.，2010），因而更有利于健康的促进和维护。夫妻双方能够在对方发生疾病时提供判别和治疗，以及后期的康复照顾。相反，从在婚状态的人过渡到非在婚状态（离婚、分居、丧偶等）时将承受更多婚姻破裂所导致的压力，从而损害心理和生理健康（Williams and Umberson，2004）。家庭收入越高越能够为成员提供更多的经济支持，可以获取更好的医疗资源及其他社会支持，避免由于经济压力产生心理压抑或抑郁，损害身体健康（Alaimo et al.，2001）。

青少年正处于观念的形成时期，很容易因为周边环境的改变发生重大影响。而以往国内对于居住方式研究多关注老年人养老问题，或者留守儿童的精神状况，对居住方式影响青少年健康机制进行却很少，即很少关注家庭中对于青少年的健康功能。不管是因为婚姻解体，还是城镇化发展，所带来的结果是一致的，即造成了中国社会居住方式发生巨大变化，越来越多的不完整家庭出现。居住方式的不完整会带来家庭功能的不健全，而这会对孩子的健康产生消极影响，因此推出假设。

假设1：生活在缺失家庭中的孩子健康状况比完整家庭的孩子差。

居住方式的改变会使家庭内的财产水平发生变化，从造成居住方式不完整的几个主要路径进行分析，这里所说的完整家庭是指父母同住的家庭，非完整家庭是指父母单独一方照顾或者其他人照顾的家庭。第一种路径在西方国家中出现比例较多的是父母婚姻破裂造成的非完整居住方式，在中国，随着市场经济和人们婚姻观念的改变，这一现象也在增加。另一种是结构性的原因，比如因为城乡经济发展不均衡导致很多人进城务工，或者其他工作原因，从而造成不完整家庭的出现。中国的发展时期，结构性原因在人口流动期间比较多见。

离婚会导致家庭经济规模减小，从而使家庭社会经济地位下降。而那些因为城乡差异选择进城工作导致的家庭不完整，则体现了更多的选择性，社会经济地位低的选择独自外出挣钱，这也造成了非完整家庭的社会经济地位的损失，进而会对孩子的健康产生负面作用，因此提出假设。

假设2：社会经济地位剥夺机制，使不完整家庭中孩子的健康受损。

家庭的另一项功能就是对孩子的监管与互动，青少年就是在家庭中完成重要的社会化过程，另外一点家庭也是提供了重要的社会资本。居住方式的变化，会影响父母对孩子的监管和互动，而缺少父母监管和支持的孩子，更容易产生不健康的生活习惯和不好的生活条件，这些更容易影响孩子的健康，因此推出假设。

假设3：父母监督互动剥夺机制，使不完整家庭中孩子的健康受损。

（二）数据、变量和方法

1. 数据

研究使用"中国教育追踪调查（CEPS）"2013～2014学年和2014～2015学年两期的调查数据，健康结果来自第二期，自变量来自第一期，主要核心自变量为居住方式。

2. 变量操作化

（1）自变量

在中国教育追踪调查（CEPS）2013～2014学年调查中，被访者的居住方式是本节的核心自变量。中国社会经济的发展带来了居住方式的巨大变化，人们会因为工作学习等原因造成亲子分离，而不是因为婚姻而解体。家庭的居住安排在一定程度上可代表婚姻状况，婚姻或者非婚姻状态。另外对于孩子自身来说，父母是否与自己同住对其身心产生的作用也更为直接。因此研究中选择父母的居住安排，用是否与孩子同住的关系来测量居住方式。在中国教育追踪调查（CEPS）2013～2014学年调查问卷中有涉及居住安排的问题，根据问卷问题将居住方式分成4类，与父母一起居住、只有母亲一起居住、只有父亲一起居住、与父母均不同住。在界定中主要是以父母的居住安排为主，孩子与祖父母和外祖父母同住的隔代家庭或是留守家庭，或者和其他亲属或是其他人居住的家庭都归于父母均不同住的类型。从图 4 - 5 居住方式分布的比例看，与双亲同住家庭占比为 62.82%，与母亲同住的占比为 14.13%，与父亲同住的占比为 4.19%，与双亲均不同住的占比为 18.86%。

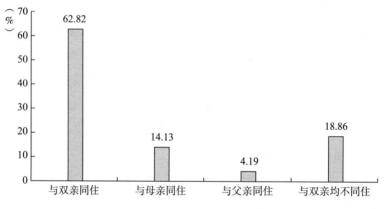

图 4 - 5　居住方式分布（已加权，N = 8738）

　　家庭因素对于孩子健康的作用主要体现在两个方面，一方面是家庭的社会经济地位，另一方面是父母的互动。社会经济地位（Socioeconomic Status, SES）指数通过被访家庭父母的职业、教育、政治面貌和家庭经济状况取公因子而来，数值越大，家庭社会经济地位越高。

　　父母的监管和互动，主要通过问卷中父母对于孩子穿着、交友等各方面的严格程度，从而测量对孩子的监管程度。父母互动的频率，CEPS 基期中学生问卷中向学生提问："你和父母一起吃晚饭的频率"，"你和父母一起参观博物馆、动物园和科技馆等的频率"，"你和父母一起外出看电影、演出、体育比赛的频数"，每个题目下有六个选项（1 代表 "从不"，2 代表 "每年一次"，3 代表 "每半年一次"，4 代表 "每个月一次"，5 代表 "每周一次"，6 代表 "每周一次以上"）。将数值加总后得到一个 3 ~ 18 分的连续变量，分数越高，说明孩子与父母互动的频率越高。

　　父母教育期望压力变量，父母对于孩子会有不同的教育期望。针对这种期望压力，在问卷中就有提问 "你对这种期望感到" 如何，下面共五个选项（1 代表 "毫无压力"，2 代表 "有点压力"，3 代表 "一般"，4 代表 "压力比较大"，5 代表 "压力很大"），分值越高，说明孩子的学业压力越大。

（2）控制变量

控制变量是包括被访者的人口特征（性别、户籍、兄弟姐妹数），以及是否是迁移群体。需要注意的是，CEPS 是通过学校层面进行抽样的，因此在分析中控制住学校层面的因素，减少因学校同质性而导致的误差，其中包括学校师生比、教师本科率、学生经费、学校设施和地区分布等。本节变量的描述性统计见表 4 − 9。

表 4 − 9　本节变量描述性统计（已加权，N = 8738）

变量	均值	标准差	最小值	最大值
居住方式				
与双亲同住	0.628	0.483	0	1
与母亲同住	0.141	0.348	0	1
与父亲同住	0.042	0.200	0	1
与双亲不同住	0.189	0.391	0	1
家庭因素				
家庭社会经济地位	42.824	14.165	1.552	92.043
父母监管	19.070	3.110	8	24
父母互动	21.808	6.429	6	36
学业期望压力	3.065	1.110	1	5
健康结果				
自评健康 W2	3.823	0.952	1	5
精神健康 W2	37.906	7.865	10	50
经常生病 W2	0.092	0.289	0	1
基线自评健康	4.042	0.910	1	5
基线精神健康	19.738	3.782	5	25
基线住院	0.090	0.287	0	1
控制变量				
吃不健康食物频率 W2	2.685	0.841	1	5
喝不健康饮品频率 W2	2.792	0.865	1	5
抽烟喝酒频率 W2	1.122	0.520	1	5
锻炼频率 W2	3.119	1.908	0	7
性别（男性 = 1）	0.520	0.500	0	1
户籍（农业 = 1）	0.610	0.488	0	1

续表

变量	均值	标准差	最小值	最大值
兄弟姐妹数	0.872	0.876	0	6
迁移经历（有 =1）	0.106	0.308	0	1
学校师生比	12.760	4.029	3.437	33.2
教师本科率	0.645	0.321	0	1
学生经费	6.261	1.366	0	8.256
学校设施	19.981	3.746	12	30
地区				
东部	0.446	0.497	0	1
中部	0.308	0.462	0	1
西部	0.244	0.429	0	1

注：变量标注 W2，表明变量来自第二轮（CEPS 2014～2015 学年调查）数据，未标明则来自基期调查数据。

3. 数据模型

因为样本结构限制和健康生态学理论的需要，在分析中使用固定效应模型控制住学校层面的数据特征，减少因抽样产生的偏误。因变量自评健康水平和精神健康指数是连续性变量，因此采用多元线性回归模型。而客观健康是否经常生病，转变成二分变量（经常生病 =1，不经常生病 =0），采用 Logit 模型分析。

（三）数据分析结果

数据分析结果分为两部分。第一部分是展示居住方式如何影响孩子的健康（自评健康、精神健康和客观健康），研究居住方式影响健康的机制是什么。第二部分是描述性的分析，展示居住方式、社会经济地位、父母监管三者间的关系。

1. 居住方式与青少年健康不平等

对于子女健康的测量本文从三个方面全面考察。第一个综合性的指标是自评健康水平，自评健康是被访者根据自身情况回答的五分类变量，其反映的是对自我整体健康水平的评判；第二个为精神健康的精神指数；第三个为近期生病情况，即客观健康。

（1）居住方式与自评健康

使用固定效应模型估计居住方式对孩子自评健康的影响，表4-10的回归模型为估计居住方式对于子代自评健康的效应及其作用机制。根据模型1基准模型的估计结论，控制了其他变量之后，主要是个体特征以及生活方式变量，与和父母同住的孩子相比，其他三类家庭的自评健康水平都更差。只有母亲同住的家庭与完整家庭相比自评健康减少0.147个单位，只有父亲同住的家庭系数也是呈现负向作用，自评健康减少0.138个单位。在双亲不同住的家庭里，孩子的自评健康比父母同住家庭的孩子差0.134个单位，双亲不同住家庭与双亲同住家庭的差异均在0.001的标准上显著。

模型2是在基准模型上加入个体自身生活方式变量，结果显示与父亲同住的家庭，相比模型1的系数和显著性都变小，显著性由0.01到0.05。说明生活方式解释了部分与父亲同住家庭给孩子自评健康带来的危害，即从统计学意义上来看，与父亲同住家庭在孩子生活习惯上比其他家庭更欠缺，没办法给孩子养成健康的生活方式。控制其他变量，吃不健康食物和抽烟喝酒频率都损害孩子自评健康。

模型3是在基准模型基础上加入了家庭社会经济地位变量，进而来检验经济地位的作用。控制其他变量，家庭社会经济地位对于自评健康是促进作用，家庭社会经济地位每提升1个单位，孩子的自评健康增加0.004个单位（$p < 0.001$）。加入社会经济地位变量后，非双亲同住家庭变量的回归系数有一定下降，其中与父亲同住的家庭系数和显著性都减小，说明家庭社会经济地位解释了部分自评健康损失。

模型4在模型1基准模型基础上加入父母互动变量，父母互动变量主要包括父母的监管互动强度和孩子对父母教育期望的压力程度。可以发现，父母的监管对于孩子的自评健康有正向作用，即控制其他变量，父母的监管每提升1个单位，孩子的自评健康增加0.013个单位，经常与父母一起互动也会增加孩子的自评健康程度。另一个互动变量是父母教育期望压力对于自评健康的作用是反向的，即孩子感到父母教育期望的压力感越强，那么他们的自评健康则会越差。父母互动变量都是在0.001的标准上显著，而这两个也解释了部分居住方式对于孩子自评健康的作用，三类居住方式的回

表4-10 估计居住方式和自评健康的线性固定效应模型

变量	模型1	模型2	模型3	模型4	模型5	模型6
居住方式（参照组：与双亲同住）						
与母亲同住	-0.147***	-0.144***	-0.136***	-0.126***	-0.117***	-0.077**
	(0.032)	(0.032)	(0.032)	(0.032)	(0.032)	(0.029)
与父亲同住	-0.138**	-0.125*	-0.125*	-0.084	-0.069	-0.050
	(0.052)	(0.051)	(0.052)	(0.051)	(0.051)	(0.048)
与双亲不同住	-0.134***	-0.126***	-0.130***	-0.110***	-0.101**	-0.057*
	(0.031)	(0.031)	(0.031)	(0.031)	(0.031)	(0.029)
吃不健康食物频率		-0.071***			-0.072***	-0.046***
		(0.014)			(0.014)	(0.013)
喝不健康饮品频率		-0.015			-0.010	-0.004
		(0.014)			(0.014)	(0.013)
抽烟喝酒频率		-0.065**			-0.059**	-0.030
		(0.021)			(0.021)	(0.019)
锻炼频率		0.038***			0.033***	0.024***
		(0.005)			(0.005)	(0.005)
社会经济地位			0.004***		0.003***	0.001
			(0.001)		(0.001)	(0.001)
父母监管				0.013***	0.011***	0.005
				(0.003)	(0.003)	(0.003)
父母互动				0.016***	0.014***	0.008***
				(0.002)	(0.002)	(0.002)

续表

变量	模型 1	模型 2	模型 3	模型 4	模型 5	模型 6
学业期望压力				−0.037 ***	−0.030 **	−0.008
				(0.009)	(0.009)	(0.009)
基线自评健康						0.353 ***
						(0.011)
基线精神健康						0.022 ***
						(0.002)
基线住院（是＝1）						−0.099 **
						(0.033)
性别（男性＝1）	0.114 ***	0.112 ***	0.114 ***	0.124 ***	0.119 ***	0.090 ***
	(0.020)	(0.020)	(0.020)	(0.020)	(0.020)	(0.019)
户籍（农业＝1）	−0.021	−0.024	−0.001	−0.007	0.002	0.008
	(0.024)	(0.024)	(0.024)	(0.024)	(0.024)	(0.022)
兄弟姐妹数	−0.002	−0.003	0.005	0.005	0.008	0.004
	(0.014)	(0.014)	(0.014)	(0.014)	(0.014)	(0.013)
迁移经历（有＝1）	0.012	0.017	0.014	0.011	0.017	0.022
	(0.030)	(0.030)	(0.030)	(0.030)	(0.030)	(0.028)
常数项	3.859 ***	4.037 ***	3.656 ***	3.345 ***	3.432 ***	1.739 ***
	(0.022)	(0.051)	(0.053)	(0.075)	(0.096)	(0.105)
样本量	8738	8738	8738	8738	8738	8738
Rho	0.038	0.036	0.035	0.032	0.030	0.028
Log-likelihood	−11579.308	−11525.142	−11570.209	−11511.060	−11461.730	−10805.585

注：用双尾检验：$^+ p < 0.10$，$^* p < 0.05$，$^{**} p < 0.01$，$^{***} p < 0.001$；括号内数字为标准误。

归系数都有所下降。其中仅父亲同住的家庭变量系数减半、显著性消失，这说明互动因素解释了父亲带孩子的剥削机制，仅父亲同住的家庭中的孩子的监管和互动都不如完整家庭，这样会给孩子自评健康造成损失。

模型 5 是全模型，结果显示，控制这些变量完全解释了仅与父亲同住孩子自评健康受损的机制，也部分解释了其他两类非双亲同住家庭自评健康受损的原因。

模型 6 是全模型上加入基线健康状况，体现的是健康的延续性，基线健康（自评健康、精神健康和客观健康）好的孩子有利于第二期的自评健康。控制了基线健康，居住方式对于孩子自评健康的危害系数减小很多，但是在与母亲同住和与双亲都不同住家庭中生活的孩子自评健康仍然受损。

（2）居住方式与精神健康

表 4 - 11 是使用多元线性回归模型估计居住方式对于子代精神健康的结果，将学校层面变量的效应固定，保证不因为抽样导致偏误。模型 1 为基准模型，控制子代的人口学特征，结果发现子代的精神健康水平与居住方式关系密切。与父母同住的家庭相比，生长于非双亲同住家庭内的孩子的精神健康是受损的。其中父母均不同住的家庭与双亲同住的相比，孩子精神健康受损情况最严重，并且显著性最高。这一点反映的就是父母都不在身边的留守孩子的精神状况，控制其他变量，跟双亲都不同住的家庭与跟父母同住的家庭相比，孩子的精神健康减少 1.271 分（$p < 0.001$）。父亲同住的孩子与双亲同住的相比，精神健康减少 0.856 分，在 0.1 的标准上显著。

模型 2 是在模型 1 基础上加入一组孩子生活方式变量，居住方式中与父亲同住的回归系数降低近一半，显著性也消失，说明生活方式是只有父亲在家的孩子精神健康受损的中介因素。双亲不同住的家庭回归系数也降低 0.266 个单位，说明生活方式也解释了部分影响。

模型 3 是基准模型基础上加入家庭社会经济地位变量，发现家庭社会经济地位有助于精神健康。不同家庭居住模式变量的回归系数降低，但是显著性并无变化，这说明家庭社会经济地位解释了一些子代因居住方式造成的精神健康损害，但主要体现的是直接效应。

模型 4 加入父母互动与教育期望压力变量后，结果显示非父母同住家庭给孩子带来的精神健康损害可以部分被子女互动解释，其中与母亲同住的回

表4-11　估计居住方式和精神健康的线性固定效应模型

变量	模型 1	模型 2	模型 3	模型 4	模型 5	模型 6
居住方式（参照组：与双亲同住）						
与母亲同住	-0.794**	-0.793**	-0.731**	-0.646*	-0.625*	-0.378
	(0.276)	(0.268)	(0.277)	(0.273)	(0.266)	(0.248)
与父亲同住	-0.856+	-0.493	-0.789+	-0.424	-0.086	0.243
	(0.448)	(0.434)	(0.448)	(0.444)	(0.431)	(0.401)
与双亲不同住	-1.271***	-1.005***	-1.247***	-1.127***	-0.867***	-0.366
	(0.272)	(0.264)	(0.272)	(0.269)	(0.262)	(0.244)
吃不健康食物频率		-1.249***			-1.226***	-0.989***
		(0.122)			(0.120)	(0.112)
喝不健康饮品频率		-0.942***			-0.886***	-0.753***
		(0.115)			(0.114)	(0.106)
抽烟喝酒频率		-1.954***			-1.925***	-1.449***
		(0.176)			(0.174)	(0.162)
锻炼频率		0.247***			0.200***	0.137**
		(0.046)			(0.045)	(0.042)
社会经济地位			0.021**		0.015+	0.007
			(0.008)		(0.008)	(0.007)
父母监管				0.027	-0.003	-0.028
				(0.029)	(0.028)	(0.026)
父母互动				0.123***	0.112***	0.042**
				(0.015)	(0.015)	(0.014)

续表

变量	模型 1	模型 2	模型 3	模型 4	模型 5	模型 6
学业期望压力				-0.968 ***	-0.843 ***	-0.474 ***
				(0.079)	(0.077)	(0.072)
基线自评健康						0.440 ***
						(0.092)
基线精神健康						0.713 ***
						(0.021)
基线住院（是 = 1）						-0.430
						(0.280)
性别（男性 = 1）	0.475 **	0.589 ***	0.471 **	0.639 ***	0.721 ***	0.518 ***
	(0.172)	(0.169)	(0.172)	(0.171)	(0.167)	(0.156)
户籍（农业 = 1）	0.032	-0.035	0.142	0.169	0.165	0.105
	(0.206)	(0.200)	(0.210)	(0.204)	(0.202)	(0.188)
兄弟姐妹数	-0.317 **	-0.367 **	-0.278 *	-0.240 *	-0.271 *	-0.176
	(0.120)	(0.116)	(0.121)	(0.118)	(0.116)	(0.108)
迁移经历（有 = 1）	-0.486 +	-0.431 +	-0.479 +	-0.510 *	-0.447 +	-0.226
	(0.260)	(0.252)	(0.260)	(0.257)	(0.249)	(0.232)
常数项	38.537 ***	45.868 ***	37.442 ***	37.872 ***	44.823 ***	28.814 ***
	(0.190)	(0.431)	(0.458)	(0.648)	(0.809)	(0.889)
样本量	8738	8738	8738	8738	8738	8738
Rho	0.043	0.043	0.042	0.039	0.038	0.036
Log-likelihood	-30456.654	-30177.075	-30453.161	-30336.203	-30073.079	-29437.170

注：用双尾检验：$^+ p < 0.10$，$^* p < 0.05$，$^{**} p < 0.01$，$^{***} p < 0.001$；括号内数字为标准误。

归系数有所降低、显著性变弱，与父亲同住的回归系数减半、显著性消失。结果表明，与父母同住的家庭相比，仅有父亲同住家庭会给孩子造成精神健康的损害，是因为孩子缺乏与父母的互动交流。

模型5为全模型，回归系数与模型3相比，家庭社会经济地位变量的系数有所下降、显著性变弱，说明社会经济地位对孩子精神健康的作用被其他因素所解释。更重要的是只和父亲同住家庭给精神健康带来的损害被生活方式、家庭经济条件和与子女互动解释，这说明家庭社会经济地位是非父母同住家庭的剥夺机制，另外与父母互动情况则是单身母亲家庭和单身父亲家庭的重要机制，因为这两种家庭缺乏与子女的互动子女精神健康受损，其中受影响最大的就是与父亲同住的孩子的精神健康。父亲同住的孩子和双亲同住的完整家庭相比，孩子的生活方式和子女的互动都是缺失的，这两点严重影响了孩子的精神健康。

模型6加入了基线的健康状况，加入后居住方式的作用不显著了，说明居住方式通过影响基期的健康作用于子代现在的精神健康。

（3）居住方式与生病情况

对于子代近期是否经常生病的影响因素分析，使用的是 Logit 模型，并且固定住学校层面变量的效应。模型中因变量的测量是来自第二期的问卷是否经常生病，采用的自变量除了生活方式变量外都是来自第一期数据，使用滞后效应模型尽可能地解决双向因果和内生性。数据分析结果见表4-12。

模型1为基准模型，从结果可以看出，居住方式对于孩子近期是否经常生病并没有太大影响，对照与双亲同住家庭的孩子，只有与母亲同住的孩子会增加经常生病的概率，并且在0.10的标准上显著。模型2加入了生活方式变量，加入生活方式后对于居住方式的影响并不大，只与母亲同住的变量显著性不变。

模型3是家庭社会经济地位模型，社会经济地位越高的家庭，孩子生病的频率越低，在 $p < 0.10$ 的水平上呈现显著。控制其他变量，家庭社会经济地位每提升1个单位，生病的频率减少0.007个单位。同时与母亲同住的负面效果显著性消失，说明家庭社会经济地位解释了为什么和母亲同住的孩子更经常生病，原因可能是不同居住方式存在经济条件的差异。

模型4是父母互动与期望模型，父母监管严格程度与孩子近期生病与否

表 4-12 居住方式与生病与否的线性固定效应模型

变量	模型 1	模型 2	模型 3	模型 4	模型 5	模型 6
居住方式（参照组：与双亲同住）						
与母亲同住	0.214 +	0.211 +	0.191	0.169	0.153	0.053
	(0.118)	(0.119)	(0.119)	(0.119)	(0.120)	(0.124)
与父亲同住	0.247	0.184	0.223	0.143	0.081	0.008
	(0.193)	(0.195)	(0.194)	(0.195)	(0.196)	(0.204)
与双亲不同住	-0.010	-0.062	-0.020	-0.071	-0.129	-0.242 +
	(0.123)	(0.124)	(0.123)	(0.125)	(0.126)	(0.129)
吃不健康食物频率		0.293 ***			0.292 ***	0.245 ***
		(0.057)			(0.057)	(0.058)
喝不健康饮品频率		0.093 +			0.090 +	0.083
		(0.054)			(0.054)	(0.056)
抽烟喝酒频率		0.220 **			0.216 **	0.147 *
		(0.067)			(0.068)	(0.072)
锻炼频率		-0.023			-0.014	0.007
		(0.022)			(0.022)	(0.023)
社会经济地位			-0.007 +		-0.006	-0.003
			(0.004)		(0.004)	(0.004)
父母监管				0.009	0.013	0.023 +
				(0.013)	(0.013)	(0.014)
父母互动				-0.038 ***	-0.036 ***	-0.026 ***
				(0.007)	(0.007)	(0.007)

续表

变量	模型 1	模型 2	模型 3	模型 4	模型 5	模型 6
学业期望压力				0.073*	0.047	-0.008
				(0.036)	(0.036)	(0.038)
基线自评健康						-0.646***
						(0.045)
基线精神健康						-0.043***
						(0.010)
基线住院（是=1）						0.704***
						(0.117)
性别（男性=1）	-0.662***	-0.673***	-0.663***	-0.679***	-0.682***	-0.685***
	(0.080)	(0.082)	(0.080)	(0.081)	(0.082)	(0.085)
户籍（农业=1）	-0.116	-0.101	-0.153	-0.148	-0.159+	-0.198*
	(0.093)	(0.093)	(0.095)	(0.093)	(0.095)	(0.099)
兄弟姐妹数	-0.082	-0.075	-0.097+	-0.097+	-0.101+	-0.097
	(0.057)	(0.058)	(0.058)	(0.058)	(0.059)	(0.060)
迁移经历（有=1）	-0.174	-0.191	-0.176	-0.177	-0.199	-0.207
	(0.126)	(0.126)	(0.126)	(0.126)	(0.127)	(0.131)
样本量	8659	8659	8659	8659	8659	8659
Log-likelihood	-2239.354	-2203.089	-2237.459	-2221.191	-2186.011	-2017.826

注：用双尾检验：+ $p<0.10$，* $p<0.05$，** $p<0.01$，*** $p<0.001$；括号内数字为标准误。

并没有数据上的相关性。但是从子女互动变量看，子女互动得越多，孩子近期经常患病的可能性越小。然而若父母对子女的教育期望给孩子带来很大压力的话，那么也会增加孩子近期经常生病的概率。父母互动和期望变量解释了与母亲同住给孩子带来的健康损失。

模型5是居住方式对于近期是否经常生病影响的全模型，数据上并不呈现出相关关系。家庭因素中父母与子女的互动是正效应，互动越频繁，孩子生病频率越低。社会经济地位在全模型中并不显著，说明家庭经济状况对于孩子是否经常生病被家长的互动所解释。这说明家庭经济地位对于孩子的是否经常生病的效应被父母互动与期望所解释，说明父母互动是家庭经济地位对于生病频率作用的中介因素。家庭社会经济地位越高的家庭，家长与孩子的互动越频繁，从而可以从细微处观察孩子的生病源头，而这会减少孩子经常生病的概率。

模型6是加入了基线的健康变量，再次验证了健康是有延续性的，基线的健康状况越好，孩子目前经常生病的概率越小。

2. 居住方式相关的描述分析

（1）居住方式与家庭社会经济地位

经济剥夺是居住方式对于子代健康的剥夺机制之一，在以往的文献中也得到验证：如果婚姻失败，则会给女性带来巨大的经济损失。通过样本数据可以发现四种居住方式的家庭社会经济状况，呈现出不同趋势（结果见图4-6）。

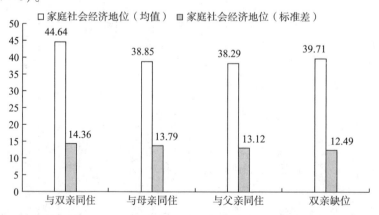

图4-6 居住方式与家庭社会经济地位分布（已加权）

完整家庭（双亲同住家庭）社会经济地位指数均值为44.64（标准差为14.36），只与母亲同住家庭社会经济地位均值为38.85（标准差为13.79），只与父亲同住的家庭社会经济地位均值为38.29（标准差为13.12），与双亲都不同住的家庭社会经济地位指数均值为39.7（标准差为12.49）。完整家庭（双亲同住家庭）的社会经济地位最高，而只与母亲同住或只与父亲同住的家庭社会经济地位低。这也表明模型中经济地位剥夺模式解释了母亲和父亲一方在家对于健康影响的状况，因为一方同住的家庭社会经济地位低，对孩子的健康产生负面影响。但在中国这样的剥削机制不可能只是婚姻破裂造成的，还有城乡间经济发展的差异，或者说是发达地区与非发达地区经济发展的差异，因为经济发展差异造成了工作流动的现象，孩子留守或是与双亲一方居住，因此会造成非双亲同住家庭的社会经济地位指数比双亲同住家庭低的现象。

（2）居住方式与孩子生活方式

健康生活习惯的养成也是重要的子代健康剥夺机制，不同居住方式会产生不同的生活方式。在饮食方面，如图4-7所示，与双亲同住的孩子吃不健康食物和喝不健康饮品的频率高于其他同住方式，在中国现发展阶段，高油脂食物和碳酸高糖饮料在有些地区依旧被认为是有营养的食物，这些被父母给予孩子。与母亲同住的孩子吃不健康食物的频率最低，与父亲同住的孩子喝不健康饮品的概率在四类中最低，其中经济能力差异可能是重要的原因。

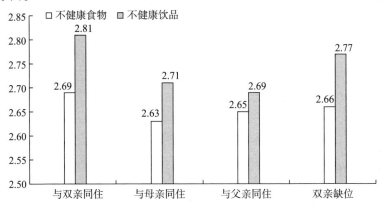

图4-7　居住方式与孩子饮食习惯（已加权）

从抽烟喝酒的频率（见图4－8）看，与父亲同住的孩子抽烟喝酒的频率远高于其他居住方式，双亲缺位（双亲均不同住）的排第二，可能父亲很少关注孩子的健康状况，孩子甚至会受到父亲抽烟喝酒行为的影响，提高他们的抽烟喝酒频率。

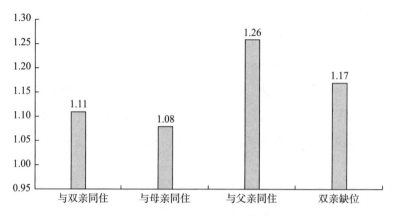

图4－8　居住方式与抽烟喝酒（已加权）

在锻炼身体的频率方面（见图4－9），与双亲同住的孩子锻炼的频率最高，而双亲缺位的孩子锻炼的频率最低。完整的家庭更加注重孩子的锻炼，男性在家比女性在家更注意培养孩子养成锻炼的习惯。

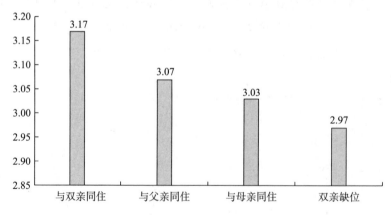

图4－9　居住方式与孩子锻炼（已加权）

（3）居住方式与父母监管与互动

另一个对于子代健康剥夺机制是父母互动参与的模式，从图4－10和图4－11可以看出父母互动、监督在不同居住方式中存在差异。从父母监管强度和互动情况看，与双亲同住的孩子会受到更多的监管和互动。在成长时期，监管和互动可以减少孩子坏习惯（抽烟喝酒）的产生，有利于孩子的精神健康。

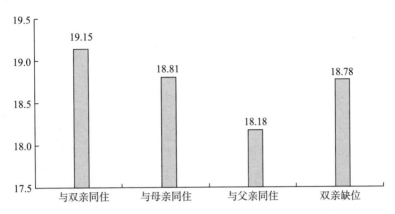

图 4 - 10　居住方式与父母监管（已加权）

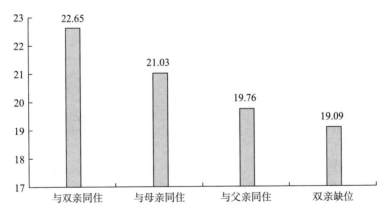

图 4 - 11　居住方式与父母互动（已加权）

在家庭中，父母除了关心孩子的身体状况，还关注孩子的学业水平。父母对孩子的教育期望如果给孩子带来巨大的学业压力，则可能会影响到他们的健康。完整家庭中父母给孩子的教育期望并没有产生过大的压力（见图 4 - 12），他们了解孩子能够给予合适的教育期望。而与双亲都不同住的孩子，也会获得较大的教育期望压力，在与孩子缺乏接触的家庭中，父母的教育期望给孩子造成很大的压力，其中与父亲同住的家庭，孩子受到的教育期望压力最大，与母亲同住的家庭中，母亲可以与孩子交流并抱有比较合适的教育期望，有利于缓解孩子的教育压力。

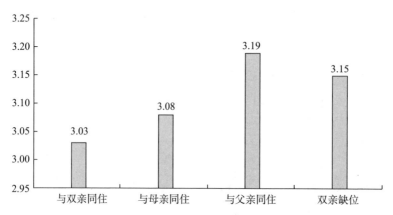

图 4 - 12　居住方式与教育期望压力（已加权）

（四）小结

中国经济近几十年迅速发展，随之而来的是社会变迁与社会转型，大量人口流动的背后是孩子的留守，以及离婚率上升等因素，展现出来的就是中国人居住方式发生了巨大变化。随着居住方式变化而来的是家庭功能的变化，本节则研究孩子在家庭成长中的健康功能。

研究结果发现父母与孩子的居住方式十分重要，居住方式与子代的健康（自评健康、精神健康和客观健康）状况密切相关，控制了相应变量之后，非双亲家庭的孩子在自评健康、精神健康和客观健康上都比与双亲同住的孩子差，非双亲同住的居住方式对孩子的健康是一种剥夺。我们在分析中发现这种剥夺通过三个机制实现：经济地位剥夺的机制、生活方式影响的机制和家庭互动剥夺的机制。在经济地位剥夺的机制中，我们发现在基准模型中加入家庭社会经济地位后，在影响精神健康的因素中，单亲母亲和单亲父亲家庭比双亲同住家庭自评健康的负面效应减弱。在居住方式是否影响到经常生病分析中，家庭社会经济地位完全解释了与母亲同住家庭对孩子产生的危害，这说明与母亲同住家庭同与双亲同住家庭相比，存在健康差异，主要因为经济落后导致孩子客观健康受到剥夺。第二种剥夺或者影响机制是不同居住方式下产生的生活方式，例如，与父亲同住的孩子抽烟喝酒的频率更高，这对孩子健康造成严重危害。第三种机制是父母互动参与的剥夺，父母互动对于孩子的精神健康和自评健康都有显著的正向作用，而非双亲同住家庭因为父母部分或全部缺失，与孩子的互动减少或没有互动都对子代的自评健康和精神健康产生消极作用，其中与父亲同住的孩子受到更少的家长监管，但同时受到更大的教育期望压力。

　　本节的重要作用在于验证了家庭对孩子的抚育与保护功能，与双亲同住的家庭可以提供给孩子必要的物质基础和精神保障，这就对应着家庭社会经济地位和与父母互动情况，另外家长的缺失对孩子的健康生活习惯养成有着重要的影响。与双亲同住的家庭经济条件更好，能够给孩子提供更多的关注监管，同时较低的教育期望压力，有助于他们养成良好的生活方式。社会经济条件影响了居住方式，进而产生了不一样的照顾模式，这些都会影响到子代的健康状况。如果父代家庭社会经济地位高，则更可能维持双亲同住居住方式，而这样的居住方式会提供给子代生活方式的改变，更多的互动交流和经济支持也是父代影响子代健康的方式。在中国的情境下，家庭社会经济地位不高的家庭会为了改变困难的生活状态而外出工作，从而与孩子分开居住，造成留守儿童现象，而这样又极大可能会造成孩子形成坏的生活习惯，另外缺乏父母监管和互动对于子代的身心健康都具有损害效应，从而会产生新的健康剥削机制。

第五章

青少年健康不平等生成机制 （下）

在第四章的影响青少年健康的机制分析中，主要考察了内部原因，即个人层面（生活方式）和家庭层面（居住方式）的变量，考察两者对孩子健康的影响机制。本章则研究外部因素，即同辈群体层面和社区层面的机制，在本章的最后总结分析家庭社会经济地位通过什么机制影响孩子的健康，即研究父代优势通过什么机制作用于子代健康，实现健康的代际传递。

一　同辈群体：社会网络与青少年健康不平等

本节主要关注同辈群体对孩子健康的影响。除了父母亲人，同辈群体是青少年重要的互动群体，与朋友互动也将对孩子习惯与理念的形成产生至关重要的影响。首先，同辈群体是社会网络以及社会支持的重要来源，社会网络如何影响孩子的健康不平等会在下面展开详细论述。研究是采用社会网络的"功能论"视角还是"结构论"视角主要依据研究对象特征，本书的研究对象是在校生活的学生群体，他们的社会交往群体并不复杂，并且初中生时期更多的是处于需要被照顾和帮助的角色，因此从"功能论"的视角入手，用社会网络的社会支持作用来分析。另外社会学研究和网络研究中很少把青少年作为研究对象，心理学则更多关注青少年的精神健康，因此需要从总体上把握社会网络对于青少年健康的作用，包括对心理健康、

身体健康、总体健康的影响，因为健康不仅仅是没有疾病，还是有完整的
生理、心理状态以及良好的社会适应能力。

（一）社会网络与青少年健康

社会支持与"社会网络分析"密不可分，社会网络分析是一种结构分
析方法，将个人或组织视为"节点"，之间的联系视为"线"，点和线则形
成网络状的结构（Scott, Powell, and Dimaggio, 1991）。大批学者认为社会
网络代表了人们获得社会支持的数量和质量，进而决定了人们的健康水平
（贺寨平，2001）。学者利用 CGSS 2008 的数据从社会网络与心理资本视角
研究城乡居民健康的影响因素和作用机制，研究结果表明社会网络有助于
居民健康水平的提高，尤其是对农村地区，即网络规模更有助于提高农村
居民的健康水平（池上新，2014）。个人的社会网络规模对身心健康均也起
着积极作用，在农村地区社会网络对健康的作用表现得更为明显（赵延东，
2008）。心理学使用社会网络视角也有很多方面研究，其中发展心理学、健
康心理学研究热点就是关注同伴关系与心理健康的相互作用，利用选择过
程（强调心理和行为变量对于心理和行为的影响）与影响过程（强调社会
网络和同伴关系对心理和行为变量的影响）两种机制分析同伴关系对心理
健康的作用（张镇、郭博达，2016）。

儿童的心理健康和行为规范，以及社会适应与同伴关系都是至关重要
的，同伴关系成为与家庭环境一起构成儿童人格形成和社会化的两个核心
系统（Brown, Dolcini, and Leventhal, 1997）。研究也表明学生个体在群体
中的关系质量或受欢迎程度（如测试中被更多的同学选择作为朋友）会影
响到精神健康（Veenstra et al., 2013）。社会支持越多，得到的资源就会越
多，因此推出假设。

假设 1：青少年社会网络规模越大，健康水平越高。

研究表明，扩展的家庭网络、生命历程中工作变换的频率、自评所属
社会阶级和自评家庭所处经济地位对晚年健康有显著影响。社会网络除了
具有功能性作用之外还有结构性作用，因为处在什么样的网络中就意味着
获得什么样的信息资源。学生的吸烟、喝酒、攻击性等行为都十分容易受到
交往群体的影响（Cruz, Emery, and Turkheimer, 2012; Rulison, Gest, and

Loken，2013）。中国有句古话"近朱者赤，近墨者黑"，表明的就是交往群体的同质性特征，因此社会网络质量，即社会交往中群体的健康习惯会直接通过交流互动影响到青少年自身。另外，社会网络中交往互动频率高，代表网络更加活跃，从而可能获得更多社会支持和社会资本，因此推出假设。

假设2：社会网络质量（同辈生活习惯越健康）越好，青少年健康水平越高。

假设3：社会网络互动频率越高，青少年的健康水平越高。

（二）数据、变量和方法

1. 数据

本节研究关注社会网络与青少年（初中生）健康不平等，其中社会网络等自变量来自中国教育追踪调查（CEPS）2013～2014学年基线调查，健康结果变量则来自中国教育追踪调查（CEPS）2014～2015学年追踪调查，这样的目的是更加清晰地考察因果关系，也考虑到健康效果的滞后性。

2. 变量操作

分析研究中的核心自变量是青少年（初中生）社会网络的特征，数据来自CEPS 2013～2014学年基线调查，孩子主要的社会网络包括家庭和同辈群体，本节主要研究社会网络中同辈群体的作用，因此把家庭的社会网络用居住方式来代替测量，并放入模型中作为控制变量。

社会网络质量。这里所谓的网络质量就是测量交往的同辈群体有没有不良的生活习惯，将是否有抽烟喝酒作为测量指标，有抽烟喝酒习惯的赋值为1，没有抽烟喝酒现象的则赋值为0，形成一个二分变量。社会网络规模的测量通过询问被访者（学生）有多少个朋友，朋友的数量就是一个连续性的变量，数量越多代表网络规模越大。互动频率，通过询问自己或朋友去各种场馆（文化场馆）的频率。还有家庭社会经济地位，作为测量家庭经济条件的变量。另外，为了研究因果效应，加入了基期的健康状况变量，使用基期的自评健康、精神健康、客观健康测量。

控制变量包括被访者的人口特征（性别、户籍、兄弟姐妹数）、迁移经历、居住方式（居住方式简化为同双亲同住和非双亲同住的二分变量）等。需要注意的是，CEPS 是通过学校层面进行抽样的，因此控制住学校层面的因素，减少因学校差异导致的误差，其中包括学校师生比、教师本科率、学生经费、学校设施和地区分布等。本节变量描述性统计见表 5 - 1。

表 5 - 1　本节变量描述性统计（已加权，N = 8501）

变量	均值	标准差	最小值	最大值
健康结果				
自评健康 W2	3.824	0.951	1	5
精神健康 W2	37.931	7.883	10	50
经常生病 W2	0.091	0.288	0	1
基线健康结果				
基线自评健康	4.043	0.910	1	5
基线精神健康	19.768	3.777	5	25
基线住院与否	0.090	0.286	0	1
生活方式				
吃不健康食物频率 W2	2.687	0.839	1	5
喝不健康饮品频率 W2	2.792	0.865	1	5
抽烟喝酒频率 W2	1.119	0.514	1	5
锻炼频率 W2	3.128	1.905	0	7
家庭社会经济地位	42.907	14.153	1.552	92.043
控制变量				
性别（男性 = 1）	0.518	0.500	0	1
户籍（农业 = 1）	0.611	0.488	0	1
兄弟姐妹数	0.868	0.867	0	6
迁移经历（有 = 1）	0.106	0.308	0	1
居住方式（非双亲 = 1）	0.370	0.483	0	1
学校师生比	12.726	4.001	3.4375	33.2
教师本科率	0.643	0.322	0	1
学生经费	6.556	0.958	0	8.379
学校设施	20.005	3.748	12	30

续表

变量	均值	标准差	最小值	最大值
地区				
东部	0.451	0.497	0	1
中部	0.309	0.462	0	1
西部	0.239	0.426	0	1

注：变量标注 W2，表明变量来自第二轮（CEPS 2014~2015 学年调查）数据，未标明则来自基期调查数据。

3. 模型选择

在模型选择时使用固定效应模型控制学校层面的数据特征，因为这样可以减少因为抽样产生的偏误。因变量自评健康水平和精神健康指数是连续性变量，因此采用多元线性回归，而客观健康（是否经常生病）是个二分变量，因此采用 Logit 模型。

（三）数据分析结果

1. 社会网络与青少年健康不平等

（1）社会网络与自评健康

被访者（学生）群体除了与自己父母有交往接触之外，更多的是与自己的朋友或同辈群体联系。初中生的社会网络主要是包括家庭和朋友，在前文居住方式与健康的机制性研究中已经发现，居住方式所体现和代表的是父母与孩子的互动关系，因此在本节中将居住方式作为控制变量，就相当于控制了来自父母的社会网络的差异。分析策略是使用嵌套模型，模型 1 是社会网络模型加入了同辈群体习惯变量，社会网络规模，即好朋友的个数，个数越多表示社会网络互动频率越高。模型 2 加入了孩子生活方式变量，包括吃不健康食物频率、喝不健康饮品频率、抽烟喝酒频率、锻炼频率等。模型 3 是在模型 1 的基础上加入家庭社会经济地位，模型 4 是加入基期的健康状况。

结果如表 5-2 所示，模型 1 是社会网络基准模型，控制了人口学特征，加入了同辈伙伴中是否有抽烟喝酒等变量。结果显示，好朋友中有抽烟喝酒的与没有抽烟喝酒的相比自评健康更差，这一点在前文分析孩子生活方式影响因素时得到验证，因为同辈中有抽烟喝酒的会增加个人抽烟喝酒的比例，从而有害个体健康。控制其他变量，朋友中有抽烟喝酒的比没有抽烟喝酒的自评健康少 0.165 个单位，在 $p < 0.001$ 标准上显著。居住方式变量也显示，与完整家庭（父母同住）相比，非完整家庭（非父母同住）对于自评健康有负面作用，这一点是由于非双亲同住家庭对孩子缺乏足够的监管和照顾。社会网络规模是指好朋友个数，数据显示，在控制了其他变量后，社会网络规模（朋友个数）越大，孩子的自评健康状况越好。具体来说，在控制其他变量的情况下，每多 1 个朋友，孩子的自评健康水平提升 0.003 个单位（在 $p < 0.001$ 标准上显著）。因为网络规模越大代表能够获得的社会支持越多，而这将有助于孩子的自评健康。网络互动频率是加入朋友互动频率变量，控制其他变量，数据显示，和朋友有更多互动的孩子可以提升自身的自评健康水平，互动频率每提升 1 个单位，孩子自评健康水平会增加 0.043 个单位，这个结果在 $p < 0.001$ 标准上显著。

表 5 - 2　社会网络与自评健康的线性固定效应模型

变量	模型 1	模型 2	模型 3	模型 4
网络质量	-0.165^{***}	-0.125^{**}	-0.124^{**}	-0.080^{+}
	(0.046)	(0.046)	(0.046)	(0.043)
网络规模	0.003^{***}	0.003^{***}	0.003^{***}	0.002^{***}
	(0.001)	(0.001)	(0.001)	(0.001)
网络互动频率	0.043^{***}	0.045^{***}	0.042^{***}	0.026^{***}
	(0.005)	(0.005)	(0.006)	(0.005)
吃不健康食物频率		-0.076^{***}	-0.077^{***}	-0.049^{***}
		(0.015)	(0.015)	(0.013)
喝不健康饮品频率		-0.020	-0.020	-0.009
		(0.014)	(0.014)	(0.013)
抽烟喝酒频率		-0.068^{**}	-0.069^{**}	-0.035^{+}
		(0.021)	(0.021)	(0.020)
锻炼频率		0.034^{***}	0.033^{***}	0.023^{***}
		(0.005)	(0.005)	(0.005)
社会经济地位			0.003^{**}	0.001
			(0.001)	(0.001)
基线自评健康				0.356^{***}
				(0.011)

续表

变量	模型 1	模型 2	模型 3	模型 4
基线精神健康				0.023 ***
				(0.002)
基线住院（是 =1）				- 0.084 *
				(0.034)
性别（男性 =1）	0.111 ***	0.108 ***	0.107 ***	0.084 ***
	(0.020)	(0.020)	(0.020)	(0.019)
户籍（农业 =1）	- 0.010	- 0.012	0.003	0.011
	(0.024)	(0.024)	(0.024)	(0.023)
兄弟姐妹数	0.000	- 0.002	0.004	0.003
	(0.014)	(0.014)	(0.014)	(0.013)
迁移经历（有 =1）	0.013	0.018	0.019	0.022
	(0.030)	(0.030)	(0.030)	(0.028)
居住方式（非双亲 =1）	- 0.141 ***	- 0.135 ***	- 0.129 ***	- 0.080 ***
	(0.023)	(0.023)	(0.023)	(0.022)
常数项	3.637 ***	3.855 ***	3.719 ***	1.855 ***
	(0.033)	(0.055)	(0.070)	(0.087)
样本量	8501	8501	8501	8501
Rho	0.034	0.033	0.033	0.030
Log-likelihood	- 11200.717	- 11146.993	- 11141.985	- 10483.000

注：用双尾检验：$^+ p < 0.10$，$^* p < 0.05$，$^{**} p < 0.01$，$^{***} p < 0.001$；括号内数字为标准误。

模型 2 是在基准模型上加入生活方式变量，生活方式变量的加入使模型中网络质量（朋友中是否有人抽烟喝酒）的系数和显著性降低，这说明生活方式解释了部分网络质量带来的效应，同辈群体不好的生活习惯会影响孩子自身的生活习惯，从而损害自评健康。模型 3 是在同辈群体因素全模型基础上加入了家庭社会经济地位变量，家庭的社会经济地位变量并不影响同辈群体因素对于自评健康的影响。结果说明，同辈群体因素对于子代自评健康的影响与家庭社会经济地位无关，家庭社会经济地位也不是通过社会网络来对子代自评健康起作用的。

模型 4 是在社会网络的全模型上加入基期健康变量，社会网络的质量、规模和互动频率，即同辈群体的习惯、好朋友的个数以及互动频率都会影响孩子的自评健康。结果显示，社会网络的规模以及互动频率有助于自评健康，社会网络中的生活坏习惯会降低自评健康，因为孩子会受到朋友坏习惯的影响，而抽烟喝酒对健康起到的是负面作用。基期的健康水平解释了部分社会网络的效应，结果显示，社会网络对于孩子健康也有重要作用。社会经济地位的效应也被早期的健康所解释，说明家庭社会经济对于健康的作用是通过基期健康间接作用于青少年的自评健康的。

（2）社会网络与精神健康

社会网络与青少年的精神健康，一方面青少年时期是心理成型和敏感的阶段，另一方面精神健康状况对于外界的影响会有显著反应。而社会网络所代表的，一是社会支持，二是社会结构特征。因此社会网络对于青少年精神健康的作用将十分显著。分析策略也是加入社会网络变量、家庭社会经济变量和基期健康变量，数据分析结果如表 5 - 3 所示。

表 5 - 3　社会网络与精神健康的线性固定效应模型

变量	模型 1	模型 2	模型 3	模型 4
网络质量	- 2.527 ***	- 1.493 ***	- 1.485 ***	- 0.543
	(0.398)	(0.391)	(0.390)	(0.361)
网络规模	0.011 +	0.012 *	0.012 *	0.003
	(0.006)	(0.006)	(0.006)	(0.005)
网络互动频率	0.168 ***	0.254 ***	0.235 ***	0.101 *
	(0.048)	(0.047)	(0.047)	(0.044)
吃不健康食物频率		- 1.267 ***	- 1.275 ***	- 0.989 ***
		(0.124)	(0.123)	(0.114)
喝不健康饮品频率		- 0.979 ***	- 0.979 ***	- 0.808 ***
		(0.116)	(0.116)	(0.107)
抽烟喝酒频率		- 1.987 ***	- 1.994 ***	- 1.518 ***
		(0.183)	(0.183)	(0.169)
锻炼频率		0.233 ***	0.231 ***	0.154 ***
		(0.047)	(0.047)	(0.043)
社会经济地位			0.021 **	0.009
			(0.008)	(0.007)
基线自评健康				0.417 ***
				(0.093)
基线精神健康				0.745 ***
				(0.021)

续表

变量	模型 1	模型 2	模型 3	模型 4
基线住院（是 =1）				− 0.449
				(0.285)
性别（男性 =1）	0.497 **	0.572 **	0.568 **	0.439 **
	(0.178)	(0.174)	(0.174)	(0.161)
户籍（农业 =1）	0.049	0.002	0.109	0.102
	(0.210)	(0.203)	(0.207)	(0.191)
兄弟姐妹数	− 0.300 *	− 0.354 **	− 0.316 **	− 0.198 +
	(0.123)	(0.119)	(0.120)	(0.111)
迁移经历（有 =1）	− 0.555 *	− 0.486 +	− 0.478 +	− 0.242
	(0.264)	(0.256)	(0.256)	(0.236)
居住方式（非双亲 =1）	− 0.988 ***	− 0.841 ***	− 0.794 ***	− 0.327 +
	(0.204)	(0.198)	(0.199)	(0.184)
常数项	37.788 ***	44.922 ***	43.937 ***	26.950 ***
	(0.292)	(0.468)	(0.596)	(0.742)
样本量	8501	8501	8501	8501
Rho	0.041	0.041	0.041	0.037
Log-likelihood	− 29620.199	− 29345.225	− 29341.623	− 28660.834

注：用双尾检验：$^+ p < 0.10$，$^* p < 0.05$，$^{**} p < 0.01$，$^{***} p < 0.001$；括号内数字为标准误。

模型 1 为社会网络基准模型，具有控制人口学的特征，加入社会网络变量，数据显示，好朋友中有抽烟喝酒的比没有抽烟喝酒的精神健康水平差，两者相差 2.527 分，并且在 0.001 标准上显著。模型 2 是网络规模模型，在模型中加入好朋友的个数，控制其他变量，每多 1 个朋友的精神健康就高 0.011 分，数据呈显著（$p < 0.10$）。加入孩子与朋友的互动频率，控制好其他因素，互动频率每提高 1 个单位，孩子的精神健康分数就高 0.168 分，在 0.001 标准上显著。因此结果显示，好朋友中有抽烟喝酒的孩子的精神健康更差，因为网络同质性很强，好朋友中有抽烟喝酒的，会使孩子抽烟喝酒的可能性增加；好朋友个数越多代表网络规模越大，社会支持越多；朋友的互动频率越高，精神健康会更好。

模型 2 是基准模型上加入孩子的生活方式变量，加入这一变量后网络质量的影响系数降低，说明网络质量会影响孩子的生活方式，从而影响孩子的精神健康状况。

模型3是在模型2基础上加入家庭社会经济地位变量，社会网络变量的系数没有发生较大变化，社会经济地位越好子代的精神健康状况越好，控制其他因素后，社会经济地位每提升1个单位，子代的精神健康水平增加0.021个单位（$p<0.01$）。

模型4是在模型3的基础上加入基期健康水平，家庭社会经济地位变量和网络规模效应变得不显著，说明基期的社会网络影响到基期的健康水平，从而影响子代的健康水平。网络互动频率对于精神健康的效果被部分解释，但是对精神健康仍有直接效应。

（3）社会网络与经常生病

自评健康是一个综合性的健康指标，精神健康则更多的代表心理方面的健康，而近期是否经常生病则代表身体的客观健康。因为是有两期追踪数据，因此可以采用滞后效应模型，也就是第二期的结果变量是模型的因变量，第一期基线调查的是自变量，这样正好可以避免生病与社会网络变量间的因果关系混乱。

结果如表5-4所示，模型1是社会网络基准模型，其中的好朋友数量以及互动频率并不影响子代近期生病的频率状况。在控制变量中，性别对于是否经常生病有着影响，结果显示男性比女性更少"经常生病"。控制其他变量，网络质量差则会增加孩子"经常生病"的概率，如果同辈中有抽烟喝酒的，"经常生病"的概率便会增加0.379个单位（$p<0.05$）。

表5-4 社会网络与生病与否的线性固定效应模型

变量	模型1	模型2	模型3	模型4
网络质量	0.379 *	0.253	0.253	0.092
	(0.166)	(0.170)	(0.170)	(0.179)
网络规模	0.003	0.002	0.002	0.004
	(0.003)	(0.003)	(0.003)	(0.003)
网络互动频率	-0.036	-0.052 *	-0.045 *	-0.014
	(0.022)	(0.023)	(0.023)	(0.023)
吃不健康食物频率		0.291 ***	0.294 ***	0.234 ***
		(0.057)	(0.057)	(0.059)
喝不健康饮品频率		0.097 +	0.098 +	0.078
		(0.055)	(0.055)	(0.057)

续表

变量	模型 1	模型 2	模型 3	模型 4
抽烟喝酒频率		0.187 **	0.189 **	0.116
		(0.071)	(0.071)	(0.076)
锻炼频率		-0.025	-0.025	-0.001
		(0.023)	(0.023)	(0.023)
社会经济地位			-0.007 +	-0.004
			(0.004)	(0.004)
基线自评健康				-0.643 ***
				(0.045)
基线精神健康				-0.050 ***
				(0.010)
基线住院（是 =1）				0.677 ***
				(0.120)
性别（男性 =1）	-0.703 ***	-0.705 ***	-0.705 ***	-0.716 ***
	(0.084)	(0.085)	(0.085)	(0.087)
户籍（农业 =1）	-0.149	-0.140	-0.177 +	-0.213 *
	(0.094)	(0.095)	(0.097)	(0.100)
兄弟姐妹数	-0.072	-0.064	-0.079	-0.082
	(0.059)	(0.059)	(0.060)	(0.061)
迁移经历（有 =1）	-0.149	-0.166	-0.168	-0.177
	(0.128)	(0.128)	(0.128)	(0.132)
居住方式（非双亲 =1）	0.121	0.093	0.075	-0.054
	(0.091)	(0.091)	(0.092)	(0.095)
样本量	8423	8423	8423	8423
Log-likelihood	-2163.592	-2130.520	-2128.715	-1961.416

注：用双尾检验：$^+ p < 0.10$，$^* p < 0.05$，$^{**} p < 0.01$，$^{***} p < 0.001$；括号内数字为标准误。

模型 2 是基准模型中加入基期生活方式变量，网络质量的效果被解释了，说明网络质量影响孩子生活方式，进而影响到其是否经常生病。

模型 3 是在模型 2 的基础上加入家庭社会经济变量，好朋友个数（社会网络规模）、是否抽烟喝酒对于孩子近期是否经常生病没有影响。社会经济地位减少了 0.007 个单位的生病概率，并在 $p < 0.10$ 标准上显著。

模型 4 是控制了基期的健康状况，基期自评健康、客观健康和精神健康越好，则会降低生病的频率。社会经济地位和网络规模的效应都被第一轮的健康水平所解释，网络质量变量的效用在模型 4 中也不显著。

2. 家庭社会经济地位与社会网络

在分析孩子的社会网络与健康之间的关系时发现，社会网络影响青少年健康状况。即使控制了社会经济地位和基期健康状态，在青少年自评健康方面，网络质量（同伴中有没有抽烟喝酒的）、网络规模和互动频率都显著作用于青少年自评健康。在青少年精神健康方面也体现出网络变量的显著作用，因此考察家庭社会经济地位与网络变量分布的关系和趋势。为了更为直观地观察家庭社会经济地位与网络变量的关系，分析使用了局部加权回归散点平滑法（LOWESS）。

图 5 - 1 是家庭社会经济地位与子代朋友个数的平滑曲线图，可以看出在 SES 指数低于 25 时，朋友数目是随着 SES 指数的增高而直线增长的，SES 指数高于 25，朋友的个数则不增长，甚至到了高社会地位层次，朋友数会下降。

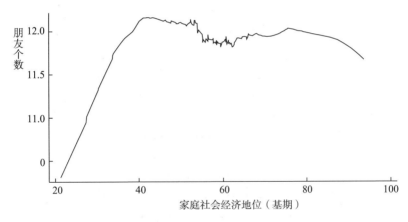

图 5 - 1　家庭社会经济地位与子代朋友个数（平滑曲线）

图 5 - 2 和图 5 - 3 显示的是使用局部加权回归散点平滑法的分析结果，展现出朋友中有无抽烟喝酒、朋友互动频率与家庭社会经济地位的关系。由图 5 - 1 可见，随着家庭社会经济地位的提升，孩子朋友中有抽烟喝酒的比例也在降低，说明父辈较好的社会经济地位可以减少子代与不良少年的接触。而另一方面互动频率与青少年健康的分析，家庭社会经济地位越高，那么孩子与朋友的互动频率呈现直线上升，原因在于朋友互动中需要物质资本的支持，更好的经济条件有助于与别人的互动。因此可以看出在社会

网络的几个因素中，父辈社会经济地位高的都可以趋利避害，有助于孩子的健康，进而通过这种方式实现优势资源的代际传递。

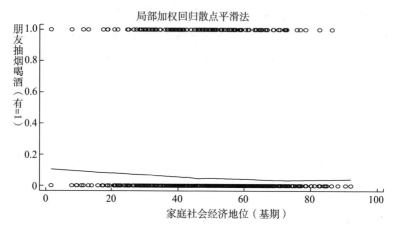

图 5 – 2　家庭社会经济地位与朋友抽烟喝酒 （LOWESS）

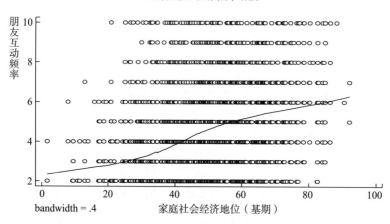

图 5 – 3　家庭社会经济地位与互动频率 （LOWESS）

（四）小结

通过本章节的分析可以知道社会网络与子代健康息息相关，因为作为社会交往较为单一的学生群体来说，主要交往群体就是家庭和朋友。本节则是控制了居住方式，主要考察朋友层面的社会交往对于孩子健康的影响。具体来说社会网络质量，即朋友中是否有健康的生活方式，结果显示交往的朋友中有抽烟喝酒的会显著降低孩子的自评健康、精神健康和客观健康，因为在交往的群体中有较多这样的群体，也会使孩子本身习得坏习惯。当然还有另一种解释，就是因为孩子本身就有抽烟喝酒的习惯所以才和有这样习惯的人交朋友。但是两种解释带来的是同样的结果，就是与抽烟喝酒朋友交往，自身的健康（自评健康、精神健康和客观健康）受损害较大。

社会网络规模对于子代健康的三个方面，自评健康、精神健康和客观健康产生积极作用，社会网络规模越大，越有助于孩子健康水平的提升。对于这样的结果，一种解释是社会资本即社会网络关系：个人的网络关系越多，个人的社会资本量越大。第二种观点认为，社会资本即社会网络结构。由于网络结构是不易操作的概念，所以上述对立假设只在有限的范围内得到证实。第三种观点认为，社会资本是一种社会网络资源，它是个人所建立的社会网络。在网络中个体的位置，则表现为在此基础上所能动员以及使用的网络中可嵌入的资源（边燕杰，2004）。

社会网络的互动频率越高，会使孩子自评健康和精神健康更好，主要在于社会网络互动的增多，社会支持也会得到有效的保障，尤其对于精神健康，朋友间的相互交流可以缓解内心的压力和困惑，治疗心理疾病。同时显示社会网络的互动情况与孩子的生病频率并没有关系。控制了社会网络对于孩子的影响后，家庭社会经济地位对于孩子的健康仍然有着正向作用，说明社会网络并不是子代社会经济地位对健康的中介机制。很多学者认为社会资本与健康二者存在显著的正相关，个体的社会资本是个体的社会交往的网络（池上新，2014）。本节的结论也证明在青少年时期的群体中，社会网络对于子代健康的作用十分显著。

二　社区因素：邻里效应与青少年健康不平等

前文在同辈群体层面研究了社会网络对于子代青少年时期健康不平等的作用。下文将研究社区因素的作用，除了家庭、学校这两个孩子常常活动的场所外，另一个日常生活活动的区域就是社区。本节将考察中国邻里效应对于青少年健康是否起作用，起到什么样的作用。

研究表明青少年对于所生活的社区环境会更加敏感，在其早期的身体发育阶段更容易受到社区环境的影响。Oakley（1989）认为，社区是社会的基本单位，大量的子代健康投资是通过社区进行的。社区是社会资本和社会支持的场所，现有研究有关注老年人、儿童的健康与社区的关系并进行研究的。本节会进一步验证青少年的健康是否受到社区因素的影响，考察家庭社会经济地位在其中扮演什么样的角色。

（一）社区与青少年健康

心理学家的研究成果认为，个体期望建立的重要机制是从横向进行比较的（Arku et al.，2011）。在个体层面中，人们会与自己社会经济地位相差不多的人比较，以构建自己对收入的"正常期望"。在社区层面，人们会与社区里的其他家庭比较，来确认自家收入是否偏低。根据这种"相对剥夺"理论，一方面父母的态度和行为是邻里关系中非常重要的导管，这对青少年的发展产生很重要的影响；另一方面孩子也会因相对收入差而受到心理上的影响，因此推出假设。

假设 1：在社区中家庭相对收入差，会对孩子的健康产生危害。

住房是青少年每天都需要居住的地方，房屋的拥挤程度、卫生条件都将影响青少年的健康。在 Hut 和 Coulter（2017）的文章中用 2010 年中国家庭追踪调查数据分析社会经济不平等下的"蜗居"，住房面积与心理健康的关系描绘出了城市住房问题的双重"危机"，住在里面的人会产生更大的心理压力。此外，好的房屋质量代表更好的卫生系统，更清洁的环境有助于健康，因此推出假设。

假设 2：家庭房屋质量越好，孩子的健康水平越高。

孩子的学习和生活的场所除了家庭和学校，还有家庭所在的社区。社区的资源因为空间可及性和邻近性，会促使青少年受它们的影响，如果生活在嘈杂、混乱的环境中，会给青少年和成年人带来巨大的精神压力和健康威胁。因此推出假设。

假设 3：优异的社区环境有助于提升孩子的健康水平。

（二）数据、变量和方法

1. 数据

在社区因素与青少年（初中生）健康不平等关系中，社区因素作为自变量，数据来自中国教育追踪调查（CEPS）2013～2014学年基线调查，健康结果变量则来自中国教育追踪调查（CEPS）2014～2015学年追踪调查，目的是更加清晰地考察因果关系，也考虑到健康效果滞后性。

2. 变量操作

在本节的研究中，核心自变量分为三组，数据来自（CEPS）2013～2014学年基线调查，都是对社区或者与社区相关的测量。相对收入水平的测量，问卷中的原题目是"您家收入水平跟您社区周围人相比如何"，有五个选项（1代表"低"，2代表"比较低"，3代表"不高不低"，4代表"比较高"，5代表"高"），考虑到每项的样本量，将前两项合并为"低"，后三项合并为"中等及以上"，因此成了虚拟变量，用这个来测量与周围人的相对收入。

居住质量变量的测量体现房屋质量。家中有没有自来水、家中有没有独立卫生间，对两者的回答是分类变量，如果有则赋值为1，如果没有则赋值为0。自来水和独立卫生间都是家庭内物质条件的判断依据，也是卫生条件好坏的体现。而另一个变量家庭居住房屋类型，其实在原问题中有多种分类，具体包括工棚、地下室、农村平房、农村楼房、城市平房、城市普通楼房、城市高级住宅和其他。因为有的分类数量很少，为了模型的简洁，所以直接划分为楼房与非楼房，将城市高级住宅也归为楼房。居住的是楼房赋值为1，不是则赋值为0。

第三组变量是社区层面的社区环境和设施变量，社区环境通过询问家长获得，对于问卷中的几个说法的同意程度，分别是"安全""整洁""很少污染"，回答的选项有四项，1为"完全不同意"，2为"不太同意"，3为"比较同意"，4为"完全同意"。因此将社区环境这三个方面相加，得到一个3～12分的连续变量，分数越高说明社区的环境（安全、整洁、无污染）越好。对于社区设施的测量是根据问卷中的一个多选题，在小区设施中选择了与健康有关的设施"卫生院""社区公园"，生成两个虚拟变量，如果有则是1，没有则是0。

控制变量包括被访者的人口特征（性别、户籍、兄弟姐妹数），以及迁移经历、居住方式。需要注意的是，CEPS 是通过学校层面进行抽样的，因此控制住学校层面的因素，减少因学校差异而导致的误差，其中包括学校师生比、教师本科率、学生经费、校园设施和地区分布等。本节所有变量的描述性统计结果如表 5 - 5 所示。

表 5 - 5　本节变量描述性统计（已加权，N = 8453）

变量	均值	标准差	最小值	最大值
健康结果				
自评健康 W2	3.828	0.950	1	5
精神健康 W2	37.925	7.837	10	50
经常生病 W2	0.092	0.289	0	1
社区变量				
相对经济条件	0.637	0.481	0	1
自来水（有 = 1）	0.807	0.394	0	1
独立卫生间（有 = 1）	0.786	0.410	0	1
住房类型（楼房 = 1）	0.575	0.494	0	1
社区环境	8.470	2.591	0	12
公园（有 = 1）	0.209	0.406	0	1
诊所（有 = 1）	0.533	0.499	0	1
家庭社会经济地位	42.775	14.211	1.552	92.043
基线健康结果				
基线自评健康	4.046	0.908	1	5
基线精神健康	19.766	3.759	5	25
基线住院与否	0.090	0.286	0	1
控制变量				
吃不健康食物频率 W2	2.685	0.835	1	5
喝不健康饮品频率 W2	2.788	0.863	1	5
抽烟喝酒频率 W2	1.115	0.500	1	5
锻炼频率 W2	3.127	1.901	0	7
性别（男性 = 1）	0.516	0.500	0	1
户籍（农业 = 1）	0.615	0.487	0	1
兄弟姐妹数	0.869	0.869	0	6

续表

变量	均值	标准差	最小值	最大值
迁移经历（有＝1）	0.104	0.306	0	1
居住方式（非双亲＝1）	0.371	0.483	0	1
学校师生比	12.759	4.025	3.437	33.2
教师本科率	0.645	0.320	0	1
学生经费	6.265	1.365	0	8.256
学校设施	20.024	3.728	12	30
地区				
东部	0.444	0.496	0	1
中部	0.311	0.463	0	1
西部	0.243	0.429	0	1

注：变量标注 W2，表明变量来自第二轮（CEPS 2014～2015 学年调查）数据，未标明则来自基期调查数据。

3. 模型选择

模型选择是根据因变量属性而来的，自评健康和精神健康都是连续变量采用多元线性回归估计回归参数，但是因为数据结构为多层次，所以采用多层次模型（Multi-level Regression Model），第一层为学生，第二层为学校，并且使用固定效应模型，固定学校导致的差异。而生病频率采用二元分类变量模型（Logit），同样使用固定效应模型固定住学校层面的效应。

（三）数据分析结果

社区是人们日常生活与活动的场所，也是社会支持起作用的地方。本节主要从社区层面对变量进行研究，居住社区对于青少年健康是否有作用，健康不平等是否存在邻里效应。而所谓"社区"不光有社区自身特征（社区环境与设施），还有社区里面居住房屋的质量，另外就是社区里面人的互动，因为个人不是单独生活在社区中，而是与周围的人有着互动关系，这里主要就是用收入比较的变量来测量。分析策略是采用嵌套模型，模型 1 加入相对收入、房屋质量、社区环境与设施模型。模型 2 则是加入社会经济地位这一变量，一方面看社区因素对于孩子健康的作用是否稳健，另一方面看两者是否存在机制性关系。模型3则加入第一轮基线的健康指标，包括自评健康、精神健康和客观健康。

1. 社区因素与青少年健康不平等

（1）社区因素与自评健康

表5-6结果显示的是使用多层次线性模型估计的社区因素对青少年自评健康的影响，模型1放入的是家庭相对经济情况，控制子代个体特征、生活习惯、居住方式变量后，结果显示在小区中相对经济条件越好的家庭，子代的自评健康水平越高。相对收入较差的群体与相对收入中等及以上的学生相比，孩子自评健康低0.111个单位（在0.001标准上显著）。房屋质量的测量是使用家中有没有自来水、有没有独立卫生间、居住的是平房还是楼房三个变量来测量的。有没有自来水与孩子自评健康数据上没有显示出相关。家庭中有独立卫生间与没有的相比，有独立卫生间的自评健康会更好，两者相差0.081个单位（$p < 0.01$），有独立卫生间也说明家庭卫生条件不会很差。控制其他变量后，家庭的居住类型也不会影响孩子自评健康状况。

表5-6 社区因素与自评健康的线性固定效应模型

变量	模型1	模型2	模型3
相对收入中等以上	0.111***	0.096***	0.049*
	(0.024)	(0.025)	(0.023)
自来水（有=1）	0.009	0.004	0.005
	(0.035)	(0.035)	(0.032)
独立卫生间（有=1）	0.081**	0.077*	0.038
	(0.031)	(0.031)	(0.028)
楼房（是=1）	0.035	0.030	0.020
	(0.027)	(0.027)	(0.025)
社区环境	0.018***	0.017***	0.007+
	(0.004)	(0.004)	(0.004)
周边公园（有=1）	0.018	0.015	0.023
	(0.025)	(0.025)	(0.023)
周边诊所（有=1）	0.012	0.012	0.000
	(0.021)	(0.021)	(0.020)

续表

变量	模型1	模型2	模型3
社会经济地位		0.002 *	0.001
		(0.001)	(0.001)
基线自评健康			0.355 ***
			(0.011)
基线精神健康			0.024 ***
			(0.002)
基线住院（是=1）			-0.098 **
			(0.034)
性别（男性=1）	0.112 ***	0.112 ***	0.088 ***
	(0.020)	(0.020)	(0.019)
户籍（农业=1）	0.000	0.009	0.015
	(0.024)	(0.024)	(0.023)
兄弟姐妹数	-0.004	-0.000	-0.001
	(0.014)	(0.014)	(0.013)
迁移经历（有=1）	0.034	0.034	0.040
	(0.030)	(0.030)	(0.028)
吃不健康食物频率	-0.074 ***	-0.074 ***	-0.044 **
	(0.015)	(0.015)	(0.014)
喝不健康饮品频率	-0.018	-0.018	-0.008
	(0.014)	(0.014)	(0.013)
抽烟喝酒频率	-0.054 *	-0.055 *	-0.024
	(0.022)	(0.022)	(0.020)
锻炼频率	0.038 ***	0.037 ***	0.026 ***
	(0.006)	(0.006)	(0.005)
居住方式（非双亲=1）	-0.132 ***	-0.128 ***	-0.080 ***
	(0.023)	(0.023)	(0.022)
常数项	3.693 ***	3.612 ***	1.805 ***
	(0.071)	(0.081)	(0.094)
样本量	8453	8453	8453
Log-likelihood	-11095.943	-11093.619	-10440.024

注：用双尾检验：+ $p<0.10$，* $p<0.05$，** $p<0.01$，*** $p<0.001$；括号内数字为标准误。

同时在模型中加入上一期的社区环境（治安、卫生、无污染）和社区周边设施（医院、诊所）变量来测量当前的社区环境与社区周边设施。结果显示，控制其他变量后，社区周边设施（有没有诊所和公园）并不影响孩子自评健康状况。但是社区环境对于孩子自评健康影响显著，社区环境质量每提升 1 个单位，孩子自评健康增加 0.018 个单位，并且是在 $p < 0.001$ 标准上显著。这说明好的社区环境，即安全、清洁、没有污染的社区能够给孩子自评健康方面带来正面作用。

模型 2 在社区变量的基础上加入家庭社会经济地位变量，验证社区因素对于子代健康作用的稳健性。加入家庭社会经济地位变量，社区环境（治安、卫生、无污染）对于自评健康的影响系数和显著性都没有变，另外相对收入水平和住房质量变量的系数小幅下降。家庭社会经济地位越高的家庭越有可能居住在社区环境优异的小区，因此得到社区对于健康的积极影响。除了房屋质量、家庭社会经济地位外，还有另外的影响机制，所以在模型 2 中，即使控制了小区变量，社会经济变量依旧对于孩子自评健康呈现积极显著的直接作用。

模型 3 加入了基线的健康状况的模型，控制其他变量，基线自评健康、精神健康越好，对被访者目前自评健康有促进作用。这个结果还解释了社会经济因素对于健康的影响，相对经济优势和更好的环境仍持续影响目前自评健康，说明相对优势和社区环境导致了更好的自评健康，两者存在因果关系。

（2）社区因素与精神健康

青少年（初中生）的自评健康与社区因素息息相关，进一步考察社区因素对于精神健康的作用。分析策略与自评健康相一致，使用多层次线性回归模型估计，固定住学校层面变量的效应，数据分析结果如表 5-7 所示。

表 5-7　社区因素与青少年精神健康的线性固定效应模型

变量	模型 1	模型 2	模型 3
相对收入中等及以上	0.732 ***	0.598 **	0.335 +
	(0.201)	(0.210)	(0.194)
自来水（有 =1）	0.084	0.044	0.090
	(0.296)	(0.297)	(0.274)
独立卫生间（有 =1）	0.085	0.053	-0.209
	(0.259)	(0.259)	(0.239)

续表

变量	模型1	模型2	模型3
楼房（是＝1）	−0.167	−0.207	−0.270
	(0.225)	(0.226)	(0.208)
社区环境	0.082*	0.080*	−0.011
	(0.035)	(0.035)	(0.032)
周边公园（有＝1）	0.303	0.281	0.288
	(0.209)	(0.209)	(0.193)
周边诊所（有＝1）	−0.059	−0.060	−0.165
	(0.179)	(0.179)	(0.165)
社会经济地位		0.019*	0.008
		(0.008)	(0.008)
基线自评健康			0.453***
			(0.094)
基线精神健康			0.748***
			(0.021)
基线住院（是＝1）			−0.481+
			(0.285)
性别（男性＝1）	0.538**	0.536**	0.389*
	(0.171)	(0.171)	(0.158)
户籍（农业＝1）	−0.045	0.037	0.004
	(0.204)	(0.208)	(0.191)
兄弟姐妹数	−0.347**	−0.315**	−0.181
	(0.118)	(0.119)	(0.110)
迁移经历（有＝1）	−0.383	−0.382	−0.176
	(0.258)	(0.258)	(0.238)
吃不健康食物频率	−1.252***	−1.258***	−0.990***
	(0.124)	(0.124)	(0.115)
喝不健康饮品频率	−0.941***	−0.942***	−0.752***
	(0.117)	(0.117)	(0.108)
抽烟喝酒频率	−1.963***	−1.972***	−1.495***
	(0.184)	(0.184)	(0.170)
锻炼频率	0.263***	0.261***	0.169***
	(0.047)	(0.047)	(0.043)
居住方式（非双亲＝1）	−0.797***	−0.761***	−0.288
	(0.199)	(0.199)	(0.184)

变量	模型 1	模型 2	模型 3
常数项	44.515 ***	43.808 ***	27.162 ***
	(0.605)	(0.685)	(0.796)
样本量	8453	8453	8453
Log-likelihood	−29166.891	−29164.435	−28478.080

注：用双尾检验：* $p<0.05$，** $p<0.01$，*** $p<0.001$；括号内数字为标准误。

模型 1 中加入相对收入变量，结果显示，如果家庭在小区中的相对经济条件为中等及以上，其子代的精神健康与相对经济条件差的子代相比精神健康会更好，两者相差 0.732 分。房屋质量变量加入模型 1，控制其他变量，模型中房屋质量对于孩子精神健康并没有影响。社区环境与设施模型，发现小区周围有没有公园或诊所对于孩子的精神健康状况没有影响。控制其他变量，社区环境（安全、卫生、无污染）越好，居住在里面的孩子的精神健康水平也会提升，社区环境每提升 1 个单位，孩子精神健康会增加 0.082 分（$p<0.05$）。

模型 2 是在模型 1 的基础上加入家庭社会经济地位，结果显示小区内相对经济条件优势对于孩子精神健康方面的作用被部分解释，同时社区环境变量的回归系数变小，社会经济地位越高，孩子的精神健康水平也会提升。

模型 3 是加入第一期的健康状况变量，控制其他变量，基线自评健康每提升 1 个单位，新一期的精神健康增加 0.453 个单位（$p<0.001$）。基线精神健康会造成 0.748 分的增长效果，但"是否住院"在 0.10 标准上影响现在的精神健康水平，基线的健康水平解释了社区中相对经济优势变量对于精神健康的作用。

（3）社区因素与客观健康

使用 Logit 模型估计影响子代是否经常生病，结果如表 5-8 所示，模型 1 中家庭相对收入在中等及以上与相对收入差的家庭相比，孩子经常生病的概率会减少。社区环境与设施对于患病情况也没有影响，控制其他变量，居住小区的环境（安全、卫生、无污染）越好，并不会减少孩子经常生病的可能。小区设施的影响结果显示，如果小区附近有公园、周边有诊所，都不会影响孩子近期是否经常生病。在小区中，受相对经济条件的影响，家庭相对经济条件越好，孩子生病概率越低。居住质量对于孩子是否经常生病没有影响。但是相对经济水平在中等及以上的家庭，孩子生病的概率会比相对经济差的家庭低。

表5-8 社区因素与生病与否的线性固定效应模型

变量	模型1	模型2	模型3
相对收入中等及以上	-0.294**	-0.255**	-0.175+
	(0.091)	(0.095)	(0.099)
自来水（有=1）	-0.089	-0.076	-0.090
	(0.134)	(0.135)	(0.139)
独立卫生间（有=1）	0.060	0.069	0.174
	(0.121)	(0.121)	(0.126)
楼房（是=1）	-0.026	-0.014	0.033
	(0.105)	(0.105)	(0.109)
社区环境	-0.023	-0.023	-0.004
	(0.016)	(0.016)	(0.017)
周边公园（有=1）	-0.008	-0.002	0.002
	(0.101)	(0.101)	(0.104)
周边诊所（有=1）	0.050	0.049	0.073
	(0.085)	(0.085)	(0.088)
社会经济地位		-0.006	-0.003
		(0.004)	(0.004)
基线自评健康			-0.638***
			(0.046)
基线精神健康			-0.048***
			(0.010)
基线住院（是=1）			0.674***
			(0.120)
性别（男性=1）	-0.670***	-0.671***	-0.684***
	(0.083)	(0.083)	(0.086)
户籍（农业=1）	-0.155	-0.178+	-0.198*
	(0.096)	(0.097)	(0.100)
兄弟姐妹数	-0.058	-0.070	-0.074
	(0.059)	(0.060)	(0.061)
迁移经历（有=1）	-0.169	-0.169	-0.181
	(0.130)	(0.130)	(0.134)

续表

变量	模型 1	模型 2	模型 3
吃不健康食物频率	0.304 ***	0.306 ***	0.247 ***
	(0.058)	(0.058)	(0.059)
喝不健康饮品频率	0.104 +	0.105 +	0.089
	(0.055)	(0.055)	(0.057)
抽烟喝酒频率	0.187 **	0.190 **	0.121
	(0.072)	(0.072)	(0.076)
锻炼频率	− 0.023	− 0.022	0.002
	(0.023)	(0.023)	(0.023)
居住方式（非双亲 = 1）	0.089	0.076	− 0.042
	(0.091)	(0.092)	(0.095)
样本量	8380	8380	8380
Log-likelihood	− 2118.576	− 2117.618	− 1955.924

注：用双尾检验：$^+ p < 0.10$，$^* p < 0.05$，$^{**} p < 0.01$，$^{***} p < 0.001$；括号内数字为标准误。

模型 2 是加入社会经济地位变量的模型，相对经济状况变量依旧显著，但是家庭社会经济地位变量不显著，说明相对社会经济地位才是影响生病频率的因素。模型 3 是在全模型的基础上加入基线健康状况，控制其他变量，在小区内的相对收入依旧减少孩子经常生病的概率，但家庭社会经济地位对孩子近期是否经常生病并没有统计学上的显著性，社区变量的影响都被基期的健康状况水平所解释，基期更好的心理健康和自评健康会减少经常生病的可能，而之前有住院经历的孩子可能会增加生病可能。

2. 家庭社会经济地位与社区因素

在前文的分析结果中可以看出，家庭在社区内的相对收入水平、有无独立卫生间和社会环境都对健康有着显著作用。更高的相对收入水平有助于增加自评健康和精神健康，也可以减少经常生病的概率，这些在控制了社会经济地位后仍然有效。使用局部加权回归散点平滑法（LOWESS）考察家庭社会经济地位与家庭在社区相对经济地位（见图 5 - 4）的关系，结果显示两者高度相关，但趋势并不完全一致。在社会经济地位高于 50 之后，相对经济优势放缓。

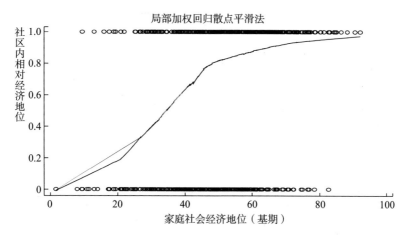

图 5 - 4　社区相对优势与家庭社会经济地位（LOWESS）

居住卫生条件和社会环境变量都是影响孩子健康的重要因素。从图 5 - 5 和图 5 - 6 中可以看出社会环境质量会随着家庭社会经济地位上升而直线上升，独立卫生间数量也随着社会经济地位提升而增加。这都表明了父代有着较高的社会经济地位可以为子代提供更好的物质环境，如卫生和环境好的社区，使孩子避免暴露在差的环境中。有研究表明恶劣环境因素，污染的空气和水，暴露在烟草等环境中都会增加慢性呼吸道疾病的风险，暴露在噪音中会影响神经内分泌和血压，这些都会干扰机能的发展（Evans and Kantrowiz，2002）。

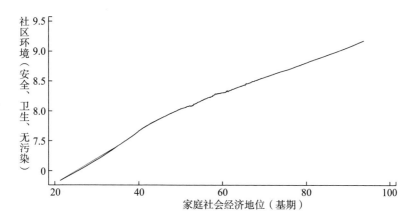

图 5 - 5　家庭社会经济地位与社区环境（平滑曲线）

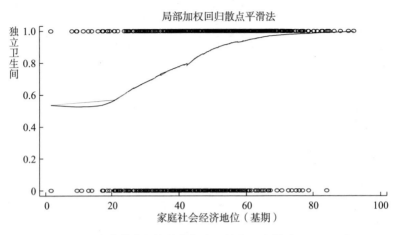

图5-6　家庭社会经济地位与有无独立卫生间（LOWESS）

（四）小结

因为社区因素对于个体的影响不是短时间内可以形成的，所以通过使用追踪数据可以有效地控制影响因素的先后顺序，也可以有充足的时间发挥作用。本节的因变量是第二期数据，自变量为第一期调查数据，这样保证了因果性和效果的滞后效应。在社区中家庭的相对收入状况对于健康的三个测量都起到了积极作用，不仅有助于提升自评健康和精神健康水平，还会减少经常生病的概率。在自评健康和精神健康模型中，即使加入其他社区变量和家庭社会经济地位变量，较高的相对收入仍然起到积极作用。说明相对经济状况对于孩子的影响并不是直接被绝对经济状况所解释的，准确地说，绝对收入可以解释部分经济差异带来的健康（自评健康、精神健康和客观健康）差异，但是相对优势或者相对劣势仍然对孩子产生影响，通俗地来说就是"你的邻居的收入比你多还是比你少"对孩子健康的影响更大。

住房质量因素只是对于自评健康有着显著影响，家中有独立卫生间的孩子比家中无独立卫生间的自评健康更好，因为有独立卫生间可以侧面说明家庭的住房质量和卫生条件都较好。在控制家庭经济因素之后有无独立卫生间的显著性和系数都在减小，说明独立卫生间所带来的卫生环境对于孩子自评健康仍有直接效应。

社区环境好则代表安全、卫生无污染，这会对孩子的自评健康和精神起到积极作用，社区环境越好，孩子精神健康和自评健康越好。虽然社会环境变量的系数有小部分被家庭经济条件所解释，因为较优越的经济条件更会追求社区环境质量，但是仍有大部分是环境直接对健康起作用。在社区内的设施，有没有诊所和公园对健康没有显著影响，但我们认为周边设施的作用对孩子习惯的形成比较关键，主要通过健康的生活习惯影响健康。

根据前文的分析可以知道，社区邻里效应对于健康，尤其对于孩子健康有着重要的作用。相对的经济差异，即相对的剥夺感对于健康的影响更直接，更优越的环境和卫生条件更能够保障子代在青少年时期拥有健康的身心。

三　家庭社会经济地位与青少年健康不平等

通过第四章和第五章的影响健康不平等因素的分析，本节是第四、五章的总结，主要是研究家庭社会经济因素对于子代青少年时期健康的作用，家庭社会经济地位影响孩子的方方面面，那么社会经济因素是否真的会影响孩子的健康水平，影响的机制又是什么？机制性研究是本章研究的最主要问题，也会探讨什么是影响子代健康不平等的重要因素。

对于社会经济地位是否通过生活方式对健康起作用也存在争论，对于这种机制性的讨论，有学者认为生活方式有直接作用，完全可以解释社会经济地位差异对于健康的作用（王甫勤，2011）。还有学者认为社会经济地位对健康有直接影响，更有研究表明社会经济地位是通过生活方式间接地作用于健康（黄洁萍、尹秋菊，2013）。对于机制性的讨论都是针对拥有社会经济地位群体的本人，而没有对他们子代进行研究，因此本章节主要探讨家庭社会经济地位对孩子健康起到的作用及机制。家庭社会经济地位对于健康作用的中介因素除了生活方式还有其他因素，这些都是需要进行研究判断的。

（一）实证分析策略

1. 数据

本章分析社会经济地位与青少年时期健康状况，所有自变量来自中国教育追踪调查（CEPS）2013～2014 学年基线调查，健康结果变量则来自中国教育追踪调查（CEPS）2014～2015 学年追踪调查，目的是尽可能清晰地考察因果关系。

2. 变量操作

在家庭社会经济地位与青少年（初中生）健康不平等机制分析中，因变量是被访者的自评健康、精神健康和生病频率，这些因变量都是从中国教育追踪调查（CEPS）2014～2015 学年的数据中获得的。

自变量中生活习惯变量，包含吃不健康食物、喝不健康饮品、抽烟喝酒和锻炼频率，以及家庭中有人抽烟、醉酒等，这些都是从 CEPS 2014～2015 学年追踪调查获得的。社会经济地位指数，朋友因素（个数、互动），父母变量（监管、互动、教育压力），住房质量，社会因素（社区环境、设施）和控制变量都来自中国教育追踪调查（CEPS）2013～2014 学年基线调查，控制变量则包括被访者的人口特征（性别、户籍、兄弟姐妹数），以及迁移经历、居住方式和被访者个人的生活习惯变量。需要注意的是，CEPS 是通过学校层面进行抽样的，因此控制住学校层面的因素，减少因学校差异而导致的误差，其中包括学校师生比、教师本科率、学生经费和学校设施等。具体变量的描述性统计如表 5-9 所示。

表 5-9　本节变量描述性统计（已加权，N = 8637）

变量	均值	标准差	最小值	最大值
健康结果（W2）				
自评健康 W2	3.821	0.951	1	5
精神健康 W2	37.945	7.866	10	50
生病频率 W2	0.090	0.287	0	1
生活方式（W2）				
吃不健康食物 W2	2.688	0.838	1	5
喝不健康饮品 W2	2.791	0.864	1	5
抽烟喝酒 W2	1.120	0.514	1	5
锻炼频率 W2	3.125	1.905	0	7
同住抽烟 W2	0.648	0.478	0	1
同住醉酒 W2	0.290	0.454	0	1

续表

变量	均值	标准差	最小值	最大值
家庭社会经济地位	42.929	14.130	1.552	92.043
父母监管	19.067	3.110	8	24
父母互动	21.826	6.407	6	36
教育期望压力	3.063	1.110	1	5
朋友抽烟喝酒	0.062	0.242	0	1
朋友个数	12.733	16.316	0	99
朋友互动	3.763	1.925	2	10
自来水（有=1）	0.789	0.408	0	1
独立卫生间（有=1）	0.770	0.421	0	1
住房类型（楼房=1）	0.562	0.496	0	1
社区环境	8.279	2.846	0	12
控制变量				
性别（男性=1）	0.519	0.500	0	1
户籍（农业=1）	0.611	0.488	0	1
兄弟姐妹数	0.866	0.866	0	6
迁移经历（有=1）	0.106	0.307	0	1
居住方式（非双亲=1）	0.371	0.483	0	1
学校师生比	12.734	4.003	3.437	33.2
教师本科率	0.644	0.322	0	1
学生经费	6.262	1.362	0	8.256
学校设施	20.006	3.748	12	30
地区				
东部	0.449	0.497	0	1
中部	0.310	0.462	0	1
西部	0.239	0.426	0	1

注：变量标注 W2，表明变量来自第二轮（CEPS 2014~2015 学年调查）数据，未标明则来自基期调查数据。

3. 模型选择

使用固定效应模型控制住学校层面的数据特征，减少因为抽样产生的偏误。因变量自评健康水平和精神健康指数是连续性变量，因此采用多元线性回归模型，而客观健康是个二元分类变量，因此采用 Logit 模型。

（二） 数据分析结果

在第四章和第五章的分析中，社会经济地位都作为稳健性检验的变量，看看那些生活方式、社会网络、居住方式、邻里效应在控制家庭社会经济地位变量之后的效果是否还很稳健，因为在以往的研究中，家庭经济地位是最为重要的因素，在学科中讨论最多的就是家庭社会经济地位对于健康的影响，很多研究都表明社会经济地位对于健康起到促进作用。但同时随着研究的深入，人们开始探讨家庭社会经济地位对于健康影响的机制。本节重点研究家庭社会经济地位对于子代健康的影响，以及通过什么样的机制来影响孩子健康。依然从健康的三个方面来进行讨论，模型 1 是基准模型，模型 2 至模型 5 是不同解释机制下家庭社会经济地位所起的作用，模型 6 是全模型。

1. 家庭社会经济地位与青少年自评健康

使用多层次线性回归模型估计的结果如表 5-10 所示，模型 1 是基准模型，从模型 2 开始逐步加入不同的解释变量，其中包括个人生活方式、父母因素（生活方式与互动）、同辈群体因素和社区因素。

模型 1 中放入了控制变量，其中居住方式、性别、兄弟姐妹数、迁移经历以及户籍状况，再加入社会经济地位变量，家庭社会经济地位变量在统计（$p < 0.001$）上显著，家庭社会经济地位每提升 1 个单位，孩子的自评健康增加 0.004 个单位。因此家庭的社会经济地位有助于孩子的自评健康，这就说明控制其他的变量后，家庭社会经济地位越高，孩子自评健康就会越好。

模型 2 是生活方式模型，是在模型 1 的基础上加入一组个体生活习惯变量（饮食、抽烟喝酒、锻炼），控制其他变量，吃油炸快餐类食品越频繁，自评健康越差，同样地，经常喝碳酸含糖饮料的健康也越差。具体来说，青少年吃不健康食物频率每提升 1 个单位，他们的自评健康下降 0.071 个单位（$p < 0.001$）。青少年喝不健康饮品的影响方面，对自评健康的负面作用为 0.018 个单位，但是在统计上不显著。有抽烟和喝酒状况的学生对于自评健康的损害状况更严重，抽烟喝酒的频率每提升 1 个单位，自评健康下降

表 5 - 10　家庭社会经济地位与自评健康的线性固定效应模型

变量	模型 1	模型 2	模型 3	模型 4	模型 5	模型 6
社会经济地位	0.004***	0.004***	0.002*	0.003**	0.003**	0.001
	(0.001)	(0.001)	(0.001)	(0.001)	(0.001)	(0.001)
吃不健康食物频率		-0.071***				-0.071***
		(0.014)				(0.014)
喝不健康饮品频率		-0.018				-0.018
		(0.014)				(0.014)
抽烟喝酒频率		-0.072***				-0.059**
		(0.021)				(0.021)
锻炼频率		0.038***				0.031***
		(0.005)				(0.005)
同住喝酒			-0.025			-0.014
			(0.023)			(0.023)
同住抽烟			0.004			0.011
			(0.021)			(0.021)
父母监管			0.013***			0.010**
			(0.003)			(0.003)
父母互动			0.015***			0.010***
			(0.002)			(0.002)
学业期望压力			-0.037***			-0.029**
			(0.009)			(0.009)
朋友抽烟喝酒				-0.152***		-0.095*
				(0.045)		(0.045)

续表

变量	模型 1	模型 2	模型 3	模型 4	模型 5	模型 6
朋友个数				0.003 *** (0.001)		0.003 *** (0.001)
朋友互动频率				0.041 *** (0.005)		0.027 *** (0.006)
自来水（有＝1）					-0.016 (0.034)	-0.014 (0.033)
独立卫生间（有＝1）					0.083 ** (0.030)	0.075 * (0.030)
楼房（是＝1）					0.040 (0.026)	0.036 (0.026)
社区环境					0.020 *** (0.004)	0.015 *** (0.004)
性别（男性＝1）	0.119 *** (0.020)	0.118 *** (0.020)	0.129 *** (0.020)	0.111 *** (0.020)	0.123 *** (0.020)	0.119 *** (0.020)
户籍（农业＝1）	0.005 (0.024)	0.003 (0.024)	0.010 (0.024)	0.007 (0.024)	0.006 (0.024)	0.010 (0.024)
兄弟姐妹数	0.006 (0.014)	0.005 (0.014)	0.009 (0.014)	0.005 (0.014)	0.005 (0.014)	0.006 (0.014)
迁移经历（有＝1）	0.010 (0.030)	0.015 (0.030)	0.008 (0.030)	0.013 (0.030)	0.015 (0.030)	0.020 (0.030)
居住方式（非双亲＝1）	-0.140 *** (0.023)	-0.132 *** (0.023)	-0.118 *** (0.023)	-0.138 *** (0.023)	-0.139 *** (0.023)	-0.115 *** (0.023)

续表

变量	模型 1	模型 2	模型 3	模型 4	模型 5	模型 6
常数项	3.651***	3.836***	3.246***	3.505***	3.442***	3.278***
	(0.053)	(0.069)	(0.088)	(0.056)	(0.062)	(0.102)
样本量	8637	8637	8637	8637	8637	8637
Rho	0.035	0.034	0.032	0.033	0.034	0.032
Log-likelihood	-11418.074	-11361.989	-11354.022	-11373.673	-11392.236	-11267.990

注：用双尾检验：$^+ p < 0.10$，$^* p < 0.05$，$^{**} p < 0.01$，$^{***} p < 0.001$；括号内数字为标准误。

0.072 个单位，并且在 $p < 0.001$ 标准上显著。控制其他变量，有锻炼习惯的学生，锻炼越频繁健康水平越高，锻炼频率每提升 1 个单位，自评健康增加 0.038 个单位（$p < 0.001$）。但是最为关键的是社会经济地位变量系数的变化，在模型 1 与模型 2 中显著性和系数都没有发生变化，这说明孩子的生活方式并不是家庭社会经济地位的中介作用。结果也表明个体生活习惯对于自评健康是直接效应，而不是家庭社会经济地位的作用机制。

模型 3 是父母因素模型，在模型 1 基准模型上加入了父母是否经常抽烟、醉酒变量。在控制其他变量的前提下，同住成员抽烟变量醉酒变量对自评健康的作用并不显著。父母的监管程度和互动情况都对自评健康起到促进作用，控制其他变量，父母对孩子的监管越严格，孩子的自评健康分数越高，父母监管程度每提升 1 个单位，孩子的自评健康增加 0.013 分；同样父母的互动情况（经常吃饭、看电影等活动频率）每提升 1 个单位，孩子的自评健康增加 0.015 分，这两者都是在 $p < 0.001$ 上显著。然而父母对于子代的健康影响不仅仅有促进作用，父母的教育期望对孩子产生的压力如果越大，那么孩子的自评健康会越差，压力每提升 1 个单位，孩子自评健康降低 0.037 分（$p < 0.001$），父母教育期望压力感对孩子造成了自评健康的损害。模型 3 中的社会经济地位变量的系数和显著性相比较模型 1，结果中的系数减小，显著性降低，说明家庭社会经济地位一定程度上通过父母的互动和监管来影响孩子的自评健康水平，另外对健康结果有直接效应。

模型 4 是积极同辈群体模型，在模型 1 的基础上加入一组同辈群体变量，包括朋友抽烟喝酒、朋友个数、朋友互动频率三个变量。控制其他变量，数据显示朋友中有人抽烟喝酒会给孩子自评健康带来负面影响，例如有抽烟喝酒的朋友，那么自评健康将减少 0.152 个单位，数据在 $p < 0.001$ 标准上显著。而且朋友个数越多、互动频率越多都会增加孩子的自评健康，这些会增加孩子获得社会支持的机会，从而有助于自评健康。同时发现家庭社会经济变量在模型 4 中的系数由模型 1 的 0.004 变为 0.003，显著性也降低。这说明了同辈群体解释了一部分社会经济地位对孩子自评健康的作用。

模型 5 是环境（家庭、社区）影响健康的模型，在模型 1 的基础上加入住房条件变量：家中是否有自来水、是否有独立卫生间，房屋类型是否是楼房。社区条件变量：社区环境（治安、卫生、污染）。数据结果显示，住房质量方面，房屋类型和家中有没有自来水都没有影响，但有独立卫生间是重要因素，有独立卫生间代表了有较为健康的卫生条件，有助于孩子的自评健康（0.083，$p < 0.01$）。控制其他变量，社区环境变量对自评健康在数据上呈现显著性作用，即社区的治安、卫生、污染等较好的情况，有助于孩子健康水平的提升，小区环境每提升1个单位，孩子自评健康增加0.020分（$p < 0.001$）。在模型5中的社会经济地位变量系数相比模型1减少0.001，显著性水平降低，说明这组环境变量解释了部分社会经济地位对于健康的影响。因此，家庭社会经济通过提升小区和住房条件，增加了孩子的自评健康水平。

模型6是全模型，放入了所有的解释变量。控制其他变量，个体健康习惯变量依旧显著，其中孩子抽烟喝酒变量的解释系数下降。社区的环境变量回归系数减小，好的社区环境有助于孩子健康的结果稳定。控制其他变量，父母参与变量中的父母监管、互动对于自评健康的作用依旧显著。可以知道父母对孩子的监管、互动都有利于孩子自评健康，这主要在于更多的监管可以降低孩子抽烟喝酒等行为形成的可能性。全模型中的社会经济地位变量对于健康的系数显著性下降，并且在统计学意义上不显著，说明多种因素成为家庭社会经济地位对于子代自评健康影响的中间变量，主要渠道通过父母监管、父母互动、朋友以及生活环境而起作用。

2. 家庭社会经济地位与青少年精神健康

家庭社会经济地位与子代精神健康机制性分析模型，结果如表5-11所示，分析策略与自评健康的分析一致，模型1是基准模型，模型2是加入了孩子生活方式与家庭社会经济地位变量，模型3是加入了家人生活习惯与监管变量，模型4是加入了同辈社会网络的变量，模型5则是在基准模型的基础上加入了房屋质量变量与社区环境变量。都是考察在加入不同变量后，家庭社会经济地位变量的系数和显著性变化情况，进而判断是否起到机制性的作用。

模型1是基准模型，除了家庭社会经济地位外，还控制了子代的人口学变量，包括性别、户籍状况、兄弟姐妹数，以及迁移经历和居住方式变

表 5 - 11 家庭社会经济地位与子代精神健康的线性固定效应模型

变量	模型 1	模型 2	模型 3	模型 4	模型 5	模型 6
社会经济地位	0.020 *	0.028 ***	0.002	0.016 +	0.019 *	0.010
	(0.008)	(0.008)	(0.008)	(0.008)	(0.008)	(0.008)
吃不健康食物频率		-1.256 ***				-1.196 ***
		(0.122)				(0.121)
喝不健康饮品频率		-0.964 ***				-0.887 ***
		(0.115)				(0.114)
抽烟喝酒频率		-2.058 ***				-1.895 ***
		(0.180)				(0.180)
锻炼频率		0.255 ***				0.203 ***
		(0.046)				(0.046)
同住喝酒			-0.601 **			-0.387 *
			(0.196)			(0.190)
同住抽烟			-1.021 ***			-0.726 ***
			(0.182)			(0.177)
父母监管			0.020			-0.016
			(0.029)			(0.028)
父母互动			0.117 ***			0.095 ***
			(0.015)			(0.016)
学业期望压力			-0.931 ***			-0.807 ***
			(0.079)			(0.077)
朋友抽烟喝酒				-2.496 ***		-1.393 ***
				(0.395)		(0.384)

续表

变量	模型 1	模型 2	模型 3	模型 4	模型 5	模型 6
朋友个数				0.010 +		0.008
				(0.006)		(0.006)
朋友互动频率				0.154 **		0.108 *
				(0.048)		(0.049)
自来水（有 = 1）					−0.145	−0.088
					(0.294)	(0.281)
独立卫生间（有 = 1）					−0.027	0.072
					(0.263)	(0.252)
楼房（是 = 1）					−0.075	−0.147
					(0.230)	(0.220)
社区环境					0.125 ***	0.060 +
					(0.033)	(0.032)
性别（男性 = 1）	0.457 **	0.586 ***	0.609 ***	0.513 **	0.467 **	0.721 ***
	(0.173)	(0.169)	(0.171)	(0.176)	(0.173)	(0.171)
户籍（农业 = 1）	0.153	0.129	0.192	0.151	0.145	0.158
	(0.212)	(0.205)	(0.209)	(0.211)	(0.212)	(0.203)
兄弟姐妹数	−0.273 *	−0.311 **	−0.234 +	−0.264 *	−0.282 *	−0.276 *
	(0.123)	(0.119)	(0.121)	(0.123)	(0.123)	(0.118)
迁移经历（有 = 1）	−0.584 *	−0.512 *	−0.643 *	−0.581 *	−0.599 *	−0.566 *
	(0.262)	(0.254)	(0.259)	(0.262)	(0.263)	(0.252)
居住方式（非双亲 = 1）	−0.980 ***	−0.794 ***	−0.912 ***	−0.955 ***	−0.976 ***	−0.738 ***
	(0.203)	(0.197)	(0.202)	(0.203)	(0.203)	(0.196)

续表

变量	模型 1	模型 2	模型 3	模型 4	模型 5	模型 6
常数项	37.532***	44.611***	38.751***	37.041***	36.760***	45.188***
	(0.462)	(0.581)	(0.763)	(0.486)	(0.544)	(0.858)
样本量	8637	8637	8637	8637	8637	8637
Rho	0.042	0.041	0.038	0.040	0.043	0.039
Log-likelihood	-30102.597	-29816.305	-29964.582	-30076.216	-30095.245	-29698.404

注：用双尾检验：$+ p < 0.10$，$* p < 0.05$，$** p < 0.01$，$*** p < 0.001$；括号内数字为标准误。

量。家庭社会经济地位对孩子的精神健康起到正向作用，回归系数为 0.020（$p < 0.05$）。

模型 2 是在基准模型基础上加入孩子的生活方式变量，结果显示吃不健康食物、喝不健康饮品和抽烟喝酒这些生活方式降低了他们的精神健康水平，其中抽烟喝酒对于精神健康的损耗最大，抽烟喝酒的频率每提升 1 个单位，孩子的精神健康水平下降 2.058 分，并且在 $p < 0.001$ 标准上显著。另一方面，锻炼频率高有助于孩子的精神健康，锻炼频率每增加 1 个单位，孩子精神健康水平提升 0.255 分，并且是在 0.001 标准上显著。然而我们发现，结果中家庭社会经济地位变量的系数和显著性，随着生活方式变量的加入而显著和加大，生活方式的差异加大了家庭社会经济地位对于精神健康的影响。

模型 3 是父母生活方式和互动模型，家中经常有人喝醉酒或抽烟会给孩子精神健康造成损失，尤其是家人经常性抽烟，会给孩子精神健康带来严重危害，使孩子精神健康水平降低 1.021 分（$p < 0.001$）。父母与孩子交流频率的增多则有助于孩子精神健康，更多的交流可以缓解孩子内心的压力，进而有利于其精神健康。控制其他变量，父母交流互动每增加 1 个单位，孩子的精神健康水平会提升 0.117 分（$p < 0.001$）。父母对孩子监管的严格程度对孩子精神健康没有影响，但是父母的教育期望压力则危害孩子精神健康，学业压力每增加 1 个单位，他们的精神健康水平会降低 0.931 分，并且在 0.001 标准上显著。最重要的是加入这些变量后，家庭社会经济地位变量系数由 0.020 降到 0.002，并且显著性消失。这说明父母因素是家庭社会经济地位对于精神健康的中介因素，家庭社会经济地位通过父母因素来作用于孩子的精神健康。

模型 4 是加入同辈群体因素，数据显示，朋友中有抽烟喝酒的比没有抽烟喝酒的精神健康差 2.496 分，并且具有显著性（$p < 0.001$）。朋友个数越多，精神健康状况越好，每增加 1 个朋友，孩子精神健康提升 0.010 分，在 0.10 标准上显著，说明朋友越多，孩子可以获得的社会支持越多。另外，朋友的互动频率也影响孩子的精神健康，朋友互动频率每增加 1 个单位，孩子的精神健康水平提升 0.154 分（$p < 0.01$）。最为关键的是加入这些朋友变量后，家庭社会经济地位变量的系数减小到 0.016（$p < 0.10$）。因此同样

也说明了朋友的因素，包括朋友生活习惯、数量、互动频率解释了家庭社会经济地位对于精神健康的作用。

模型 5 是加入居住质量和社区环境因素，发现房屋质量这一变量对于孩子精神健康并没有什么影响，在数据上没有呈显著性，说明家中是否有自来水、是否居住在楼房、有没有独立卫生间都不会影响孩子的精神健康。但是小区的环境对孩子的精神健康有着重要的作用，控制其他变量，小区环境每提升 1 个单位，孩子精神健康水平提升 0.125 分（$p < 0.001$）。模型 5 中家庭社会经济地位变量的系数与模型 1 相比，系数减小了一点，但是显著性没有变化。这就说明社区环境因素解释了一些家庭社会经济地位对精神健康的影响，但这不是主要机制。

在模型 6 中，结果显示各影响因素的系数发生了变化，社区环境和朋友互动频率两个变量的回归系数和显著性降低，家庭社会经济地位变量系数与模型 1 相比下降了一半，显著性也消失了，从而有助于发现家庭社会经济地位是通过什么样的机制影响孩子的精神健康的。结果显示，社会经济地位主要通过父母监管和互动因素，朋友生活习惯规模等因素以及社区环境共同作用于孩子的精神健康。

（三）家庭社会经济地位与青少年客观健康

本节主要考察父代因素，即家庭社会经济地位是通过什么样的机制影响子代的客观健康（是否经常生病），模型采用的是二分类的 Logit 模型，也使用固定效应固定住学校层面的差异，并且因变量是否经常生病是第二期的健康指标，而其他自变量来自第一期，为的是解决双向因果等问题，模型估计的结果见表 5-12。

模型 1 是基准模型，家庭社会经济地位越高，孩子生病的频率越高，控制其他因素，家庭社会经济地位每提升 1 个单位，孩子经常生病的可能降低 0.007 个单位（$p < 0.10$）。

模型 2 是孩子生活方式模型，在模型 1 的基础上加入生活方式变量。结果显示，生活方式并没有解释社会经济地位带来的差异，反而增大了社会经济地位变量带来的差异系数。这主要是因为在生活方式中对于生病频率起作用的变量是饮食方面和抽烟喝酒频率，社会经济地位越高，会增加吃不健康食物、喝不健康饮品、抽烟喝酒的频率。控制其他变量，吃不健康食物的孩子经常生病的概率会增加 0.292 个单位（$p < 0.001$），喝不健康饮品与不喝的相比，孩子经常生病的概率会增加 0.094 个单位（$p < 0.01$）。

模型 3 是家庭因素模型，加入一系列的家庭因素后，家庭社会经济地位变量系数减小，显著性消失，这说明家庭因素是社会经济地位对于孩子生病频率作用的中介。控制其他变量，家人是否经常醉酒、父母监管的严格程度对于孩子生病频率都没有影响。家中有人经常抽烟和父母太大的教育期望压力都是会提高孩子生病的频率，另外家长经常抽烟也会增加孩子抽烟的可能。但同时父母与孩子的互动则会减少孩子经常生病的概率，经常性的互动有利于父母了解孩子身体状况，并且进行细心呵护和照顾。

模型 4 同辈群体因素模型，在基准模型基础上，家庭社会经济地位系数减小，变量显著性消失，说明同辈群体带来的健康差异也可解释社会经济地位带来的作用。朋友的个数和互动频率对于近期生病频率都没有影响，主要是朋友的生活习惯，朋友中有抽烟喝酒的会增加孩子抽烟喝酒的概率，控制其他变量，朋友中有抽烟喝酒的会使孩子"经常生病"的概率提升 0.377 个单位（$p < 0.05$）。

模型 5 中加入住房质量和社区环境。结果显示，社区环境越好，孩子经常生病的概率会减小。此时家庭社会经济地位对于孩子经常生病概率显著性和系数都发生变化，系数减小和显著性消失，这表明家庭社会经济地位通过选择社区影响到孩子的健康状况。

模型 6 为全模型，家庭社会经济地位变量的显著性作用已经被其他因素所解释。个体生活方式中，经常吃不健康食物、抽烟喝酒都会增加孩子患病的可能性。父母与子女更多的互动变量显著性没有消失，家庭社会经济地位通过与子女互动减少孩子生病的可能性。

（四）小结

社会经济地位越高，个体身体健康越好，这点得到了研究的广泛论证，当然这是从社会因果论的观点进行解释的。具体来说，这样的结果是因为社会结构导致了社会经济地位的改变，从而导致了健康的差异。对于没有收入的孩子来说，其经济支持来自家庭，从结论中可以发现不管是自评健康、精神健康，还是近期是否经常生病，家庭的经济支持对孩子的健康都有着积极作用。

在家庭社会经济地位与孩子自评健康的分析结果中可以发现，孩子自身的生活习惯对于家庭社会经济地位的系数和显著性没有影响，说明青少年个人生活方式并不是中介因素。而家长的监管与互动则解释了一部分的家庭社会经济地位对健康的作用，说明家庭经济地位越高的家庭对于孩子的监管和互动会更频繁，而这会影响孩子生活方式的形成，例如避免抽烟喝酒行为的产生。社会网络因素也是会解释部分家庭社会经济地位带来的自评健康效果，社会经济地位越高，朋友多且互动频率高，得到的社会支持就会越多。而社区环境变量和是否有独立卫生间也解释了部分效果，社会经济地位高的家庭会选择生活在卫生条件好和环境好的小区。

从自评健康模型分析可以看出，社会经济地位高的家庭，父母对孩子的监管与互动更频繁，孩子与朋友互动更频繁，生活的社区环境更好，这些因素是家庭社会经济地位对子代自评健康的影响机制。

家庭社会经济地位与孩子精神健康的机制性分析结果显示，影响机制不同于自评健康。控制了众多变量后，家庭的社会经济地位越高，孩子的精神健康越好。加入孩子的生活方式后，社会经济地位的系数和显著性都有所提升，说明经济条件导致生活方式的差异对精神健康影响较大。父母互动和生活方式对于精神健康的作用解释了家庭社会经济地位的作用，监管与互动等家庭因素是中介变量。朋友个数、生活习惯、互动频率也解释了家庭社会经济地位对于精神健康的作用。好的社区环境虽然对于精神健康有着促进作用，但是并没有完全解释社会经济地位的影响，所以不是主要的影响机制。因此可以看出，在孩子精神健康与家庭社会经济地位机制方面，父母的监管和互动，朋友的规模、互动和习惯，这两者都能独立作为独立机制影响孩子的精神健康。

家庭社会经济地位越高，孩子经常生病的可能性越低，生活方式变量并不是影响机制。但是加入家庭因素后，同住成员抽烟、学业压力大都会增加生病频率，与父母互动会减少，这组变量解释了家庭社会经济地位对于孩子生病可能的机制。朋友中有抽烟喝酒的会增加孩子生病的可能，这一点解释了家庭社会经济地位的作用机制。控制这些变量后，社区变量中社区环境对于孩子近期生病频率产生作用，也是社会经济地位对于孩子生病频率的解释变量。因此，对于孩子生病可能性来说，第一个机制是父母监管互动机制，家庭社会经济地位通过父母监管、互动，这样有利于孩子减少抽烟喝酒的可能性；第二个机制是同辈群体机制，家庭经济条件好，朋友抽烟喝酒的可能性也增加；第三个机制是社区环境因素，家庭条件越好越会选择好的居住小区。这三者分别解释了家庭社会经济地位给孩子生病的影响机制。

第六章

青少年健康影响个体能力发展

第三章描述了青少年（初中生）健康不平等的现实状况，第四章、第五章则重点研究产生父代的社会经济地位如何影响子代的健康不平等，主要从个体、家庭、同辈群体、社区四个层面进行分析，分别对应了个体生活习惯因素、居住方式、社会网络和邻里效应四个视角，研究还分析了家庭社会经济地位影响子代健康的机制。本章将从健康不平等对于青少年（初中生）时期发展的影响方面展开分析。

一　健康与认知和非认知能力

关注成年人群体，主要是关注成年人的健康对于现收益的影响。但很少关注健康状况对于青少年的作用，尤其是健康对青少年的发展与能力产生的影响却很少涉及，下面将从青少年的认知能力与非认知两方面进行研究。传统的人力资本模型将劳动市场人才的能力约等于认知能力，然而认知能力、家庭社会经济地位和人口特征变量并不能完全解释教育带来的经济效能（周金燕，2015）。因此非认知能力的作用被关注，非认知能力的一个重要组成部分是自我效能，这一概念由班杜拉（Bandura，1977）提出，意指对自身能否成功完成某种行为的确信程度，并进一步付出努力的程度和坚持时间的长短。另外，自我效能感越高，就越有自信、动机和决心应对困难和挑战。

非认知能力的另一个重要组成部分是社会交往能力。莫斯和蒂利曾指出，团队融入和合作能力、人际交往技能在职场中意义重大（Moss and Tilly，1995）。美国人口调查局（USCB）和教育部在一项雇佣新员工重要因素考量的调查中也发现，研究中的 3000 名雇主关注和重视在职场中的沟通交际能力（Bowles，Gintis，and Osborne，2001）。类似地，还有研究发现对企业管理者而言，雇员最大的问题之一便是不良个性，缺乏交际、团队合作等社会技能（Green，Machin，and Wilkinson，1998）。认知能力不能完全解释经济效益，那么健康与教育都被认定为重要的人力资本，健康对于孩子认知能力与非认知能力的影响如何，健康获得是否会带来后续的不平等效应呢？

二 数据、变量和方法

（一）数据

数据研究使用中国教育追踪调查（CEPS）2013～2014 学年基线调查和 2014～2015 年追踪调查，研究青少年健康状况对于青少年能力发挥的作用。利用追踪数据的优势，采用两期滞后效应。研究中的自变量——青少年健康状况（自评健康、精神健康和客观健康）从中国教育追踪调查（CEPS）2013～2014 学年基线调查数据中得到，因变量（青少年的认知能力和非认知能力）从 2014～2015 年追踪调查数据中获得，这样可以尽可能避免双向因果的出现。

（二）变量操作

1. 因变量

因变量来自 CEPS 2014～2015 年追踪调查，分为认知能力与非认知能力，我们将认知能力操作化为认知测试得分和学业考试成绩两个变量。CEPS 项目通过使用认知测试题目测量了学生的逻辑思维与问题解决能力，不涉及学校课程所教授的具体识记性知识，具有国际可比性、全国标准化特点，认知测试原始得分的取值范围调整为 ［0，35］。学业考试成绩是学生 2014 年秋季学期语文、数学和外语期中考试分数，不同于 CEPS 第一轮调查，第二轮增加了每科考试的总分状况，即将各科分数都化为百分制之后加总。这个分数由所在学校提供，而非学生自填，因此客观性很强。最后将得到的三门课程总分取值范围定为 0～300 分。认知测试得分和考试成绩这两个变量的取值越大，表示学生的认知能力越强。

非认知能力在本研究中操作化为自我效能和社会发展能力两个变量。自我效能变量由问卷中"我能够很清楚地表述自己的意见""我的反应能力很迅速""我能够很快学会新知识""我对新鲜事物很好奇"4 道题目合成得到。这 4 道题的选项都是"完全不同意""不太同意""比较同意""完全同意"。为了变量的简洁性，我们对这些题目进行主成分分析，提取公因子，并将取值范围调整为 [0，100]。

社会发展变量通过集体融入、自信心、社会交往和人际关系 4 个指标进行测量。CEPS 第二轮问卷中设置了相应的测量。自信心是一个取值 1～4 的定序变量，数字越大，说明被访学生对自己的未来越有信心。集体融入感由 5 道题目组成，3 道题目是询问对班主任、老师和同学的喜爱程度，选项由 1"非常不喜欢"到 4"非常喜欢"。另外两道是询问被访学生对学校的态度，"在这个学校感到无聊"和"是否希望能去另外一个学校"，每道题目有 4 个选项，1 至 4 从表示完全同意到完全不同意。对 5 个题目进行加总，得到取值为 5～20 分的联系变量，分值越大，集体融入程度越高，对于同学、老师和学校的融入感越好。对于人际关系的测量是在问卷中询问被访者的感受，包括"班里大多数同学对我很友好""我认为自己很容易相处""我所在的班级班风良好""我经常参加学校或班级组织的活动""我对这个学校的人感到亲近"等认同程度，每道题目取值是 1～4 分，1 代表"完全不同意"，4 代表"完全同意"。加总得到一个取值 5～20 分的连续变量，数值越大，说明被访者人际关系越好。社会发展变量是用主成分分析方法对 3 个变量进行处理，得到一个取值为 0～100 分的社会发展指数，数值越大，说明被访者社会发展水平越高。自我效能感和社会发展能力这两个变量的取值越大，表示学生的非认知能力越强。

2. 自变量

核心自变量为自评健康、精神健康和客观健康，为了避免双向因果造成联立性偏误（自变量和因变量之间有双向关系），我们使用的自变量数据都来自基线调查数据，而因变量为青少年个体能力发展变量来自CEPS第二期的数据。自评健康水平变量是一个取值从1到5的连续性变量，分值越大说明自评健康状况越好。精神健康的测量是通过CEPS基线调查问卷中询问被访者"过去7天内"的心理状况，是否感到抑郁、沮丧、不快乐、生活没有意思或悲伤几个方面，每题的选项都由1至5组成，数字越大则负面情绪发生的频率越高，调整数值的方向，即数值越大精神状况越好。然后将5个题目累加后得到一个连续变量（5~25分），分数越大说明孩子精神状况越好。客观健康在CEPS基线数据中没有问近期生病频率的问题，但是有"过去1年有没有住过院"的问题，因此用住院与否判断客观健康状况。有住院经历赋值为1，没有住院经历赋值为0。

家庭社会经济地位是通过基线调查变量产生，包括父母的职业、父母教育程度、政治面貌和自评经济状况（因为在CEPS中并没有收入的数据，自评经济状况为1至5的定序变量，分值越高越富有），选取的是父母双方中分值较高一方的数据，最后使用主成分分析得到公因子转化而成。

父母互动是由父母监管和关系来测量，CEPS问卷中设置5道题目测试父母对孩子管教严格的程度，包括"作业、考试；在学校表现；和谁交朋友；穿着打扮；上网时间；看电视时间"，每题3个选项中1代表"不管"；2代表"管，但不严"；3代表"管得很严"。我们把5道题目选项加总后获得1个5~15分的连续变量，分数越高说明父母对孩子的管教越严格。CEPS中设置4道题目测量与父母互动的程度，学生问卷中询问父母是否与孩子讨论学校发生的事情、孩子与老师的关系、孩子与同学的关系以及孩子的心事或烦恼。问题设置3个选项（1代表"从不"，2代表"偶尔"，3代表"经常"），将选项加总，考虑到居住方式将缺失值补齐，分别问了父母同样的情况，加总问题得到1个4~24分的连续变量，分数越高说明亲子互动频率越高，亲子关系越密切。

教育期望是指父母期望被访者（学生）"读到什么程度"，题目设置的选项包括，现在就不要念了、初中毕业、中专/技校、职业高中、普通高中、大学专科、大学本科、硕士、博士、无所谓，对各个选项进行赋值加总，获得一个连续变量（取值为7~22分），分值越大表示父母的教育期望越高。

家庭文化资本的操作化根据文化资本的定义，从家庭文化资源、家长共同参加文化活动。家庭文化资源是测量家中是否有独立书桌、网络、电脑，家庭的藏书量，文化活动则是包括是否经常运动、读书、看演出和去博物馆等，最后通过主成分方法提取公因子得到 0～100 分的文化资本变量，分值越高说明家庭文化资本越强。

积极同辈比例，其中同辈群体是指朋友的上进程度，根据 CEPS 基期数据得到优秀同辈（学习成绩优良，学习努力刻苦，想上大学）数量和后进同辈（违反校纪被批评处分，经常上网吧、游戏厅等，退学）数量，然后将前者除以后者得到同辈群体变量取值，积极同辈群体比例的数值越大表示同辈的上进程度越高。

3. 控制变量

控制变量则是包括被访者的人口特征（性别、户籍、兄弟姐妹数），以及是否为迁移群体、居住方式、被访者个人的生活习惯等。需要注意的是，CEPS 是通过学校层面进行抽样的，因此控制住学校层面的因素可减少因学校差异而导致的误差，其中包括学校师生比、教师本科率、学生经费和学校设施等。本章变量描述性统计见表 6-1。

表 6-1　本章变量描述性统计（已加权，N = 8786）

变量	均值	标准差	最小值	最大值
发展能力 W2				
认知测试得分 W2	21.920	6.741	0	35
考试得分 W2	186.762	62.084	0	293.333
社会交往能力 W2	68.566	16.839	0	100
自我效能感 W2	77.968	16.497	6.398	100
健康结果				
自评健康	0.717	0.450	0	1
精神健康	19.759	3.733	5	25
住院	0.088	0.284	0	1
社会经济地位	42.690	14.301	1.552	92.043
父母监管	19.345	3.162	8	24

变量	均值	标准差	最小值	最大值
父母互动	11.300	2.604	5	15
教育期望	17.184	3.496	7	22
文化资本	47.202	24.830	0	100
积极同辈	0.985	0.260	0.142	1.285
父母教育年限	9.787	3.246	0	19
父母政治面貌	0.117	0.321	0	1
控制变量				
性别（男性=1）	0.512	0.499	0	1
户籍（农业=1）	0.611	0.487	0	1
兄弟姐妹数	0.862	0.874	0	6
迁移经历（有=1）	0.102	0.303	0	1
居住方式（非双亲=1）	0.369	0.482	0	1
学校师生比	12.774	4.051	3.437	33.2
教师本科率	0.645	0.321	0	1
学生经费	6.263	1.357	0	8.256
学校设施	19.986	3.734	12	30
地区				
东部	0.446	0.497	0	1
中部	0.305	0.460	0	1
西部	0.248	0.431	0	1

注：变量标注 W2，表明变量来自第二轮（CEPS 2014~2015 学年调查）数据，未标明则来自基期调查数据。

（三）模型选择

本章采用多层次回归的固定效应模型，使用固定效应模型控制住学校层面的数据特征，因为样本结构和健康生态学理论的需要，并且为了减少因抽样产生的偏误。因变量认知和非认知能力都是连续性变量，因此采用最小二乘法估计模型。

三　数据分析结果

研究中使用认知测试得分和考试成绩总分作为认知能力测量变量，自我效能感（"清楚地表述自己的意见""反应能力很迅速""很快学会新知识""对新鲜事物很好奇"）和社会交往能力（集体融入、自信心、社会交往和人际关系）作为代表非认知能力变量。并且研究使用自评健康、精神健康和客观健康（住院与否）作为全面测量健康的指标，分别加入影响孩子认知能力和非认知能力的模型中，如果在加入各种影响因素后，健康指标仍显著影响孩子发展，则说明健康对于孩子能力的作用是稳健的，如果显著性消失了，则可以考察是什么机制通过孩子健康作用于认知与非认知能力。

（一）青少年健康与认知能力

对于孩子认知能力的测量主要从两个方面，一个是学生认知测试得分情况，另一个是期中考试总分，这两者都可以测量孩子的认知水平。分析模型采用嵌套模型，不断加入影响因变量的因素，重点考察自变量回归系数和显著性的变化情况。

1. 青少年健康与认知测试得分

（1）自评健康与认知测试得分

模型估计结果如表 6-2 所示。模型 1 是基准模型，在控制性别、兄弟姐妹数、居住方式等变量后，基期的自评健康状况对于学生目前认知测试有正面影响，即基期自评健康为健康的比不健康的认知测试分数多 0.571 分（$p < 0.001$）。控制变量中，男性比女性认知测试分数低，兄弟姐妹数越多认知测试分数越低。生活在非双亲都在的家庭，认知测试得分比完整家庭低 0.748 分（$p < 0.001$），可见居住方式对孩子的认知能力也是十分重要的。有迁移经历的学生比没有迁移经历的认知测试得分高 0.4 分（$p < 0.05$）。

表 6 – 2 自评健康与认知分数的线性固定效应模型

变量	模型 1	模型 2	模型 3	模型 4	模型 5
基期自评健康状况	0.571***	0.527***	0.378**	0.257+	0.282+
	(0.148)	(0.148)	(0.146)	(0.145)	(0.145)
家庭社会经济地位		0.027***	0.016**	0.015*	
		(0.006)	(0.006)	(0.006)	
父母监管			-0.085***	-0.100***	-0.101***
			(0.021)	(0.021)	(0.021)
父母互动			0.085**	0.067*	0.062*
			(0.029)	(0.028)	(0.028)
父母教育期望			0.388***	0.359***	0.354***
			(0.020)	(0.020)	(0.020)
家庭文化资本			0.001	-0.002	-0.002
			(0.004)	(0.004)	(0.004)
积极同辈比例				3.228***	3.244***
				(0.268)	(0.268)
职业类型（参照组：中间阶层）					已控制
父母受教育程度					0.097***
					(0.026)
父母党员					-0.240
					(0.200)
性别（男性 =1）	-0.260*	-0.262*	-0.189	0.172	0.175
	(0.126)	(0.126)	(0.123)	(0.126)	(0.126)
户籍（农业 =1）	-0.153	-0.018	-0.044	-0.039	0.031
	(0.151)	(0.154)	(0.151)	(0.150)	(0.151)
兄弟姐妹数	-0.322***	-0.275**	-0.210*	-0.190*	-0.172*
	(0.088)	(0.088)	(0.087)	(0.086)	(0.087)
迁移经历（有 =1）	0.400*	0.410*	0.372*	0.372*	0.395*
	(0.192)	(0.192)	(0.188)	(0.186)	(0.187)
居住方式（非双亲 =1）	-0.748***	-0.693***	-0.572***	-0.489***	-0.462**
	(0.148)	(0.148)	(0.145)	(0.144)	(0.148)
常数项	23.312***	21.954***	16.370***	14.213***	14.074***
	(0.178)	(0.346)	(0.589)	(0.611)	(0.656)
样本量	8786	8786	8786	8786	8764
Rho	0.249	0.237	0.228	0.215	0.208
Log-likelihood	-27909.829	-27899.215	-27694.179	-27620.967	-27543.641

注：用双尾检验，$+ p < 0.10$，$* p < 0.05$，$** p < 0.01$，$*** p < 0.001$；括号内数字为标准误。

模型 2 在模型 1 基础上加入家庭社会经济地位变量，社会经济地位越高，孩子认知测试得分越高，控制其他变量，家庭社会经济地位每提升 1 个单位，孩子的认知测试得分增加 0.027 分（$p < 0.001$）。模型 2 中自评健康状况对于认知测试分数的影响与模型 1 相比，变量系数减少了 0.044，显著性未变，说明家庭社会经济水平解释了一些健康对于认知测试分数的作用，但是基期的自评健康对于认知测试得分的直接效应仍存在。

模型 3 在模型 2 的基础上继续加入一系列家庭因素变量，其中包括父母监管、父母互动、父母教育期望、家庭文化资本。父母的监管减少了子代认知测试分数，与父母有更多互动和受到更高的教育期望会提高孩子的认知水平，家庭文化资本并没有影响孩子的认知测试得分。基期的自评健康对于认知分数的影响进一步减弱，系数由模型 1 中的 0.571 变为 0.378，显著性也由 0.001 变为 0.01。这说明家庭因素解释了自评健康对于认知得分的影响，但自评健康仍保留着直接效应。

模型 4 在模型 3 的基础上加入积极同辈比例变量，积极同辈比例越高，孩子的认识测试分数越高，并且积极同辈对于学生认知的影响系数也较大，积极同辈每提升 1 个单位，认知测试得分增加 3.228 分（$p < 0.001$）。基期自评健康对于认知测试分数的系数和显著性明显下降，但是孩子的自评健康仍然影响其认知测试得分，在 $p < 0.10$ 程度上显著。结果说明，虽然基期的健康对于认知测试的效应受到积极同辈的解释，但仍会影响孩子的认知测试分数。

模型 5 将家庭社会经济地位指数换成父母职业、受教育程度、党员身份，数据分析结果发现基期自评健康水平对于孩子认知测试得分的作用稳健。

（2）精神健康与认知测试得分

使用多层次线性回归模型进行估计，可以发现孩子基期精神健康对于第二期认知测试分数的作用，主要考察健康在子代中的传递过程，数据分析结果如表 6-3 所示。

表 6 - 3　精神健康与认知分数的线性固定效应模型

变量	模型 1	模型 2	模型 3	模型 4	模型 5
基期精神健康指数	0.156 ***	0.153 ***	0.133 ***	0.106 ***	0.109 ***
	(0.016)	(0.016)	(0.016)	(0.016)	(0.016)
家庭社会经济地位		0.026 ***	0.016 **	0.015 *	
		(0.006)	(0.006)	(0.006)	
父母监管			- 0.086 ***	- 0.099 ***	- 0.100 ***
			(0.021)	(0.021)	(0.021)
父母互动			0.074 **	0.059 *	0.053 +
			(0.028)	(0.028)	(0.028)
父母教育期望			0.382 ***	0.356 ***	0.352 ***
			(0.020)	(0.020)	(0.020)
家庭文化资本			- 0.001	- 0.003	- 0.004
			(0.004)	(0.004)	(0.004)
积极同辈比例				2.990 ***	3.004 ***
				(0.269)	(0.270)
职业类型（参照组：中间阶层）					已控制
父母受教育程度					0.097 ***
					(0.026)
父母党员身份					- 0.246
					(0.199)
性别（男性 =1）	- 0.261 *	- 0.263 *	- 0.198	0.137	0.140
	(0.126)	(0.125)	(0.123)	(0.126)	(0.126)
户籍（农业 =1）	- 0.163	- 0.032	- 0.059	- 0.051	0.024
	(0.151)	(0.153)	(0.150)	(0.149)	(0.151)
兄弟姐妹数	- 0.288 **	- 0.243 **	- 0.188 *	- 0.175 *	- 0.154 +
	(0.088)	(0.088)	(0.086)	(0.086)	(0.087)
迁移经历（有 =1）	0.448 *	0.457 *	0.410 *	0.402 *	0.426 *
	(0.191)	(0.191)	(0.187)	(0.186)	(0.187)
居住方式（非双亲 =1）	- 0.676 ***	- 0.623 ***	- 0.518 ***	- 0.451 **	- 0.423 **
	(0.148)	(0.148)	(0.145)	(0.144)	(0.148)
常数项	20.582 ***	19.307 ***	14.314 ***	12.722 ***	12.586 ***
	(0.355)	(0.457)	(0.641)	(0.653)	(0.694)
样本量	8786	8786	8786	8786	8764
Rho	0.250	0.238	0.230	0.218	0.211
Log-likelihood	- 27870.340	- 27860.415	- 27662.588	- 27600.548	- 27522.345

注：用双尾检验：+ $p<0.10$，* $p<0.05$，** $p<0.01$，*** $p<0.001$；括号内数字为标准误。

模型 1 是基准模型，在模型中控制人口学特征等变量，孩子的基期精神健康指数越高，第二期中认知测试分数越高，控制其他变量，孩子的精神健康指数每提高 1 分，他们的认知测试得分提高 0.156 分，在 0.001 标准上显著。在控制变量中，男性相对于女性认知测试更低，兄弟姐妹数量多、生活在非双亲家庭、有迁移经历也会减少认知测试得分。

模型 2 是在基准模型基础上加入了家庭社会经济地位变量，家庭社会经济地位有助于提升学生认知测试分数，家庭社会经济地位每提升 1 个单位，孩子的认识测试得分增加 0.026 分（$p < 0.001$）。基期精神健康指数与模型 1 相比只减小了 0.03 分，但是显著性没有降低，这说明基期的精神健康对于认知分数有直接效应。

模型 3 在模型 2 基础上又加入了父母互动、教育期望等变量。数据结果显示，父母对于孩子的监管越严格，孩子的认知测试得分越低，而与父母的互动变量以及父母的教育期望都有助于提升孩子的认知测试得分。控制其他变量，基期父母的教育期望每提升 1 个单位，第二期认知测试得分增加 0.382 分（$p < 0.001$）。基期的文化资本在控制了这些变量后对于认知测试得分没有影响。

模型 4 是基期精神健康对孩子认知测试得分的全模型，基期精神健康指数变动较大，说明积极同辈减少了精神健康状况对于孩子认知测试得分的作用。但是孩子基期精神健康对于认知测试得分的积极作用依旧存在，说明精神健康水平对于认知测试得分的影响是稳定的。具体结果如下：控制其他变量，家庭社会经济地位每增加 1 个单位，孩子认知测试得分增加 0.015 分（$p < 0.05$）；父母对于孩子的监管越严格，每提升 1 个单位，孩子的认知测试得分减少 0.099 分；父母与孩子的互动每提高 1 个单位，认知测试得分增加 0.059 分；家长的教育期望每增加 1 个单位，认知测试得分增加 0.356 分（$p < 0.001$）。另外积极同辈群体越多，控制其他变量的影响，认知测试得分会增加 2.990 分。最重要的是在全模型 4 中，孩子的基期精神健康状况依旧影响第二期的认知测试得分，并且在 0.001 标准上显著。

模型 5 将家庭社会经济地位换成父母的受教育程度、政治面貌后，孩子的精神健康对于认知测试的影响依然显著，证明孩子精神健康将会影响到个人的认知测试分数，结果是稳健的。在控制了积极同辈比例之后，孩子基期精神健康指数对于其认知测试得分仍然有积极显著的作用，结果显示精神健康对认知分数有代内传递的效应。

（3）客观健康与认知测试得分

表6-4显示的是基期客观健康对孩子认知测试分数影响的估计结果，使用的分析策略和前文的自评健康、精神健康是一致的，均采用嵌套模型。

表6-4 住院与认知分数的线性固定效应模型

变量	模型1	模型2	模型3	模型4	模型5
基期住院（是=1）	-0.879 ***	-0.858 ***	-0.753 ***	-0.710 **	-0.703 **
	(0.229)	(0.229)	(0.223)	(0.222)	(0.222)
家庭社会经济地位		0.028 ***	0.016 **	0.015 *	
		(0.006)	(0.006)	(0.006)	
父母监管			-0.084 ***	-0.099 ***	-0.100 ***
			(0.021)	(0.021)	(0.021)
父母互动			0.085 **	0.066 *	0.061 *
			(0.029)	(0.028)	(0.028)
父母教育期望			0.389 ***	0.359 ***	0.354 ***
			(0.020)	(0.020)	(0.020)
家庭文化资本			0.002	-0.001	-0.002
			(0.004)	(0.004)	(0.004)
积极同辈比例				3.247 ***	3.267 ***
				(0.267)	(0.267)
职业类型（参照组：中间阶层）					已控制
父母受教育程度					0.096 ***
					(0.026)
父母党员身份					-0.235
					(0.200)
性别（男性=1）	-0.221 +	-0.225 +	-0.157	0.201	0.205
	(0.126)	(0.126)	(0.123)	(0.126)	(0.126)
户籍（农业=1）	-0.159	-0.018	-0.043	-0.037	0.032
	(0.151)	(0.154)	(0.151)	(0.150)	(0.151)
兄弟姐妹数	-0.318 ***	-0.270 **	-0.206 *	-0.187 *	-0.170 +
	(0.088)	(0.088)	(0.087)	(0.086)	(0.087)
迁移经历（有=1）	0.401 *	0.411 *	0.374 *	0.373 *	0.394 *
	(0.192)	(0.192)	(0.188)	(0.186)	(0.187)

续表

变量	模型 1	模型 2	模型 3	模型 4	模型 5
居住方式 （非双亲 = 1）	− 0.764 *** （0.148）	− 0.705 *** （0.148）	− 0.577 *** （0.145）	− 0.490 *** （0.144）	− 0.462 ** （0.148）
常数项	23.797 *** （0.139）	22.357 *** （0.334）	16.607 *** （0.588）	14.387 *** （0.611）	14.282 *** （0.655）
样本量	8786	8786	8786	8786	8764
Rho	0.251	0.239	0.229	0.216	0.209
Log-likelihood	− 27909.892	− 27898.478	− 27691.850	− 27617.368	− 27540.470

注：用双尾检验：$^+ p < 0.10$，$^* p < 0.05$，$^{**} p < 0.01$，$^{***} p < 0.001$；括号内数字为标准误。

模型 1 是基准模型，模型中加入了个体特征、居住方式等控制变量后，青少年前一年有住院经历对于第二期的认知测试得分有着负面影响，即生病住院孩子的认知测试得分要比没住院的低 0.879 分（$p < 0.001$）。控制变量中，性别变量、兄弟姐妹数、迁移变量和居住方式依然作用于认知测试得分。

模型 2 在基准模型基础上加入家庭社会经济地位变量，结果显示基期住院变量依旧显著，回归系数变为 0.858（$p < 0.001$），与模型 1 相比略有降低，说明有部分效应被家庭社会经济地位变量所解释。

模型 3 继续加入家庭因素，包括父母对孩子的监管严格程度、父母与孩子互动频率、父母对孩子的教育期望、家庭文化资本，加入这些变量之后，基期住院变量的系数继续减小，由之前的 0.858 减少到 0.753，但是显著性仍然没有变化。

模型 4 加入积极同辈比例变量，积极同辈群体每提升 1 个单位，孩子的认知分数增加 3.247 分（$p < 0.001$）。模型 5 是用父母的教育程度和政治面貌变量代替了家庭社会经济地位，基期住院与否对认知分数的影响依然稳健。

2. 青少年健康与考试成绩

对于考查学生群体在校学习能力最好的方式就是考试，考试成绩便是其获得知识和认知能力的一种体现。模型 1 至模型 4 是嵌套模型，逐步加入家庭社会经济变量、父母互动变量以及积极同辈比例（见表 6 - 5）。

表 6 - 5　自评健康与考试成绩的线性固定效应模型

变量	模型 1	模型 2	模型 3	模型 4	模型 5
基期自评健康	4.898 ***	4.369 ***	2.398 *	0.998	1.347
	(1.139)	(1.138)	(1.086)	(1.067)	(1.065)
家庭社会经济地位		0.324 ***	0.177 ***	0.164 ***	
		(0.045)	(0.045)	(0.044)	
父母监管			- 0.592 ***	- 0.760 ***	- 0.785 ***
			(0.160)	(0.157)	(0.157)
父母互动			1.064 ***	0.847 ***	0.802 ***
			(0.213)	(0.209)	(0.209)
父母教育期望			4.335 ***	3.996 ***	3.955 ***
			(0.148)	(0.147)	(0.147)
家庭文化资本			0.059 *	0.024	0.024
			(0.029)	(0.028)	(0.028)
积极同辈比例				37.402 ***	37.043 ***
				(1.972)	(1.971)
职业类型（参照组：中间阶层）					已控制
父母受教育程度					1.202 ***
					(0.194)
父母党员身份					- 0.190
					(1.470)
性别（男性 = 1）	- 23.413 ***	- 23.431 ***	- 22.450 ***	- 18.265 ***	- 18.247 ***
	(0.970)	(0.968)	(0.920)	(0.928)	(0.927)
户籍（农业 = 1）	- 1.101	0.523	0.272	0.328	0.697
	(1.164)	(1.183)	(1.125)	(1.102)	(1.113)
兄弟姐妹数	- 3.645 ***	- 3.080 ***	- 2.297 ***	- 2.065 **	- 2.033 **
	(0.676)	(0.679)	(0.647)	(0.634)	(0.638)
迁移经历（有 = 1）	1.422	1.537	1.170	1.163	1.594
	(1.478)	(1.474)	(1.399)	(1.371)	(1.379)
居住方式（非双亲 = 1）	- 10.121 ***	- 9.462 ***	- 7.910 ***	- 6.951 ***	- 6.605 ***
	(1.139)	(1.139)	(1.085)	(1.064)	(1.090)
常数项	210.520 ***	194.241 ***	122.373 ***	97.381 ***	92.187 ***
	(1.370)	(2.654)	(4.397)	(4.505)	(4.828)
样本量	8786	8786	8786	8786	8764
Rho	0.357	0.341	0.334	0.322	0.323
Log-likelihood	- 45834.075	- 45808.221	- 45349.551	- 45170.779	- 45030.695

注：用双尾检验：$^+ p < 0.10$，$^* p < 0.05$，$^{**} p < 0.01$，$^{***} p < 0.001$；括号内数字为标准误。

（1）自评健康与考试成绩

模型 1 中控制人口学特征和居住方式等变量后，基期自评健康与否对于考试成绩也有着显著影响，基期自评为健康的比不健康的在第二期中的考试总分高 4.898 分（$p < 0.001$）。控制变量中，女性的考试分数要比男性高 23.413 分，有兄弟姐妹的家庭，每多 1 个兄弟姐妹，孩子的考试分数降低 3.645 分，与非双亲同住家庭的孩子比与双亲同住的孩子成绩低 10.121 分，这些都是在 0.001 的标准上显著。

模型 2 继续加入了家庭社会经济地位变量，家庭社会经济地位影响考试成绩，家庭社会经济地位每提升 1 个单位，分数增加 0.324 分（$p < 0.001$）。模型 2 的自评健康系数发生变化，系数减小到 4.369，说明家庭社会经济地位解释了部分自评健康对于学习成绩的作用。

模型 3 加入与父母互动变量之后，自评健康变量的系数与模型 1 相比减少了近一半，显著性也由 0.001 的标准降到 0.05，说明父母的监管与活动解释了大部分自评健康对于考试分数的作用。

模型 4 加入积极同辈群体的比例后，基期自评健康对于学习成绩的影响就消失了，回归系数也降到了 0.998。说明了控制这些变量后，自评健康并不影响孩子的考试成绩，自评健康对于考试成绩的作用被父母和同辈的效应解释。控制其他变量，父母监管的严格程度每增加 1 个单位，孩子的考试成绩增加 0.760 分；父母与孩子的互动每提升 1 个单位，孩子考试成绩增加 0.847 分；父母的教育期望对孩子分数的影响也很大，基期父母期望每增加 1 个单位，孩子的考试分数增加 3.996 分；积极同辈群体的作用则更为重要，积极同辈群体比例会带来 37.402 分的差异，这几个变量都是在 0.001 标准上显著。模型 5 也验证了结果的稳定性。

（2）精神健康与考试成绩

基期精神健康对于第二期考试成绩的影响也采用多层次线性回归模型进行分析，固定住学校层面变量的效应，结果如表 6 - 6 所示。

模型 1 中控制其他变量，基期精神健康指数每增加 1 分，第二期的考试成绩会增加 1.694 分（$p < 0.001$）。控制变量中的性别、兄弟姐妹数和居住方式也都起到显著性作用。

模型 2 加入家庭社会经济地位变量之后，家庭经济条件越好的家庭孩子

表6－6　精神健康与考试成绩的线性固定效应模型

变量	模型1	模型2	模型3	模型4	模型5
基期精神健康指数	1.694 ***	1.657 ***	1.390 ***	1.075 ***	1.074 ***
	(0.124)	(0.124)	(0.119)	(0.118)	(0.118)
家庭社会经济地位		0.309 ***	0.177 ***	0.164 ***	
		(0.045)	(0.045)	(0.044)	
父母监管			− 0.601 ***	− 0.758 ***	− 0.780 ***
			(0.159)	(0.156)	(0.156)
父母互动			0.937 ***	0.762 ***	0.717 ***
			(0.212)	(0.208)	(0.208)
父母教育期望			4.271 ***	3.966 ***	3.924 ***
			(0.147)	(0.146)	(0.146)
家庭文化资本			0.036	0.007	0.006
			(0.029)	(0.028)	(0.028)
积极同辈比例				34.782 ***	34.490 ***
				(1.981)	(1.980)
职业类型（参照组：中间阶层）					已控制
父母受教育程度					1.210 ***
					(0.193)
父母党员身份					− 0.248
					(1.463)
性别（男性＝1）	− 23.459 ***	− 23.486 ***	− 22.600 ***	− 18.700 ***	− 18.667 ***
	(0.961)	(0.958)	(0.913)	(0.924)	(0.923)
户籍（农业＝1）	− 1.178	0.382	0.125	0.215	0.649
	(1.153)	(1.172)	(1.117)	(1.097)	(1.108)
兄弟姐妹数	− 3.276 ***	− 2.746 ***	− 2.091 **	− 1.933 **	− 1.875 **
	(0.670)	(0.673)	(0.642)	(0.631)	(0.635)
迁移经历（有＝1）	1.944	2.043	1.566	1.469	1.901
	(1.464)	(1.460)	(1.389)	(1.365)	(1.373)
居住方式（非双亲＝1）	− 9.282 ***	− 8.653 ***	− 7.296 ***	− 6.517 ***	− 6.176 ***
	(1.129)	(1.130)	(1.078)	(1.060)	(1.086)
常数项	179.958 ***	164.781 ***	100.313 ***	81.799 ***	76.962 ***
	(2.718)	(3.491)	(4.766)	(4.801)	(5.090)
样本量	8786	8786	8786	8786	8764
Rho	0.356	0.340	0.336	0.324	0.324
Log-likelihood	− 45749.605	− 45725.530	− 45282.909	− 45129.277	− 44989.559

注：用双尾检验：$^+ p < 0.10$，$^* p < 0.05$，$^{**} p < 0.01$，$^{***} p < 0.001$；括号内数字为标准误。

考试成绩也越好，家庭社会经济地位每增加 1 个单位，学生考试成绩增加 0.309 分（$p < 0.001$）。基期精神健康对于考试成绩的积极影响没有变化，只是系数减小了 0.037。

模型 3 加入了父母监管与互动变量后，基期精神健康变量的显著性没有变化，但是系数减小了，说明家庭内部的监管与互动解释了部分精神健康状况的作用。同样可以看到，控制其他变量，与父母的互动以及较高的教育期望都会对成绩有正向作用。

模型 4 加入了积极同辈比例，积极同辈比例对于考试成绩的影响很大，系数达到了 34.782（$p < 0.001$），因此好的同伴会有利于成绩的提升，同时积极同辈也解释了部分精神健康对于成绩的积极影响。但即使控制了经济条件、父母互动、同辈群体变量，如模型 4 中孩子精神健康状况越好，考试成绩的分数也越高。因为采用的是基线调查的精神状况和第二期考试分数，模型 5 中结果与模型 4 保持一致，所以结果稳健性也得到确保。

（3）客观健康与考试成绩

学生（被访者）在基线调查中回答过是否有住院经历，而是否住院在本节分析中作为核心自变量，目的是研究基期的客观身体健康状况是否会影响第二年的考试成绩，通过这样的机制反映出健康不平等的后果，体现出健康不平等的代内效应。住院与考试成绩的线性固定效应模型如表 6-7 所示。

表 6-7　住院与考试成绩的线性固定效应模型

变量	模型 1	模型 2	模型 3	模型 4	模型 5
住院（是 =1）	-7.105 ***	-6.861 ***	-5.620 ***	-5.126 **	-5.175 **
	(1.760)	(1.755)	(1.667)	(1.633)	(1.631)
家庭社会经济地位		0.332 ***	0.178 ***	0.163 ***	
		(0.045)	(0.045)	(0.044)	
父母监管			-0.581 ***	-0.755 ***	-0.779 ***
			(0.160)	(0.157)	(0.157)
父母互动			1.058 ***	0.838 ***	0.794 ***
			(0.213)	(0.209)	(0.209)
父母教育期望			4.339 ***	3.993 ***	3.953 ***
			(0.148)	(0.146)	(0.147)

续表

变量	模型1	模型2	模型3	模型4	模型5
家庭文化资本			0.063 * (0.029)	0.025 (0.028)	0.027 (0.028)
积极同辈比例				37.432 *** (1.966)	37.120 *** (1.965)
职业类型（参照组：中间阶层）					已控制
父母受教育程度					1.195 *** (0.194)
父母党员身份					-0.151 (1.469)
性别（男性=1）	-23.089 *** (0.971)	-23.129 *** (0.968)	-22.231 *** (0.920)	-18.102 *** (0.927)	-18.066 *** (0.926)
户籍（农业=1）	-1.156 (1.164)	0.517 (1.183)	0.284 (1.125)	0.346 (1.102)	0.714 (1.113)
兄弟姐妹数	-3.611 *** (0.677)	-3.035 *** (0.679)	-2.270 *** (0.647)	-2.058 ** (0.634)	-2.024 ** (0.637)
迁移经历（有=1）	1.430 (1.478)	1.548 (1.473)	1.181 (1.399)	1.172 (1.371)	1.586 (1.378)
居住方式（非双亲=1）	-10.261 *** (1.138)	-9.564 *** (1.138)	-7.931 *** (1.084)	-6.928 *** (1.063)	-6.585 *** (1.089)
常数项	214.660 *** (1.072)	197.557 *** (2.563)	123.989 *** (4.383)	98.407 *** (4.500)	93.444 *** (4.815)
样本量	8786	8786	8786	8786	8764
Rho	0.359	0.342	0.335	0.322	0.323
Log-likelihood	-45835.194	-45807.951	-45346.262	-45166.229	-45026.403

注：用双尾检验：$^+ p<0.10$，$^* p<0.05$，$^{**} p<0.01$，$^{***} p<0.001$；括号内数字为标准误。

模型1在控制个体特征、居住方式的基础上，住院变量的系数和显著性显示，基期有住院经历的孩子，其当年考试成绩会下降7.105分（$p<0.001$）。

模型2加入了家庭社会经济地位变量，测量健康的住院变量依旧显著，基期有住院经历的孩子，其当年考试成绩会下降6.861分（$p<0.001$），其中部分效应被家庭社会经济地位所解释。

模型3继续加入父母监管和互动变量，住院变量的系数和显著性降低，控制其他变量，系数由模型 1 的 7.105 变为 5.620，依然在 0.001 标准上显著。这说明父母监管和对孩子教育期望等变量解释了部分健康带来的损失，但是基期有住院经历的孩子，其考试成绩仍会受到影响。

模型 4 在模型 3 的基础上进一步加入了积极同辈比例，数据显示积极同辈对孩子的成绩总分起到重要的作用，积极同辈比例变量效应达到 37.432 分，这说明积极同辈对孩子的成绩影响巨大。住院变量对孩子学习成绩带来的负面作用依旧没有消除，前一年有住院经历的孩子的成绩比没有住院的少 5.126 分，在 0.01 的标准上显著。模型 5 中基期是否住院的效果一致，因此可以看出来，身体健康受损对孩子成绩起到负面作用是稳健的，健康直接影响到孩子的考试成绩。

（二）青少年健康与非认知能力

除了认知测试、考试成绩等可以表现青少年的认知能力外，对自身发展的非认知能力也同样重要，会影响到青少年的互动能力与发展能力。

1. 青少年健康与自我效能感

（1）自评健康与自我效能感

采用多层次线性回归模型估计基期自评健康与自我效能感的影响，数据分析结果如表 6-8 所示，学校层面的变量效应被固定住，防止产生因学校间差异导致的偏误。

表 6-8　自评健康与自我效能感的线性固定效应模型

变量	模型 1	模型 2	模型 3	模型 4	模型 5
基期自评健康状况	2.628 ***	2.424 ***	1.737 ***	1.548 ***	1.633 ***
	(0.393)	(0.392)	(0.386)	(0.385)	(0.385)
家庭社会经济地位		0.125 ***	0.066 ***	0.064 ***	
		(0.016)	(0.016)	(0.016)	
父母监管			0.114 *	0.092	0.088
			(0.057)	(0.057)	(0.057)
父母互动			0.743 ***	0.713 ***	0.692 ***
			(0.076)	(0.076)	(0.076)
父母教育期望			0.567 ***	0.521 ***	0.511 ***
			(0.053)	(0.053)	(0.053)

续表

变量	模型 1	模型 2	模型 3	模型 4	模型 5
家庭文化资本			0.064 ***	0.059 ***	0.060 ***
			(0.010)	(0.010)	(0.010)
积极同辈比例				5.068 ***	5.087 ***
				(0.712)	(0.713)
职业类型（参照组：中间阶层）					已控制
父母受教育程度					0.351 ***
					(0.070)
父母党员身份					-0.790
					(0.532)
性别（男性=1）	-0.692 *	-0.699 *	-0.334	0.233	0.265
	(0.335)	(0.334)	(0.327)	(0.335)	(0.335)
户籍（农业=1）	-2.064 ***	-1.437 ***	-1.379 ***	-1.371 ***	-1.298 **
	(0.402)	(0.408)	(0.399)	(0.398)	(0.403)
兄弟姐妹数	-1.059 ***	-0.840 ***	-0.539 *	-0.508 *	-0.536 *
	(0.233)	(0.234)	(0.230)	(0.229)	(0.231)
迁移经历（有=1）	-0.330	-0.286	-0.203	-0.204	-0.082
	(0.510)	(0.508)	(0.497)	(0.495)	(0.499)
居住方式（非双亲=1）	-1.797 ***	-1.543 ***	-0.995 **	-0.865 *	-0.711 +
	(0.393)	(0.393)	(0.385)	(0.384)	(0.394)
常数项	80.606 ***	74.321 ***	52.902 ***	49.516 ***	49.217 ***
	(0.473)	(0.915)	(1.561)	(1.628)	(1.747)
样本量	8786	8786	8786	8786	8764
Rho	0.064	0.049	0.030	0.027	0.027
Log-likelihood	-36481.927	-36449.500	-36251.747	-36226.162	-36120.378

注：用双尾检验：$^+ p < 0.10$，$^* p < 0.05$，$^{**} p < 0.01$，$^{***} p < 0.001$；括号内数字为标准误。

模型 1 为基准模型，控制了孩子的特征、居住方式等，基期自评健康变量与孩子的自我效能感呈显著相关，即自评为健康的孩子比自评为不健康的孩子拥有更强的自我效能感，两者相差 2.628 分（$p < 0.001$）。这就意味着孩子能更好地清楚表达自我、有迅速的反应能力、很快学会新知识、对新事物会有好奇感。

模型 2 在基准模型上加入了家庭社会经济地位变量，结果显示，家庭社会经济地位越高，孩子的自我效能感越强，此时自评健康对于自我效能感的系数小部分降低，但是显著性在 0.001 标准上没有改变。

模型 3 继续加入了父母监护和教育期望变量，父母教育期望越高，父母与子女互动得越多，孩子的自我效能感越强。控制这些变量后，自评健康对于孩子自我效能感的系数显著下降，与模型 2 相比降低了 0.687 分，显著性没有变化，说明父母互动因素解释了部分自评健康对于自我效能感的效应，但是基期的自评健康对于自我效能感有直接的促进效应。

模型 4 加入了积极同辈比例的变量，积极同辈比例越高，孩子的自我效能感越强。控制其他变量，积极同辈比例带来 5.068 分的影响（$p < 0.001$）。在模型 4 全模型中，控制其他变量后，自评健康的好坏在自我效能感上的差异依旧存在，健康的群体比不健康的群体的自我效能感高 1.548 分（$p < 0.001$），显著性不变。模型 5 的结果也显示，控制这些变量后自评健康对于孩子自我效能感的作用仍然显著，说明自评健康对于孩子的自我效能感的作用十分稳健。因此结果表明，孩子自评健康状况好则会提升目前的自我效能感，能更好地清楚表达自我、有迅速的反应能力、能很快学会新知识、对新事物有好奇感。

（2）精神健康与自我效能感

精神健康是健康测量的另外一个重要方面，如果研究孩子的精神健康是否影响他们的自我效能感，需进一步分析基线数据中的精神健康对于二期数据中的自我效能感的作用。数据分析结果如表 6-9 所示。

表 6-9　精神健康与自我效能感的线性固定效应模型

变量	模型 1	模型 2	模型 3	模型 4	模型 5
基期精神健康指数	0.455 ***	0.440 ***	0.337 ***	0.296 ***	0.304 ***
	(0.043)	(0.043)	(0.042)	(0.043)	(0.043)
家庭社会经济地位		0.124 ***	0.067 ***	0.066 ***	
		(0.016)	(0.016)	(0.016)	
父母监管			0.117 *	0.097 +	0.094 +
			(0.057)	(0.057)	(0.057)
父母互动			0.715 ***	0.692 ***	0.670 ***
			(0.076)	(0.075)	(0.076)
父母教育期望			0.558 ***	0.518 ***	0.508 ***
			(0.053)	(0.053)	(0.053)

续表

变量	模型 1	模型 2	模型 3	模型 4	模型 5
家庭文化资本			0.060 ***	0.057 ***	0.058 ***
			(0.010)	(0.010)	(0.010)
积极同辈比例				4.509 ***	4.529 ***
				(0.718)	(0.718)
职业类型（参照组：中间阶层）					已控制
父母受教育程度					0.349 ***
					(0.070)
父母党员身份					-0.802
					(0.531)
性别（男性 = 1）	-0.666 *	-0.677 *	-0.331	0.175	0.207
	(0.333)	(0.332)	(0.326)	(0.335)	(0.335)
户籍（农业 = 1）	-2.114 ***	-1.486 ***	-1.422 ***	-1.410 ***	-1.327 ***
	(0.400)	(0.406)	(0.398)	(0.398)	(0.402)
兄弟姐妹数	-0.951 ***	-0.738 **	-0.474 *	-0.453 *	-0.477 *
	(0.233)	(0.233)	(0.229)	(0.229)	(0.230)
迁移经历（有 = 1）	-0.191	-0.151	-0.106	-0.118	0.003
	(0.508)	(0.506)	(0.496)	(0.495)	(0.498)
居住方式 （非双亲 = 1）	-1.634 ***	-1.381 ***	-0.886 *	-0.785 *	-0.632
	(0.392)	(0.392)	(0.385)	(0.384)	(0.394)
常数项	73.390 ***	67.283 ***	47.970 ***	45.570 ***	45.375 ***
	(0.943)	(1.210)	(1.701)	(1.740)	(1.847)
样本量	8786	8786	8786	8786	8764
Rho	0.064	0.049	0.030	0.028	0.028
Log-likelihood	-36448.081	-36415.655	-36229.995	-36210.032	-36103.929

注：用双尾检验：$^+ p < 0.10$，$^* p < 0.05$，$^{**} p < 0.01$，$^{***} p < 0.001$；括号内数字为标准误。

模型 1 基准模型，控制孩子的特征和居住方式，加入孩子基期精神健康指数变量，结果发现有显著的影响。控制其他变量，精神健康每提升 1 个单位，自我效能感增加 0.455 分（$p < 0.001$）。

模型 2 中加入家庭社会经济地位变量，家庭社会经济地位越高，孩子的自我效能感越强，此模型中的精神健康变量对于孩子的自我效能感的影响没有消失。

模型 3 是在模型 2 基础上加入父母互动、教育期望等变量。结果发现，家庭社会经济地位变量的系数降低。这说明家庭经济地位高的父母会通过更多地与孩子互动、对孩子有更高的教育期望来提升孩子的自我效能感，孩子会更好地清楚表达自我、有迅速的反应能力、很快学会新知识、对新事物有好奇感。

模型4是继续加入积极同辈比例变量的模型，积极同辈比例对孩子自我效能感的影响巨大，增加了4.509分（$p < 0.001$），这说明好的同辈会直接影响孩子自我效能感的显著提升。模型4中孩子基期的精神健康指数变量对于自我效能感影响的显著性不变，仍在 $p < 0.001$ 标准上显著，但是系数有所减小。另外，模型5也得到同样的影响，说明孩子精神健康对于自我效能感有着显著的影响，孩子基期的精神健康水平越高，其自我效能感越强。

（3）客观健康与自我效能感

前一年住院情况对孩子自我效能感的影响，使住院与否成为测量客观健康的指标。在表6-10的模型1至模型5中，我们可以发现住院与否和孩子的自我效能感没有显著性相关关系。

表6-10　住院与自我效能感的线性固定效应模型

变量	模型1	模型2	模型3	模型4	模型5
住院（是 =1）	-0.471	-0.375	-0.062	0.007	0.035
	(0.609)	(0.606)	(0.593)	(0.591)	(0.591)
社会经济地位		0.131 ***	0.068 ***	0.066 ***	
		(0.016)	(0.016)	(0.016)	
父母监管			0.122 *	0.097 +	0.094 +
			(0.057)	(0.057)	(0.057)
父母互动			0.747 ***	0.716 ***	0.695 ***
			(0.076)	(0.076)	(0.076)
父母教育期望			0.576 ***	0.528 ***	0.518 ***
			(0.053)	(0.053)	(0.053)
家庭文化资本			0.067 ***	0.062 ***	0.064 ***
			(0.010)	(0.010)	(0.010)
积极同辈比例				5.266 ***	5.302 ***
				(0.711)	(0.712)

续表

变量	模型 1	模型 2	模型 3	模型 4	模型 5
职业类型（参照组：中间阶层）					已控制
父母受教育程度					0.346 ***
					(0.070)
父母党员身份					-0.784
					(0.532)
性别（男性=1）	-0.603 +	-0.618 +	-0.273	0.308	0.343
	(0.336)	(0.334)	(0.327)	(0.336)	(0.335)
户籍（农业=1）	-2.118 ***	-1.456 ***	-1.389 ***	-1.380 ***	-1.319 **
	(0.403)	(0.409)	(0.400)	(0.399)	(0.403)
兄弟姐妹数	-1.042 ***	-0.814 ***	-0.515 *	-0.486 *	-0.517 *
	(0.234)	(0.235)	(0.230)	(0.229)	(0.231)
迁移经历（有=1）	-0.332	-0.285	-0.201	-0.202	-0.085
	(0.511)	(0.509)	(0.497)	(0.496)	(0.499)
居住方式（非双亲=1）	-1.916 ***	-1.640 ***	-1.054 **	-0.913 *	-0.766 +
	(0.393)	(0.393)	(0.385)	(0.385)	(0.395)
常数项	82.621 ***	75.862 ***	53.536 ***	49.938 ***	49.819 ***
	(0.371)	(0.885)	(1.559)	(1.628)	(1.745)
样本量	8786	8786	8786	8786	8764
Rho	0.068	0.052	0.031	0.028	0.028
Log-likelihood	-36504.260	-36468.631	-36262.027	-36234.334	-36129.487

注：用双尾检验：+ $p<0.10$，* $p<0.05$，** $p<0.01$，*** $p<0.001$；括号内数字为标准误。

2. 青少年健康与社会交往能力

（1）自评健康与社会交往能力

社会交往能力指的是孩子集体融入、建立自信心、社会交往和处理人际关系的能力。自评健康与社会交往能力的线性固定效应模型如表 6-11 所示。

表 6-11　自评健康与社会交往能力的线性固定效应模型

变量	模型 1	模型 2	模型 3	模型 4	模型 5
基期自评健康状况	5.081 ***	4.979 ***	4.261 ***	3.852 ***	3.830 ***
	(0.371)	(0.371)	(0.365)	(0.360)	(0.361)

续表

变量	模型 1	模型 2	模型 3	模型 4	模型 5
家庭社会经济地位		0.063 ***	−0.003	−0.007	
		(0.015)	(0.015)	(0.015)	
父母监管			0.267 ***	0.218 ***	0.212 ***
			(0.054)	(0.053)	(0.053)
父母互动			0.497 ***	0.434 ***	0.430 ***
			(0.072)	(0.071)	(0.071)
父母教育期望			0.432 ***	0.333 ***	0.337 ***
			(0.050)	(0.049)	(0.050)
家庭文化资本			0.093 ***	0.083 ***	0.087 ***
			(0.010)	(0.010)	(0.009)
积极同辈比例				10.916 ***	10.968 ***
				(0.666)	(0.668)
职业类型（参照组：中间阶层）					已控制
父母受教育程度					−0.110 +
					(0.066)
父母党员身份					−0.130
					(0.498)
性别（男性=1）	−1.619 ***	−1.622 ***	−1.254 ***	−0.032	−0.027
	(0.316)	(0.316)	(0.309)	(0.314)	(0.314)
户籍（农业=1）	−0.236	0.080	0.186	0.202	0.043
	(0.379)	(0.386)	(0.378)	(0.372)	(0.377)
兄弟姐妹数	−0.537 *	−0.427 +	−0.176	−0.108	−0.145
	(0.220)	(0.222)	(0.218)	(0.214)	(0.216)
迁移经历（有=1）	−0.101	−0.078	0.012	0.010	−0.035
	(0.481)	(0.481)	(0.470)	(0.463)	(0.467)
居住方式（非双亲=1）	−2.141 ***	−2.012 ***	−1.473 ***	−1.193 ***	−1.220 ***
	(0.371)	(0.372)	(0.365)	(0.359)	(0.369)
常数项	68.050 ***	64.882 ***	44.408 ***	37.114 ***	37.863 ***
	(0.446)	(0.866)	(1.477)	(1.522)	(1.635)
样本量	8786	8786	8786	8786	8764
Rho	0.160	0.152	0.122	0.113	0.114
Log-likelihood	−35976.298	−35967.081	−35767.613	−35633.421	−35541.661

注：用双尾检验：$^+ p < 0.10$，$^* p < 0.05$，$^{**} p < 0.01$，$^{***} p < 0.001$；括号内数字为标准误。

模型 1 是在控制变量的基础上加入自评健康状况，自评健康的比自评不健康的社会交往能力高 5.081 分，并且在 0.001 上显著。

模型 2 继续加入了家庭社会经济地位，家庭经济条件越好越有助于提升子代自身的社会交往能力，此时自评健康变量的系数减小，但是显著性依旧没变，说明家庭社会经济地位并不是主要机制。

模型 3 继续加入父母监管、互动等变量，自评健康因素对于社会交往能力的作用依然存在，系数有所减小，显著性不变。控制其他变量，父母监管的严格程度每提升 1 个单位，孩子的社会交往能力增加 0.267 分（$p <$ 0.001）。孩子与父母互动的频率、父母的教育期望、家庭的文化资本都会提高孩子的社会交往能力。家庭社会经济地位变量对于孩子社会交往的显著性消失，说明家庭社会经济地位高的家庭通过父母的互动、监管等作用于孩子的社会交往能力。但是基期的自评健康对于社会交往能力的影响依然显著和持续。

模型 4 显示自评健康对于社会交往能力的作用依然显著，并且自评健康的孩子比自评不健康的孩子的社会交往能力高 3.852 分（$p < 0.001$）。控制其他变量，父母的监管严格程度每增加 1 个单位，孩子社会交往能力增加 0.218 分；孩子与父母的互动每增加 1 个单位，孩子的社会交往能力增加 0.434 分，说明父母的交流和互动也是提升孩子社会交往能力的方法。父母的教育期望和家庭文化资本都会影响孩子的社会交往能力，文化资本每提升 1 个单位，孩子的社会交往能力增加 0.083 分（$p < 0.001$）。模型 5 也验证了自评健康对于社会交往的影响具有稳健性。

从表 6-11 的模型 1 和模型 5 可以看出，基期自评健康对于第二期的社会交往能力有着显著的直接效应，健康的个体能够获得更强的社会交往能力，即有更好的集体融入、建立自信心、社会交往和处理人际关系的能力。

（2）精神健康与社会交往能力

使用多层次线性回归模型估计孩子精神健康状况与社会交往能力强弱的关系，结果如表 6-12 所示。采用的是滞后效应模型，也就是因变量为第二期数据，而自变量为第一期数据，这样也不会存在因果不清的状况。

表 6 – 12　精神健康与社会交往能力的线性固定效应模型

变量	模型 1	模型 2	模型 3	模型 4	模型 5
基期精神健康指数	0.996 ***	0.989 ***	0.894 ***	0.809 ***	0.805 ***
	(0.040)	(0.040)	(0.039)	(0.039)	(0.039)
家庭社会经济地位		0.060 ***	0.001	− 0.003	
		(0.014)	(0.015)	(0.015)	
父母监管			0.273 ***	0.231 ***	0.226 ***
			(0.053)	(0.052)	(0.052)
父母互动			0.422 ***	0.375 ***	0.370 ***
			(0.070)	(0.069)	(0.070)
父母教育期望			0.405 ***	0.323 ***	0.327 ***
			(0.049)	(0.049)	(0.049)
家庭文化资本			0.083 ***	0.076 ***	0.079 ***
			(0.009)	(0.009)	(0.009)
积极同辈比例				9.341 ***	9.424 ***
				(0.661)	(0.662)
职业类型（参照组：中间阶层）					已控制
父母受教育程度					− 0.112 +
					(0.065)
父母党员身份					− 0.163
					(0.489)
性别（男性 = 1）	− 1.581 ***	− 1.586 ***	− 1.258 ***	− 0.210	− 0.206
	(0.308)	(0.308)	(0.303)	(0.308)	(0.309)
户籍（农业 = 1）	− 0.330	− 0.025	0.075	0.099	− 0.028
	(0.370)	(0.377)	(0.370)	(0.366)	(0.371)
兄弟姐妹数	− 0.305	− 0.202	− 0.006	0.036	0.007
	(0.215)	(0.216)	(0.213)	(0.211)	(0.212)
迁移经历（有 = 1）	0.204	0.223	0.270	0.244	0.189
	(0.470)	(0.469)	(0.461)	(0.455)	(0.459)
居住方式（非双亲 = 1）	− 1.752 ***	− 1.629 ***	− 1.172 **	− 0.963 **	− 0.993 **
	(0.362)	(0.363)	(0.357)	(0.353)	(0.363)
常数项	51.732 ***	48.767 ***	31.204 ***	26.232 ***	27.499 ***
	(0.872)	(1.122)	(1.580)	(1.601)	(1.703)
样本量	8786	8786	8786	8786	8764
Rho	0.159	0.151	0.122	0.114	0.115
Log-likelihood	− 35762.689	− 35753.783	− 35581.683	− 35481.457	− 35391.795

注：用双尾检验：$^{+} p < 0.10$，$^{*} p < 0.05$，$^{**} p < 0.01$，$^{***} p < 0.001$；括号内数字为标准误。

模型 1 基准模型结果显示，控制其他变量，孩子基期的精神健康指数每增加 1 分，其社会交往能力会提升 0.996 分（$p < 0.001$），说明孩子的精神健康状况越好，其社会交往能力越强。

模型 2 加入了家庭社会经济地位变量，家庭社会经济地位的提升也有助于子代社会交往能力的提升。但是精神健康变量的作用并没有消失，只是降低了 0.007 分。

模型 3 在模型 2 的基础上加入了父母监管、互动变量，父母的监管与互动会增强孩子的社会交往能力，父母的教育期望和家庭的文化资本对孩子的社会交往能力也具有提升作用。控制这些变量，精神健康状况的影响减少到 0.894 分，但是显著性未变。其中家庭社会经济地位变量的显著性消失，说明家庭中父母的互动、监管和文化资本都解释了家庭社会经济地位对于孩子社会交往能力的效果，起到的是机制性的作用，即社会经济地位高的家庭中的父母会对孩子监管、提高与孩子互动的频率，提出更高的教育期望和拥有更多的文化资本，这些都会提升孩子的社会交往能力。

模型 4 在模型 3 基础上加入积极同辈比例变量，积极同辈比例越高，孩子的社会交往能力越强。控制了所有变量后，精神健康状况对于孩子社会交往能力的作用依旧显著，在 0.001 标准上显著，系数为 0.809。

从表 6 – 12 中可以发现，孩子的社会交往能力与父母监管、父母互动、父母教育期望以及家庭文化资本都密切相关，社会经济地位高的家庭会更加注重这些。孩子自身有积极乐观的精神健康也是其提升社会交往能力的重要基础。

（3）客观健康与社会交往能力

使用住院因素测量孩子的客观健康水平，考察孩子客观健康对于社会交往能力的影响。模型 1 至模型 4 是嵌套模型，模型 5 是测量稳健性，使用另一种测量手段测量社会交往能力（见表 6 – 13）。

表 6 – 13　住院与社会交往能力的线性固定效应模型

变量	模型 1	模型 2	模型 3	模型 4	模型 5
住院（是 = 1）	– 1.597 **	– 1.541 **	– 1.276 *	– 1.126 *	– 1.178 *
	(0.579)	(0.578)	(0.564)	(0.555)	(0.556)

续表

变量	模型 1	模型 2	模型 3	模型 4	模型 5
家庭社会经济地位		0.075 ***	0.003	− 0.002	
		(0.015)	(0.015)	(0.015)	
父母监管			0.286 ***	0.233 ***	0.226 ***
			(0.054)	(0.053)	(0.053)
父母互动			0.505 ***	0.438 ***	0.434 ***
			(0.072)	(0.071)	(0.071)
父母教育期望			0.453 ***	0.348 ***	0.352 ***
			(0.050)	(0.050)	(0.050)
家庭文化资本			0.101 ***	0.089 ***	0.094 ***
			(0.010)	(0.010)	(0.009)
积极同辈比例				11.388 ***	11.448 ***
				(0.669)	(0.670)
职业类型（参照组：中间阶层）					已控制
父母受教育程度					− 0.121 +
					(0.066)
父母党员身份					− 0.108
					(0.501)
性别（男性 = 1）	− 1.428 ***	− 1.437 ***	− 1.078 ***	0.178	0.184
	(0.319)	(0.319)	(0.312)	(0.315)	(0.316)
户籍（农业 = 1）	− 0.335	0.044	0.166	0.185	0.002
	(0.383)	(0.390)	(0.381)	(0.375)	(0.379)
兄弟姐妹数	− 0.503 *	− 0.373 +	− 0.119	− 0.054	− 0.101
	(0.223)	(0.224)	(0.219)	(0.216)	(0.217)
迁移经历（有 = 1）	− 0.103	− 0.076	0.019	0.016	− 0.044
	(0.486)	(0.486)	(0.474)	(0.466)	(0.470)
居住方式（非双亲 = 1）	− 2.361 ***	− 2.204 ***	− 1.606 ***	− 1.300 ***	− 1.334 ***
	(0.374)	(0.375)	(0.367)	(0.362)	(0.371)
常数项	71.987 ***	68.114 ***	46.114 ***	38.331 ***	39.461 ***
	(0.353)	(0.844)	(1.485)	(1.530)	(1.642)
样本量	8786	8786	8786	8786	8764
Rho	0.168	0.158	0.125	0.115	0.116
Log-likelihood	− 36066.615	− 36053.723	− 35833.634	− 35688.953	− 35596.280

注：用双尾检验：$^+ p < 0.10$，$^* p < 0.05$，$^{**} p < 0.01$，$^{***} p < 0.001$；括号内数字为标准误。

模型 1 控制了孩子个体特征和居住方式，加入住院变量后，发现有住院经历的孩子和没有住院经历的孩子在社会交往能力上存在显著差异，控制其他变量，有住院经历的孩子的社会交往能力减少 1.597 分（$p < 0.01$）。

模型 2 是在基准模型基础上加入了家庭社会经济地位变量，家庭社会经济地位对于社会交往有着显著促进作用，但是也没有完全解释生病给孩子社会认知能力所带来的损耗。

模型 3 继续加入父母监管、互动、教育期望和文化资本变量，结果显示住院变量对于孩子社会交往能力的作用只是在 0.1 的标准上显著，说明父母因素解释了大部分住院给社会交往能力所带来的危害。同时父母因素还解释了家庭社会经济地位对于社会交往能力的作用，说明家庭社会经济地位通过互动作用于孩子的社会交往能力。模型 4 继续加入积极同辈比例变量，可以发现住院变量对于社会交往能力的作用仍然在 0.1 的标准上显著，说明有住院经历的孩子对于社会交往能力的损耗是稳健的。模型 5 的结果也再一次验证了住院对于孩子的社会交往能力负向的影响不会发生变化。

从表 6 - 13 的结果看出，基期有住院的经历对于青少年社会交往能力有着持续性的危害，同时父母监管互动、文化资本等是家庭社会经济地位作用于孩子社会交往能力的机制，更高的家庭社会经济地位可以提供更多的要素，从而提升孩子的社会交往能力。

四 小结

本章分析了青少年健康水平对认知与非认知能力的作用。在认知能力方面，自评健康状况对于认知测试得分在模型中一直保持着正向作用，即自评健康状况越好，认知测试得分越高。而且采用的是两期的追踪数据，以自评健康状况为基线调查数据，而认知测试得分为第二期的结果，这样就可以很好地诠释前后联系。在控制了家庭社会经济地位、与父母互动、父母教育期望等因素后，自评健康状况对于认知测试仍有促进作用。继续控制积极同辈比例，认知测试得分受积极同辈的影响较大，但是自评健康状况越好，认知测试得分依旧显著。健康的另外的两个测量，精神健康和客观健康（是否住院）也是同样的效果，因此，孩子健康状况越好，他们的认知测试得分越高。

在影响考试成绩的因素中，自评健康对于孩子考试成绩一直起着作用。在模型中控制家庭社会经济地位和父母因素后，自评健康越好，孩子的考试成绩总分会越高，并且在统计学上是有意义的。控制了同辈积极比例后，自评健康对于考试成绩的效果消失，说明积极同辈解释了自评健康对于考试成绩的作用，因为积极同辈会影响到健康水平。在社会网络与健康的分析中可以发现，同辈中有抽烟喝酒现象的也会使孩子的健康受损。对于考试成绩的作用，精神健康和客观健康（是否住院）都有持续性的显著影响，控制其他变量，精神健康指数越高，或者不住院都会有更高的考试成绩。住院会影响到孩子的日常学习，这样势必会带来成绩上的损害。

非认知能力的测量使用了自我效能感和社会交往能力，这些对于孩子的发展都有重要作用。在自我效能感的影响方面，自评健康在控制了社会经济地位、父母因素、同辈群体因素后仍然显著影响自我效能感。孩子的自评健康状况越好，他越可以更好地清楚表达自我、有迅速的反应能力、很快地学会新知识、对新事物有好奇感。精神健康指数对自我效能感的影响在统计上十分显著，精神状况直接与孩子的情绪和对外界的反应相关，更好的精神状态会有更强的自我效能感。

在对于社会交往能力影响方面，控制各种变量后，自评健康状况越好，社会交往能力越强，就意味着会拥有更好的集体融入、自信心、社会交往和人际关系能力，而这些能力会直接影响孩子个人的发展。孩子的精神状况越好，对于集体融入、自信心、社会交往和人际关系能力的把握越大，精神状况好，更乐于与别人交流和互动，形成更好的人际关系，而这也是相互联系的。在客观健康（是否住院）与社会交往能力方面，住院的孩子与不住院的孩子相比，其社会交往能力更低。

从总体上看，孩子的健康状况对于认知能力和非认知能力都有着显著的影响，更高的健康水平更有助于提升孩子的认知和非认知能力，即更高的认知测试得分、更高的考试成绩、更强的自我效能感以及更强的社会交往能力，而这些能力对于孩子的未来发展都十分重要。在其中我们也发现家庭社会经济地位对于孩子发展能力的作用，更好的家境会提高孩子的发展能力，在社会交往能力的影响中，家庭社会经济地位通过父母互动、监管和期望等解释了这个效应。本章体现了孩子的健康可以直接影响到他们自身的发展能力，同父代的社会经济地位一起影响孩子的发展，这是健康对于孩子发展的直接效应，健康能力可代表孩子自身的发展能力。

第七章

青少年健康影响地位获得

本章是子代在青少年时期的健康状况对于其在青少年时期发展能力的作用，研究发现，孩子拥有好的健康状况有利于其认知能力和非认知能力的发展。在生命历程视角下，青少年时期（初中阶段）的健康状况对于个体成年后的影响，包括个体成年后的健康、教育获得和财富获得。

一　生命历程视角下的健康

埃尔德（2002）将生命历程定义为"在人的一生中通过年龄分化而体现的生活道路"，这里年龄分化（Age Differentiation）指的是"年龄所体现的社会期望差异和可供选择的社会生活内容的差异。正是这些差异影响到了生活事件的发生及其在某一状态中持续时间的长短，从而形成了不同的生命阶段，变迁和转折点"。埃尔德认为年龄变迁发生在一定社会制度中，并且容易受到社会历史变化的影响。

20世纪下半叶埃尔德开始探讨生命历程范式，其中包括4个基本概念与原则：时间与空间；相互依存的生命；生命的时机；个体能动性（吕朝贤，2006）。轨迹和变迁相互作用形成生命历程中的转折点，而转折点有可能改变生命轨迹的方向。社会生活中可能改变生命轨迹的社会事件主要有入学、就业、参军、结婚等。"朝为田舍郎，暮登天子堂"科举制时代的"金榜题名"也是生命中的转折点（李强、邓建伟、晓筝，1999）。"社会机制与个体特质的交互影响所形塑的累积性作用力，将不同的个体带往不同的生命轨迹"是生命历程范式的核心观念（吕朝贤，2006：10）。

生命历程范式的发展和研究起源于西方，研究方向主要有移民问题、青少年越轨问题、犯罪问题、家庭婚姻问题等，托马斯等的《在欧洲和美洲的波兰农民》（*The Polish Peasant in Europe and America*）、埃尔德的《大萧条中的孩子们》。现有研究运用生活史、生活记录和情景定义的方法，研究社会变化和生活轨迹。

生命历程视角也适用于研究社会转型期中的中国，工业化的社会分层模型为比较研究提供了有益的出发点，却并不适用于理解国家社会主义社会中的社会分层。早期社会是由国家社会主义再分配经济而非市场紧急组织起来的，依靠的是政治权威而不是市场机制。由个体的市场位置转向更广泛的再分配制度；除社会结构位置外，个人的际遇也受到社会分层的影响。在特殊时期，人力、社会、政治资本并不一定必然累积和持续给予国家正面回报。倪志伟（Nee，1989，1991，1996）认为经济体制改革将带来社会变迁，他的"市场转型理论"引发学术界的论战。倪志伟认为经济体制改革是政治与市场的互动；周雪光则将制度变迁看作政治和市场协同演变的过程（周雪光，2014：20~25）。

周雪光（2014：240~246）论述了三种国家经济转型影响个人生命机遇的机制，其中也形成了不同的健康环境，进而会产生不同的健康不平等现象。从制度层面存在两种机制会对影响健康的因素产生作用，进而在不同的社会群体间产生健康差异，从而形成系统性的健康不平等。第一个是机会结构的变化，社会经济发生转型，原有的社会制度被削弱，新制度产生，这就使原来的社会结构中的个体的机会结构发生变化。第二个过程是社会转型在改变职业路径和获得机制上受到影响，获得机制将影响到教育、收入等资源的获得，社会分层机制改变了（Nee，1989，1991，1996），不同的方式影响到不同的社会群体。第三个机制是从个人层面上，社会变迁对个人生活机遇的稳定起到关键作用，剧烈的制度变迁对处于不同生命阶段的个人有不同的影响（埃尔德，2002；Elder，1985，1995）。

基于此范式的实证研究，考察中国政治变迁、经济改革等重大社会事件对特定人群、特定生活领域的影响（赵莉莉，2006；董藩、邓建伟，

2001）。生命历程研究是把人从静态的个体放入动态的历史潮流中进行研究，在生命历程中研究制度变迁产生的深刻影响。生命历程理论侧重于研究社会变迁对于个人生活和发展的影响，生命历程理论在美国《儿童心理学手册》（第五版）中被列为人类发展的三大基本模型之一，与生态化理论、毕业发展理论共同被称为当代发展心理学最新贡献（包蕾萍，2006）。第六章的研究已经验证青少年（初中生）的健康水平对于他们的认知和非认知能力都有着重要的影响，健康是一种重要的人力资源，而这样一种效应是否会影响个体的一生？因此需要思考青少年（初中生）的健康差异是否会对其成年后的生活继续产生影响，又是如何影响的，青少年时期健康差异导致的不平等效应是否会延续到成年？

二 研究假设

西方也有将健康放入社会背景下展开研究的，比如通过经济衰退对健康的影响研究（Burgard and Kalousova，2015）发现，经济衰退对于劳动力市场、住房和资产都产生了较大冲击，这样的冲击会对健康产生负面影响。个人如何应对经济衰退，家庭和社区成员嵌入不同的政策环境，不同的应对策略都是与健康联系在一起的。许多学者预测，经济大衰退将放大现有的健康不平等（Karanikolos et al.，2013），但是来自过去的证据表明不平等可能上升、保持稳定或者下降（Bacigalupe and Escolar，2014），不平等的变化取决于社会环境的变化。

1990 年代末的亚洲金融危机，提供了经济衰退导致健康不平等加剧的例子。例如韩国大学毕业生的自我健康报告在经济低迷期间并没有改变，但在中等或低水平的教育背景下，健康水平下降了（Khang et al.，2004）；社会经济差距增大使男性因酒精造成的死亡率上升（Shim and Cho，2013）；在危机之后的 10 年，因收入差距大而产生抑郁、自杀意念和自杀企图的人翻了一番（Hong，Knapp，and McGaire，2011）。1980 年代末苏联人民的健康差异也在逐渐变换，男性和女性的预期寿命下降后，产生了巨大的社会和经济变化，几乎产生了前所未有的逆转（Murphy et al.，2006）。然而，在其他经济衰退环境下，健康差异保持稳定甚至下降。1990 年代初发生在挪威，瑞典和丹麦的经济衰退（Lahelma et al.，2002），尽管手工业者与非体力者在芬兰死亡率差异继续增长，但是增长的速度放缓（Valkonen et al.，2000）。

假设 1：青少年时期的健康水平越高，成年后的健康状况越好。

假设 2：青少年时期的健康状况越好，个人最终获得的教育成果越多。

假设 3：青少年时期的健康状况越好，成年后获得的财富越多。

三　实证分析策略

（一）数据来源

本章考察青少年健康状况是否会影响其成年后的健康与生活，因此采用了 CHARLS 2011 年全国基线调查数据、CHARLS 2013 和 CHARLS 2014 追溯数据。中国健康与养老追踪调查（China Health and Retirement Longitudinal Study，CHARLS），全国基线调查于 2011 年开展，使用多层抽样获得样本1.7 万人。本研究选取 60 岁及以下的群体，一方面 60 岁以上大多数处于退休阶段，另一方面 60 岁以上的个体健康状况差异更多可能由年龄因素造成，因此尽量排除因年龄导致的差异。

（二）变量操作

1. 因变量

青少年时期健康状况是根据 2014 年 "中国健康与养老追踪调查 "中国中老年生命历程调查" 中健康历史的回顾部分，其中一个问题是 "在您 15 岁之前（包括 15 岁），与大多数同龄的孩子相比，您的健康状况怎样"。1 代表 "好很多"，2 代表 "好一些"，3 代表 "差不多"，4 代表 "差一点"，5 代表 "差很多"。将选项的方向逆转，得到的数值越大，自评健康水平越高。

目前健康状况是：2013 年健康变量的缺失比较大。根据 2011 年基线数据中 "您认为您的健康状况怎样？是很好、好、一般、不好，还是很不好"。然后重新编码成为 1 个 1~5 的变量，数值越大代表健康状况越好。

教育获得体现的是目前的教育水平，根据问卷中获得的最高学历重新编码，将教育程度编码成教育年限，形成了 1 个 0～19 年的教育年限变量，数值越大代表教育获得越多。对于目前财产获得的测量，因为在"中国健康与养老追踪调查"中收入变量的缺失十分严重，因此在本研究中不是使用收入变量，而是使用财产变量。另外个体收入只是暂时性的，而财产具有累积性，更能体现长期作用的效果。研究中个人财产的测量是使用 2013 年追踪数据中询问的"您和爱人现在在家里有多少现金（随身携带以及放在家里的）"，以及"您现在在金融机构（如银行等）存了多少钱"，将两方面的财产数额加总取对数。另外，对一个家庭来说，夫妻双方的财产很难区分，财产都是双方积累获得的，也都代表了财富获得的积累。

2. 自变量

青少年时期的相关变量是从 2014 年"中国健康与养老追踪调查生命历程调查"数据中获得的。青少年时期家庭经济情况通过问卷中"在您 17 岁以前，相对于那时你们家所在社区/村的普通家庭，您家的经济状况怎么样"来测量，选项 1 代表"比他们好很多"、2 代表"比他们好一些"、3 代表"跟他们一样"、4 代表"比他们差一点"、5 代表"比他们差很多"，然后将选项方向调转，数值越大代表经济状况越好。父母政治面貌和父母教育程度都是选取父母双方中是党员和受教育程度较高的那个来替代，即父母获得的最高学历和政治面貌状况。

青少年时期居住的社区质量变量，测量使用的是被访者 17 岁以前居住社区的情况，小时候居住环境的安全程度通过"当时住的地方晚上独自出门安全吗"来测量，选项由"非常安全"到"完全不安全"4 个选项组成，1～4 代表安全程度逐渐减弱。社区整洁程度也是根据"当时住的地方附近干净整洁吗"，1～4 分别代表"非常干净""干净""不是很干净""非常不干净"，数值越大代表越不干净。

被访者成年时期的变量是根据 2013 年的全国基线第一次常规追踪调查的数据生成的。婚姻状况是将在婚状态赋值为 1，其他的非在婚状态赋值为 0，包括分居（不作为配偶共同生活）、离异、丧偶、从未结婚、同居。孩子数目是根据问卷中"您现在有几个孩子"问题生成的。职业状况分为自雇农民、农业雇员、非农雇员、非农自雇、家庭自雇帮工、军人六大类，从 1 至 6 分别赋值。生活习惯方面，抽烟的测量根据问卷中"您吸过烟（包括香烟、旱烟、用烟管吸烟或咀嚼烟草）吗？"，有抽烟行为的赋值为 1，没有则赋值为 0。喝酒变量通过问卷中"在过去的一年，您喝酒（包括啤酒、葡萄酒或白酒等）吗？喝酒频率如何？"，选项 1 代表"喝酒，每月超过一次"，2 代表"喝酒，但每月少于一次"，3 代表"什么都不喝"，为了模型简洁性只考虑是否喝酒的情况，什么都不喝赋值为 0，其他两个选项赋值为 1。

3. 控制变量

出生世代是根据出生年份进行划分的，新中国成立后中国的巨大变化导致每个世代间会存在较大的差异，因此将出生于 1949～1957 年的划分至世代一，这一时期是新中国成立后的大发展时期；将 1958～1962 年的划分至世代二，1963～1974 年则是世代三。

中国城乡差异较大，为防止因户籍变动导致结果出现差异，户籍变量有两个，有小时候（15 岁时）的户籍和现在的户籍，农业户籍赋值为 1，非农则赋值为 0。被访者的兄弟姐妹数，在考虑青少年健康的时候，兄弟姐妹可能是导致资源分配结果的一个重要变量，因此作为控制变量。样本描述性统计见表 7 - 1。

表 7 - 1　样本描述性统计

变量	样本数	均值	标准差	最小值	最大值
15 岁自评健康	6889	3.334	1.022	1	5
现在自评健康	3896	3.027	0.949	1	5
教育获得	7797	6.304	4.233	0	19
财富对数	6329	6.813	2.933	0	14.523
男性	7801	0.453	0.497	0	1
出生世代					
1949～1957 年	7801	0.386	0.486	0	1
1958～1962 年	7801	0.287	0.452	0	1
1963～1974 年	7801	0.326	0.468	0	1
15 岁时户籍（农业 =1）	6906	0.915	0.277	0	1
兄弟姐妹数	6875	4.087	1.775	0	15

续表

变量	样本数	均值	标准差	最小值	最大值
父母党员身份	7801	0.158	0.365	0	1
父母受教育程度	6376	2.947	3.632	0	16
小时相对经济条件					
差很多	6896	0.224	0.417	0	1
差一些	6896	0.166	0.372	0	1
和别人一样	6896	0.518	0.499	0	1
好一些	6896	0.079	0.271	0	1
好很多	6896	0.009	0.096	0	1
社区安全程度					
非常安全	6758	0.481	0.499	0	1
安全	6758	0.436	0.495	0	1
不是很安全	6758	0.061	0.240	0	1
非常不安全	6758	0.020	0.142	0	1
社区整洁程度					
非常干净	6833	0.118	0.323	0	1
干净	6833	0.510	0.499	0	1
不是很干净	6833	0.287	0.452	0	1
非常不干净	6833	0.083	0.276	0	1
现在户籍（农业=1）	7790	0.800	0.399	0	1
婚姻状况（结婚=1）	7799	0.943	0.231	0	1
孩子数目	7801	1.058	0.318	1	7
抽烟	7801	0.034	0.183	0	1
喝酒	7801	0.144	0.351	0	1
党员	7801	0.079	0.270	0	1
职业类型					
自雇农民	6885	0.183	0.386	0	1
农业雇员	6885	0.619	0.485	0	1
非农雇员	6885	0.157	0.364	0	1
非农自雇	6885	0.018	0.134	0	1
家庭自雇帮工	6885	0.006	0.081	0	1
军人	6885	0.014	0.119	0	1

（三） 研究方法

本章研究中的因变量为 15 岁时的自评健康水平、现在的健康水平、成年后的教育获得和财富对数，均为连续变量，因此采用多元线性回归模型。多元线性回归可以建立一系列自变量与因变量间的联系，并估计每个自变量对于因变量的作用参数，使用最小二乘法 OLS 估计出参数。

四　数据分析结果

研究考察青少年健康对于目前情况的影响，因此首先研究青少年健康的影响因素，然后考察健康结果分别对其目前健康状况的影响，对目前教育获得的影响，以及对现在财富获得的效应。

（一） 青少年健康与目前健康水平

1. 青少年健康状况影响因素

青少年健康状况影响因素的多元线性回归模型如表 7 - 2 所示，模型 1 控制了出生世代、当时的户籍类型、性别、兄弟姐妹数，结果显示性别和出生世代在 0.10 的程度上显著。

模型 2 控制当时家庭社会经济变量，父母中是否有党员并不影响被访者小时候的健康状况，父母的教育水平对于青少年健康也没有作用。结果显示，控制其他变量后，最重要的影响就是当时的家境状况，家境状况越好，越有利于被访者小时候的健康，更好的经济基础可以给孩子提供更多的物质支持和保障。

表 7 - 2　青少年健康状况影响因素的多元线性回归模型

变量	模型 1	模型 2	模型 3	模型 4
性别（男 = 1）	0.050 + (0.026)	0.058 * (0.026)	0.063 * (0.026)	0.067 ** (0.026)
出生世代（参照组：1949～1957 年）				
1958～1962 年	0.055 + (0.032)	0.043 (0.032)	0.057 + (0.032)	0.047 (0.031)

续表

变量	模型 1	模型 2	模型 3	模型 4
1963~1974 年	-0.004 (0.031)	-0.011 (0.031)	0.007 (0.031)	-0.000 (0.031)
15 岁户籍（农业=1）	-0.052 (0.047)	0.010 (0.047)	-0.032 (0.046)	0.018 (0.047)
兄弟姐妹数	0.012 (0.007)	0.015* (0.007)	0.012 (0.007)	0.015* (0.007)
父母党员身份（是=1）		0.007 (0.034)		0.004 (0.034)
父母受教育程度		-0.000 (0.004)		0.000 (0.004)
经济比别人（参照组：差很多）				
差一些		0.177*** (0.042)		0.153*** (0.042)
和别人一样		0.280*** (0.033)		0.236*** (0.033)
好一些		0.470*** (0.054)		0.418*** (0.054)
好很多		0.958*** (0.139)		0.853*** (0.139)
社区环境 15 岁（参照组：非常安全）				
安全			-0.111*** (0.027)	-0.098*** (0.027)
不是很安全			-0.427*** (0.055)	-0.384*** (0.055)
非常不安全			-0.302** (0.092)	-0.223* (0.092)
社区整洁 15 岁（参照组：非常干净）				
干净			-0.198*** (0.042)	-0.181*** (0.042)
不是很干净			-0.321*** (0.045)	-0.281*** (0.045)
非常不干净			-0.233*** (0.059)	-0.171** (0.059)
常数项	3.311*** (0.056)	3.019*** (0.065)	3.577*** (0.066)	3.294*** (0.074)

续表

变量	模型 1	模型 2	模型 3	模型 4
样本量	6163	6163	6163	6163
R-squared	0.0011	0.0217	0.0223	0.0401
Log-likelihood	-8848.028	-8780.794	-8778.743	-8727.893

注：用双尾检验：$^+p<0.10$，$^*p<0.05$，$^{**}p<0.01$，$^{***}p<0.001$；括号内数字为标准误。

模型 3 是社区环境模型，在模型 1 基准模型基础上加入社区安全和整洁状况变量，控制其他变量后，社区越危险，对被访者小时候的健康起到的负面作用越大。同样，社区的整洁程度差也会有负面影响，也就是说生活的小区越不干净，被访者小时候的健康状况则越差。孩子是生活在社区中的，社区的整洁和安全影响到孩子的自评健康状况，这一点在前文中已使用 CEPS 数据分析得以验证。使用不同的数据得到同样的结果，显示了结果的稳健性和数据的可信度。

模型 4 是影响青少年时期健康的全模型，数据显示被访者青少年时期健康与家庭社会经济地位和社区环境因素都密切相关，也是再次验证了前文分析的结论，确保了结果的可重复性，也就是说，更好的社区环境和家庭社会经济条件都可以为孩子健康提供支持。

2. 目前健康状况影响因素

CHARLS 的被访者都是中老年人，在 CHARLS 2014 年生命历程回顾的问卷中有问到被访者 15 岁时的健康状况。青少年时期的健康状况对于成年后的健康状况是否有影响，又有怎样的作用？目前健康影响因素的多元线性回归模型如表 7-3 所示。

表 7-3　目前健康影响因素的多元线性回归模型

变量	模型 1	模型 2	模型 3	模型 4
15 岁时自评健康	0.128 *** (0.016)	0.128 *** (0.016)	0.125 *** (0.016)	0.125 *** (0.015)
性别（男 =1）	0.157 *** (0.032)	0.183 *** (0.032)	0.124 *** (0.035)	0.151 *** (0.035)

续表

变量	模型1	模型2	模型3	模型4
出生世代（参照组：1949~1957年）				
1958~1962年	0.079*	0.071+	0.043	0.037
	(0.039)	(0.039)	(0.039)	(0.039)
1963~1974年	0.130***	0.125***	0.070+	0.067
	(0.038)	(0.037)	(0.042)	(0.042)
户籍（农业=1）	-0.161***	-0.174***	-0.046	-0.059
	(0.041)	(0.041)	(0.047)	(0.047)
结婚（是=1）	0.062	0.055	0.047	0.041
	(0.068)	(0.068)	(0.068)	(0.068)
孩子数目	0.025	0.026	0.032	0.033
	(0.050)	(0.050)	(0.050)	(0.049)
抽烟（是=1）		0.024		0.008
		(0.089)		(0.089)
喝酒（是=1）		-0.271***		-0.269***
		(0.045)		(0.045)
党员身份（是=1）			0.138*	0.145*
			(0.057)	(0.056)
受教育程度			0.020***	0.020***
			(0.005)	(0.005)
职业（参照组：自雇农民）				
农业雇员			-0.021	-0.017
			(0.045)	(0.045)
非农雇员			0.073	0.070
			(0.060)	(0.059)
非农自雇			0.217+	0.203+
			(0.114)	(0.113)
家庭自雇帮工			-0.115	-0.112
			(0.186)	(0.185)
军人			-0.258+	-0.236+
			(0.140)	(0.140)
常数项	2.368***	2.415***	2.224***	2.267***
	(0.111)	(0.111)	(0.122)	(0.122)
样本量	3415	3415	3415	3415
R-squared	0.0465	0.0581	0.0582	0.0693
Log-likelihood	-4540.605	-4522.407	-4519.574	-4501.492

注：用双尾检验：$^+p<0.10$，$^*p<0.05$，$^{**}p<0.01$，$^{***}p<0.001$；括号内数字为标准误。

模型 1 加入被访者 15 岁时候的健康水平以及其他控制变量，性别、出生世代、现在的户籍、婚姻状况与孩子的数目。结果显示，控制其他变量，被访者青少年时期的健康状况越好则现在的健康状况也会越好，15 岁时的自评健康水平每提升 1 个单位，现在的健康水平会提升 0.128 个单位（$p <$ 0.001），青少年时期的健康水平和现在的健康水平相对应，青少年时期的健康水平具有延续性，体现的是健康累积性效应。

模型 2 在模型 1 的基础上加入生活方式变量，控制其他变量，抽烟与否在数据上并不影响被访者目前的自评健康状况。但是经常性的饮酒会对健康产生负面影响，相对于不喝酒的群体，喝酒的群体会减少 0.271 个单位的自评健康水平（$p < 0.001$）。但是青少年时期的健康对于目前健康的作用并没有影响，系数和显著性都没有发生变化。

模型 3 在基准模型基础上加入社会经济地位变量（是否为党员、受教育程度、职业类型），控制其他变量，党员比非党员的健康状况指数高 0.138 个单位。受教育程度高的被访者相对于受教育程度低的被访者，都会提高其目前的健康水平，教育程度每提升 1 个单位，现在的健康水平会提升 0.020 个单位（$p < 0.001$）。从职业角度看，非农自雇者比从事农业工作的健康状况好。控制这些变量后，被访者青少年的健康水平每提升 1 个单位，现在的健康水平会提升 0.125 个单位，青少年的健康对于现在健康的效应依然显著。

模型 4 是影响目前健康的全模型，结果显示青少年时期的健康状况与现在的健康状况显著相关，青少年时期健康状况越好则目前的健康状况也更好。其中可以发现青少年时期健康状况对于现在健康状况的作用并不受生活方式的影响，主要是社会经济地位解释了 0.006 个单位。个体的健康水平具有延续性，即使控制了社会经济变量与生活方式变量，青少年时期的健康状况影响到个体成年后的健康水平，这说明个体的健康状况具有累积性效应，小时候越健康，成年后的健康水平也越高，这也体现了健康资本的代内传递。

（二）青少年健康与教育获得

个体的受教育程度会影响他们的生活习惯，也会影响到他们的健康状况。但是健康作为重要的人力资本，拥有健康会带来更多的认知能力与非认知能力，这一点在前文中已经得到论证，进而影响到教育的获得，模型估计结果如表7-4所示。

表7-4　教育获得影响因素的多元线性回归模型

变量	模型1	模型2	模型3	模型4
15岁自评健康	0.201***	0.185***	0.119**	0.118**
	(0.046)	(0.045)	(0.046)	(0.045)
性别（男=1）	2.704***	2.711***	2.740***	2.740***
	(0.094)	(0.093)	(0.093)	(0.092)
出生世代（参照组：1949~1957年）				
1958~1962年	1.710***	1.576***	1.665***	1.550***
	(0.115)	(0.113)	(0.114)	(0.113)
1963~1974年	1.975***	1.741***	1.937***	1.732***
	(0.112)	(0.111)	(0.111)	(0.110)
户籍15岁（农业=1）	-3.937***	-3.406***	-3.704***	-3.265***
	(0.169)	(0.169)	(0.168)	(0.168)
兄弟姐妹数	-0.080**	-0.073**	-0.066*	-0.062*
	(0.027)	(0.026)	(0.026)	(0.026)
父母党员身份		0.948***		0.854***
		(0.122)		(0.121)
父母受教育程度		0.163***		0.148***
		(0.013)		(0.013)
经济比别人（参照组：差很多）				
差一些			0.738***	0.650***
			(0.151)	(0.149)
和别人一样			1.077***	0.945***
			(0.119)	(0.117)
好一些			2.145***	1.757***
			(0.193)	(0.192)
好很多			2.393***	2.024***
			(0.504)	(0.497)
常数项	7.145***	6.142***	6.272***	5.488***
	(0.254)	(0.257)	(0.264)	(0.266)
样本量	6288	6288	6288	6288
R-squared	0.2153	0.2445	0.2342	0.2575
Log-likelihood	-17170.424	-17051.367	-17093.938	-16996.881

注：用双尾检验：$^+p<0.10$，$^*p<0.05$，$^{**}p<0.01$，$^{***}p<0.001$；括号内数字为标准误。

模型1为基准模型，控制性别、出生世代、户籍、兄弟姐妹数，被访者青少年时期的健康状况越好，成年后将获得更高的受教育程度。青少年时期健康状况每提升1个单位，最后的教育获得会多0.201年（$p < 0.001$）。

模型2加入了父母的政治面貌和受教育程度这两个变量，控制其他变量，父母中有党员的家庭比非党员家庭获得更多的教育，父母的教育水平越高，被访者的教育水平也越高，这就是教育的代际传递过程。

模型3加入被访者小时候的家庭经济状况变量，控制其他变量，小时候的家庭经济状况越好，被访者教育获得的更多。

模型4是影响教育获得的全模型，控制了其他变量，青少年时期的健康状况对于成年后被访者的教育获得仍保持着积极作用，青少年时期健康水平每提升1个单位，被访者成年后的教育获得会提升0.118年（$p < 0.01$）。除此之外，出生世代越年轻的被访者，其受教育的水平越高，这与教育普及的大环境相关。农业户籍群体比非农户籍群体的教育获得少，这说明教育获得存在城乡差异。父母的政治面貌和受教育程度，以及经济条件都会对孩子的教育获得产生影响，更好的社会经济地位会增加孩子的教育获得，这是社会资本的再传递。而青少年时期健康的作用一部分被青少年时期家庭经济条件所解释，但是青少年时期健康对成年后教育获得有稳健的促进作用，这是健康作为健康资本对于教育的作用。青少年时期健康状况越好，成年后教育获得的越多，假设得到了验证。

（三）青少年健康与财富获得

研究不平等的学者更多关注的是收入不平等，因为收入可以最直接地展现获得的差异。那么青少年时期的健康状况是否会影响到个人成年后的财产收入状况呢？个体财产影响因素的多元线性回归模型如表7-5所示。

表7-5 个体财产影响因素的多元线性回归模型

变量	模型1	模型2	模型3	模型4
15岁时自评健康	0.165** (0.053)	0.143** (0.053)	0.101+ (0.053)	0.086 (0.053)

续表

变量	模型 1	模型 2	模型 3	模型 4
性别（男=1）	0.477 ***	0.208 +	0.396 ***	0.149
	(0.109)	(0.119)	(0.108)	(0.118)
出生世代（参照组：1949~1957 年）				
1958~1962 年	0.236 +	0.117	0.207	0.109
	(0.134)	(0.135)	(0.132)	(0.134)
1963~1974 年	0.487 ***	0.438 **	0.423 ***	0.412 **
	(0.128)	(0.143)	(0.127)	(0.142)
户籍（农业=1）	-0.750 ***	-0.276 +	-0.673 ***	-0.268 +
	(0.142)	(0.163)	(0.141)	(0.161)
结婚（是=1）	0.510 *	0.443 +	0.478 *	0.421 +
	(0.239)	(0.237)	(0.237)	(0.235)
孩子数目	0.013	0.060	0.016	0.058
	(0.170)	(0.169)	(0.168)	(0.167)
党员身份（是=1）		0.204		0.141
		(0.196)		(0.195)
受教育程度		0.089 ***		0.079 ***
		(0.016)		(0.015)
职业（参照组：自雇农民）				
农业雇员		0.460 **		0.471 **
		(0.154)		(0.153)
非农雇员		0.562 **		0.513 *
		(0.207)		(0.205)
非农自雇		0.650		0.514
		(0.403)		(0.399)
家庭自雇帮工		0.635		0.595
		(0.651)		(0.645)
军人		1.474 **		1.565 ***
		(0.466)		(0.462)
现在自评健康			0.478 ***	0.447 ***
			(0.058)	(0.058)
常数项	5.952 ***	4.847 ***	4.754 ***	3.812 ***
	(0.379)	(0.417)	(0.402)	(0.434)
样本量	2862	2862	2862	2862
R-squared	0.0260	0.0451	0.0487	0.0646
Log-likelihood	-7086.071	-7057.749	-7052.294	-7028.148

注：用双尾检验：+ $p<0.10$，* $p<0.05$，** $p<0.01$，*** $p<0.001$；括号内数字为标准误。

模型 1 为影响财产差异的因素模型，控制性别、出生世代、户籍、婚姻状况、孩子数目等变量后，青少年时期的健康状况越好，现在财产数量会越多。具体来说，青少年时期健康水平每提升 1 个单位，被访者现在的财产会增加 0.165 个单位（$p < 0.01$）。

对于个体的收入与财产获得来说，政治面貌、受教育程度、职业都是主要因素，但是模型 2 控制了这些因素，青少年时期的健康状况对于财产的影响系数只减少了 0.022 个单位，显著性并没有减弱。结果说明，青少年时期的健康状况是影响成年后财产获得的重要因素，并且十分稳健。另外，如前文研究所证明的，职业和教育是影响个体财产的重要方面。

模型 3 加入了现在的健康状况，青少年时期的健康状况对于个人财产的影响降低，只在 $p < 0.10$ 上显著，因为青少年时期的健康状况与现在的健康状况是高度相关的，结果显示健康状况具有持续性作用。

模型 4 是全模型，加入了个体的教育、职业、政治面貌和目前的健康状况，青少年时期的健康状况变量对于目前财产的影响不显著了，这说明青少年时期健康状况对于现在财富的影响，被现在社会经济地位和目前健康状况所解释。个体现在的健康状况有利于财富获得，青少年时期的健康状况通过现在的健康状况对财产起到积极作用。

五　小结

在影响青少年健康的分析中，家庭经济状况好的群体健康状况也更好。在研究中发现，家庭社会经济地位越高，反而会减少青少年抽烟喝酒等行为的形成，而且社会经济地位高的家庭会给孩子更多的关注和交流，这些都会有助于孩子身心健康发展。同时发现，社区环境对于青少年健康也是重要的影响因素，青少年时期生活的地方整洁和安全，会提高青少年的健康水平，在整洁、安全环境中成长起来的孩子，比那些在脏乱、危险地方成长起来的孩子的心理压力更小。研究表明，拥挤的住房、低劣的房屋质量、嘈杂、贫穷、交通不畅、邻里冲突、社会排斥等都会给孩子带来压力，这对孩子成长与发展都是不利的（马格特·派瑞欧、崔效辉，2008）。在 Hu and Coulter（2017）用 2010 年中国家庭追踪调查数据分析社会经济不平等下的"蜗居"现象，其与心理健康的关系描绘出了城市住房问题的双重"危机"，住在里面的人会产生心理压力。而且社区环境因素及时控制了经济状况，也呈现出稳健的影响。

在研究分析青少年时期健康水平的影响因素时，一方面不同的数据（CEPS 和 CHARLS）都验证了社区因素和家庭社会经济因素对于健康作用的稳健性和可重复性；另一方面，证明了 CHARLS 2014 这个回溯性调查数据的质量和科学性。那么在后续分析青少年时期健康对现在获得的结果中，则用目前健康、教育获得、财产收入作为目前的回报。在被访者目前健康状况形成的分析中，青少年时期的健康状况对于现在健康状况的影响也是稳健的。即使控制了现在的婚姻、生活方式、党员、受教育程度、职业，也无法解释被访者青少年时期健康状况对于现在健康状况的显著性作用，而以往的研究只是关注社会经济地位的影响，如研究表明，在中国高龄老人群体中，青少年时期不好的家庭背景将长期影响老年人死亡的风险（沈可，2008）。而本研究则证明了健康也是可以从小延续到大的，青少年时期的健康对个体来说十分重要。

在被访者教育获得的因素分析中，青少年的健康水平变量一直影响着被访者最后的教育获得。因为在 CHARLS 数据中我们的被访者都是中老年人，他们的教育获得基本是一个恒定的值，不会再有太大的变动。在分析中发现，青少年时期越健康的个体到成年后受教育年限越多，这是在控制了父母的受教育程度、政治面貌和家庭社会经济地位的情况下得出的结论。在第六章的分析中也探究了其中可能的中介因素，孩子小时候的健康状况影响其认知能力和考试成绩，同时还影响其社会交往和自我效能感，这些能力对于孩子的成长和发展都至关重要。相反地，身体差的孩子则在这些方面存在劣势，从而使教育受损。

对于不平等研究，尤其是对于成年人来说，收入和财产是重要显示不平等测量的结果变量。在影响被访者目前财产的因素中，青少年时期的健康对于目前财产获得也有影响，青少年时期健康状况越好越可能获得更多的财富。在控制被访者本人的政治面貌、受教育程度、职业后，青少年时期健康变量系数有所减少，因为青少年健康对教育获得有积极作用。在控制现在的健康状况后，青少年的健康状况对于财富的积极作用减少，这是因为小时候的健康状况对于现在的健康状况起到重要作用。因此，教育和现在的健康状况成为青少年时期健康对于现在财富获得的中介变量，青少年时期的健康状况通过增加被访者的教育获得和改善现在的健康状况而作用于财富获得。

本章和前文的分析，表明健康需要在一个生命历程的视角下去分析，分析它给个体一生带来的作用。重大事件对于个体的影响超出了当时的结果，是一个时间的概念，而不是静止的影响。这其实也是大多数健康不平等研究所没有考察到的，将个体放入社会结构中，个体青少年时期的健康状况不只是影响到当时的他，还会影响到以后的他，不只会影响到他个人的身体健康，还会影响到教育和财富获得。青少年正处在个体身心成长的阶段，这个时间内的健康结果对他一生都很重要，因此需要关注这个群体在健康方面的不平等，这是一种社会不平等发生的重要机制。

第八章

结论与讨论：健康的再生产

　　第四章和第五章研究了青少年（初中生）健康不平等的多种因素与机制，表明从孩子个体层面、家庭层面到社区层面都与健康不平等有着密切的关联。第六章和第七章则分别从近期和远期分析了青少年时期健康不平等产生的影响，而本章则是进一步总结和论述这样一个健康传递的过程。传递过程总体来说就是优势阶层通过各种方式影响子代的健康状况，而同时健康状态成为分层机制中重要的保障，也能促进子代在竞争中获得更多的回报，又会影响新的阶层获得。而这整个过程就是健康不平等的再生产。

一　健康的生产：地位获得

　　马克思和韦伯对于社会分层给予了极大的关注，并形成了社会学两种不同的社会分层研究路径（格伦斯基，2005）。社会学家不仅用分层指标对社会进行阶层划分，而且关注到社会阶层的再生产过程。除了延续马克思和韦伯的传统对社会阶层按照一定的指标进行结构特征的划分，社会学家还研究社会阶层的变动情况。布劳（Blau，1977）在分析社会阶层的形成时区分了先赋性因素和自致性因素。先赋性因素来自父亲的阶层地位，其构成了个人社会分层的起点；自致性因素则在于个人的能力特别是受教育程度所带来的作用，先赋性因素和自致性因素构成了个人的社会层级或地位。在布劳和邓肯的地位获得模型中，父亲的受教育程度作为先赋性因素的指标，对子女的地位获得起到决定性的影响。父代和子代通过这种机制，实现了阶层的传承和再生产（格伦斯基，2005）。布劳和邓肯的地位获得模型在学术界得到了广泛的运用与发展。其中著名的威斯康星模型是指20世纪60年代末，威斯康星学派认为心理因素需要放入模型中而产生。威斯康星学派不只关注教育和地位获得的解释，还增加了"学业成绩""智力"等变量。

地位获得是社会分层研究的重要方面，自布劳和邓肯之后，地位获得也是社会分析研究的焦点。其中教育是地位获得模型中重要的变量，布迪厄的文化资本理论分析了文化资本的再生产，从而导致社会的再生产（仇立平、肖日葵，2011）。布迪厄虽然也关注教育对社会分层所起的作用，但他的理论关键在于所划分的三类资本以及这三类资本的转换机制。经济资本、文化资本以及社会资本是布迪厄所划分的三类资本，这三类资本之间可以实现转换。例如，文化资本可以转化成经济资本，也可转化成社会资本，其中品位成为界定阶层的关键因素（Bourdieu，1996）。基于文化资本的子女教育获得则显示了阶层的传承和再生产过程（布迪厄、帕斯隆，2002）。

列斐伏尔（2008）从空间占有的角度透视社会分层的形成，并将空间分析视角纳入社会学研究中。政治权力对空间进行划分，社会优势阶层对这些空间的占有，也意味着同时占有了依附于空间的其他社会资源。社会优势阶层对这部分空间的垄断性使用，排斥其他阶层的进入。空间的占有维持了优势阶层的再生产，弱势阶层失去上升的机会。

中国在地位获得研究则有进一步发展，边燕杰等（2006）则认为在中国研究中单位和地区间的结构分割，对于地位获得意义重大，体制转型、结构壁垒和地位资源含量三者之间有着密切关系。吴愈晓（2011）对经济地位获得进行研究，他指出人力资本因素对经济地位获得有明显的部门差异，高学历和低学历在不同部门是有差异，部门间产生了二元路径。李春玲（2006）则考察了流动劳动力与非流动劳动力的地位获得情况。学者也进一步丰富了性别视角下的布劳邓肯模型，纳入母亲的影响，对于子代的教育获得，父亲因素（教育、职业）对男性教育获得的影响更大，母亲因素（教育、职业）对女性教育获得的影响更大。在职业地位获得上，父亲对子代的总效应要高于母亲（田志鹏、刘爱玉，2015）。

综上可见，地位获得模型最开始注重教育的作用，研究表明受教育程度高的父母会将教育资本传递给子代，从而实现教育的代际传递，而父母的受教育水平影响子女的观念和受教育水平。同样，健康资本可以为处于劣势的群体提供向上流动的途径。健康状况越好的个体越有可能向上流动，较好的健康传递有助于中下层子女向上流动，也有助于防止子女向下流动。健康本身就是重要的人力资本，而本研究就是将健康因素纳入地位获得中，家庭的优势地位（社会经济地位）可以通过不同的机制作用于孩子的早期健康，产生不同的健康效应，而早期健康本身具有累积性特征。早期健康也在子代代内进行传递，它会直接影响到子代的发展能力（认知和非认知能力），对于成年后的教育、健康和财富获得都具有显著作用。早期健康本身是父代阶层通过优势地位进行传递，子代的健康又继续传递了父代的优势，早期健康不平等则是重要的阶层传递中介和机制。

二 青少年健康不平等生成机制

收入因素对于健康不平等有着重要的影响，并且许多学者都证实收入高的群体会获得更好的健康状态。可见经济剥夺现象和剥夺加剧对健康是有影响的，但是经济因素不能解释所观察的全部差异。有研究考察教育和健康的作用，加入教育后发现收入因素的作用消失了（德吕勒，2009：194）。另外，社会阶层和收入之间联系得到验证，即使随着经济的发展收入总量的趋同并不一定能缩小健康的差异，因此还有非经济因素。

非经济因素包括工作、教育等很多方面。比如工作角色和工作强度，劳动者在劳动中不同程度的损耗、卫生条件，以及所受到的精神压力都会影响健康状况。另外生活条件，住房和生活环境对健康也具有影响，住房的私密性和个体性对健康的影响，社会学在这方面研究会对公共卫生等提供支持和补充。健康是需要多元解释的，并不是社会经济地位单因素可以解释的，也不是强制的社会医疗政策或者其他可以解释的（德吕勒，2009：220~230）。随着医疗技术和卫生水平的提高，身体的健康状况不平等不是依赖于医疗水平，主要是生存的区域、空气、食物和社会安全，而这些要素都与所处的社会环境密切相关（斯图克勒、巴苏，2015）。

在中国，改革使社会生活的体制和规则变化，本质上改变了人与人、群体与群体的关系。社会分层结构组成社会各群体间的关系体系，从政治、经济、社会地位的差异来考察，可以发现形成了可以持续的社会关系体系。社会学更多关注的是社会分层结构的变化，社会分层结构是政治、经济、意识形态等变化的结果，同时也是推动变革的动力，因此处于核心的位置（李强，2008）。社会分层结构的变化影响着人们的劳动、住房、生活的各个方面，因此对其健康也会产生较大的影响。本书探讨的就是社会阶层与健康不平等，主要以青少年（初中生）的健康不平等为证据，分析在整个社会变迁中，谁得到了健康，为什么得到健康，得到之后又怎么样。

"谁得到了健康"，这是本书的第三章描述性分析所呈现出来的。在中国家庭社会经济地位、户籍、性别、地区等因素都会造成青少年时期健康的不平等。"为什么得到健康"，即影响健康不平等的因素，这点可以从第四章和第五章的分析得出。我们考虑到影响因素与自身远近的关系，以及多层因素影响健康，因此从个体层面的生活方式角度，家庭层面的居住方式，朋友关系的社会网络因素，社区产生的邻里效应等多角度分析青少年时期健康不平等的机制，在最后则研究父代优势的社会经济通过什么机制影响子代的青少年时期健康不平等。

（一）　生活方式与健康不平等

第四章分析影响青少年时期健康不平等的因素时，发现家庭社会经济地位越高，越有利于孩子健康水平的提升，不仅体现在自评健康水平和精神健康状况方面，还会减少青少年的生病概率。另外一方面，生活方式对于提升孩子的健康水平十分重要，健康的生活方式可以给青少年带来健康的身心。并且孩子的生活方式与家庭社会经济地位对于健康的作用都是相互独立的，健康的生活方式并不能成为家庭社会经济地位对健康作用的间接效应。

生活方式对于孩子健康不平等的影响十分显著，直接影响孩子的健康（自评健康、精神健康和客观健康）水平，在饮食习惯方面，吃不健康食物（如油炸等快餐食物）与喝不健康饮品（含糖饮料，如奶茶；碳酸饮料，如可乐）都会对健康产生负面的效应。对于初中生来说，这时正是身体发育的时候，抽烟喝酒行为会给身体带来极大的危害，另外青少年时期的抽烟喝酒更多代表了与不良同辈在一起的可能性比较大，对于他们心理健康也会产生巨大的负面影响，因此在分析结果中也显示有抽烟喝酒行为的学生会降低自评健康水平、精神健康水平，提高生病频率。结果显示锻炼频率越高，青少年的健康（自评健康和精神健康）水平会越高，适当的锻炼可以提升身体机能，也可以缓解压力，在结果中虽然系数显示锻炼可以降低生病频率，但没有统计学上的意义。

生活方式与社会经济地位的关系，以往的研究结果显示生活方式是社会经济地位的中介变量（王甫勤，2011），社会经济地位通过影响生活方式，从而影响到个体健康。分析结果则显示在影响青少年自评健康的因素中，生活方式与家庭社会经济地位对于结果影响是独立的。在精神健康和客观健康（生病频率）方面，生活方式提高了社会经济地位对于健康的影响程度。

进一步分析生活方式的影响因素，家庭社会经济地位越高的家庭孩子越可能吃不健康的食物与喝不健康的饮品。饮食习惯方面，在中国青少年身上呈现出来的并不是家庭经济条件越好饮食习惯越健康的现象，而是相反的。中国的大多数父母对于孩子都是不计回报的给予，尤其在饮食方面，但是他们没有认识到这些东西对于健康的作用。在中国，快餐，奶茶、可乐等都属于较高层次的消费品，反而经济条件好的家庭才会有更多消费的可能性，这与中国目前的发展阶段和父母的健康饮食意识息息相关，同时在描述性统计分析部分也表明，在社会经济地位高的家庭中，不健康饮食频率在降低。

抽烟喝酒行为对家庭社会经济地位的影响有统计学上的意义，家庭经济条件的好和坏都会影响孩子的抽烟喝酒行为，越好的家庭越会增加孩子抽烟喝酒的可能。青少年的运动频率则与家庭社会经济地位密切相关，在经济条件好的家庭中的孩子也会提高运动频率。运动成为高社会阶层生活方式的体现，这与西方的研究一致，布迪厄从饮食和运动偏好上研究不同阶层的区隔，他认为专业技术阶层注重保持体型，工人阶层注重维持体能，而没有那么注重体型（Cockerham，2009）。生活方式影响青少年的健康，但是生活方式不是家庭社会经济地位影响青少年健康的间接变量，而是直接变量，另外生活方式是具有阶层性的。父代优势的社会经济地位可以帮助子代建立良好的生活方式，但是在中国目前发展阶段中，只有锻炼身体可以反映出阶层越高锻炼越多的现象。

（二）居住方式与健康不平等

随着制度转变和社会变迁，人们的居住方式也发生变化。生育率降低以及养育成本变高的城市化都会带来影响，同时孩子的健康是与家庭因素密切相关，以及父母的生活方式、饮食习惯都会影响孩子的健康。随着迁移人口的增多，大批人员外出工作，进而产生留守儿童现象，或者通过迁移而变化的经历都会对健康产生影响。

从分析结果看，与双亲同住家庭比起来，不完整家庭（不与双亲同住的家庭）的健康（自评健康和心理健康）状况更差。在青少年时期自评健康影响因素中，家庭社会经济地位变量减小了母亲同住在家所带来的健康损耗，即社会经济条件好则减小非双亲同住带来的负面作用。最主要的影响因素还是父母的监管和互动，同与双亲同住的家庭相比，不与双亲同住的家庭在监管和互动上面则会相差很大，而这些对于孩子自评健康有着积极作用，比如可以提升精神健康，减少孩子抽烟喝酒行为的发生等。

居住方式的影响机制在心理健康方面则更加明显。加入家庭社会经济地位后，母亲同住变量在对于精神健康负面的显著性消失，说明母亲同住家庭与双亲家庭相比的健康差异主要是因为家庭经济条件的差异造成的。在分析中发现，母亲同住家庭在几种家庭类型中社会经济地位最薄弱，可见对于精神健康的损耗是因为家庭经济差。另外父母互动变量的加入把母亲同住和父亲同住两种居住方式的损耗也解释了，说明缺乏与父母的互动是只有一方父母带的家庭精神健康损耗的主要原因。居住方式带来的健康危害则也在青少年的客观健康（有没有经常生病）上体现出统计学意义，两者在数据结果中并没有显著相关。

在分析中我们也看出双亲同住家庭的社会经济地位更高，另外双亲同住的家庭对于孩子的监管和互动、对于孩子生活习惯的养成都具有积极作用。而经济剥夺、坏的生活习惯、缺乏家长互动监管都是造成非双亲同住家庭健康受损的重要机制。更高的家庭社会经济地位则会减少非双亲同住的产生，这其实是一种优势地位通过居住方式造成的子代健康不平等机制。

（三）同辈群体与健康不平等

同辈群体因素主要从社会网络的视角考察，社会网络代表个体的社会结构和所获得社会支持的可能，网络质量（好朋友中是否有抽烟喝酒的）越差则对于孩子的健康（自评健康和精神健康）有着极大的负面影响，同辈中有抽烟喝酒的会增加被访者自身抽烟喝酒的可能。网络规模越大代表社会支持的资源越多，这样则更有利于孩子的健康（自评健康、精神健康和客观健康）。越大的社会网络规模和越高的互动频率，有助于孩子困难和压力的缓解，也可以提供更多的社会支持，因此有助于健康（自评健康和精神健康）。

而在优势地位的家庭中，子代的朋友数量会随着家庭社会经济地位提升而增加，这样会使孩子有更大的网络规模和社会支持。同时也会提高网络质量，父代优势地位提高，朋友中有抽烟喝酒的比例减少，并且与朋友的互动频率增大，这些都有助于子代健康不平等的生成。

（四）社区因素与健康不平等

在住房改革之前，每个社区的资源分配是处于类似均等分配的情况，住户类型也是同一单位的成员，或者其他群体混合居住。但是住房市场化之后，房价的筛选机制和房子的位置使教学、医疗资源、环境等不均等的分配，从而导致了健康保障的不平等，进而产生健康结果的不平等。中国社会变迁的视角下，家庭经济地位高的家庭可以选择环境更为友好的地方。研究表明拥挤的住房、低劣的房屋质量、嘈杂、贫穷、交通不畅、邻里冲突、种族歧视和社会排斥等都会给孩子带来压力，这对孩子的成长与发展都是不利的（马格特·派瑞欧、崔效辉，2008）。

在社区中家庭相对收入差，则会对孩子的健康产生危害。家庭房屋质量越好，子代的健康水平则越高，另外社区环境好有助于孩子更加健康，社区环境好则代表安全、卫生、无污染。在分析中发现社区对于青少年时期健康不平等产生的几个因素，家庭社会经济地位越高的家庭则会占有优势，他们会为孩子选择环境更好的社区居住，创造更卫生的生活空间（有独立卫生间），从而有助于孩子青少年时期健康状态的产生。

三 青少年时期健康不平等的结果

回归到中国情境的研究中，制度和社会结构的变化会对健康不平等产生作用，从李强《中国社会变迁 30 年（1978—2008）》书中的论述可以得知改革之前的中国社会分层结构有两个特征。一是非财产型的社会分层结构，20 世纪 50 年代中期到 70 年代末，中国社会分层的主导力量是政治分层，阶级成分、政治面貌在分配中占有重要的地位（李强，2008）。二是整个社会是比较"均等化"的收入分配政策。均等化也体现在其他方面：就业率提高，普遍就业增加收入均等化，社会经济地位平等化倾向；教育均等化；基本的医疗卫生服务均等化，六七十年代，城镇公费医疗覆盖几乎所有参与工作者，农村合作医疗覆盖 90% 农村人口。收入分配政策均等化，但实际上差别还是存在的。

本书研究青少年（初中生）的健康不平等，父代的社会经济地位对于孩子健康影响的各个因素的产生都是有影响的，家庭社会经济地位高的家庭则通过不同的机制作用于孩子的青少年时期健康状况，在自评健康中，主要通过父母更多的照顾和监管、更多好朋友与互动、更好的社区居住环境和住房质量这三个方面解释父代的社会经济地位对于青少年时期自评健康的影响。

在精神健康方面和客观健康（是否经常生病），父母的因素包括父母的生活习惯（抽烟、喝酒），以及好朋友的生活习惯与支持，这些解释了家庭社会经济地位对于青少年时期健康（精神健康和客观健康）的作用，这两个任何一个都可以单独作为解释机制。更高的家庭社会经济地位，会提高与孩子的互动频率，并且降低对孩子的教育期望压力，这都会有助于缓解孩子的精神压力。社会经济地位高的家庭有助于孩子健康，不管是综合性的自评健康、精神健康，还是客观健康，因此我们可以说父母的阶层影响子代的健康水平。

青少年时期健康不平等产生的结果是怎么样的，我们从生命历程的角度，在一个长期的发展过程中考察青少年时期健康的作用，也是将之前对于健康研究从静态视角转为动态视角。我们首先从较短的时间维度，即上年的健康状况对于本年的孩子能力发展的作用。从长时间的发展维度来看，青少年时期的健康状况对于个人成年后的健康状况、教育获得以及财产获得的影响，其实教育、健康、财产是社会经济地位的重要方面，可以认为是衡量阶层地位的关键变量。结果显示，青少年时期的健康（自评健康、精神健康和客观健康）状况对于自身的发展起到促进作用，更好的早期健康状况可以增强认知能力（认知测试得分和考试成绩）和非认知能力（自我效能感和社会交往能力）。这就意味着更健康的孩子拥有更强的发展能力，更高的考试成绩和更强的认知能力，更强的反应能力和与别人交往的能力，这些能力对于孩子成长发展都至关重要。

而从长时期的生命历程看，青少年时期的健康会一直伴随并影响个体的发展。通过 CHARLS 的数据分析发现，青少年时期的健康状况对于成年后的教育获得、目前健康状况、财富获得都有影响，在青少年时期有个健康的身体，那么成年后的身体健康水平也不会差，这是由身体的延续性和累积性决定的。同时青少年时期健康会增加最后的教育获得，进而会增加个体的财产获得。青少年时期的健康状况会持续个体的一生，也会影响到发展能力和最后的发展结果，社会经济地位和阶层的形成。

改革后分层结构的变迁，90 年代国企改革、单位制改革；城市住房、医疗、养老、就业体制的改革，社会分层的结构变化：身份制度的变迁，突破了之前的户籍限制；单位级别和干部级别为基础的分层机制变迁；取代传统先天身份指标；产权排他性更突出等（李强，1998：20～40）整个社会变成了经济分层取代政治分层。随着经济市场化转型，中国的医疗卫生体系也经历了改革，城镇公费、劳保医疗制度转为职工医疗保险制度，农村合作医疗制度解体、恢复，又重新建立，医疗卫生体制及药品生产流通体制都进行了改革。这不会局限于系统结构层面，收入分配差距、医疗卫生系统内外都会综合反映在健康水平和分布上，这些都会影响平等性（刘慧侠，2011：5～10）。

本研究对于青少年时期健康的产生机制和结果的研究，整个过程是父代优势社会经济地位的再生产过程，从而影响子代的地位获得。本研究只是研究青少年时期健康这个过程和机制，然而并不是说通过教育传递的机制不存在，而是展现出另外一种机制和路径，青少年时期健康的生产也是阶层生产的重要方面，也会影响地位获得。

综上所述，从理论和实证研究上都可以发现分层机制与青少年时期健康不平等有着密切的关系，因为收入因素并不是唯一确定影响健康不平等的因素，非经济因素也很重要。而非社会因素处在特定的社会结构中，这些都是关联的，青少年时期健康影响子代的地位获得，同时也产生了新的机制。青少年的健康不平等，体现的不仅是健康不平等影响地位获得，也是重要社会分层机制。

参考文献

埃尔德，2002，《大萧条中的孩子们》，田禾、马春华译，译林出版社。

包蕾萍，2006，《习俗还是发生？——生命历程理论视角下的毕生发展》，《华东师范大学学报》（教育科学报）第 3 期。

鲍常勇，2009，《社会资本理论框架下的人口健康研究》，《人口研究》第 2 期。

边燕杰，2004，《城市居民社会资本的来源及作用：网络观点与调查发现》，《中国社会科学》第 3 期。

边燕杰、李路路、李煜、郝大海，2006，《结构壁垒、体制转型与地位资源含量》，《中国社会科学》第 5 期。

边燕杰、卢汉龙、孙立平，2002，《市场转型与社会分层：美国社会学者分析中国》，生活·读书·新知三联书店。

边燕杰、吴晓刚、李路路，2008，《社会分层与流动：国外学者对中国研究的新进展》，中国人民大学出版社。

布迪厄、帕斯隆，2002，《再生产——一种教育系统理论的要点》，刑克超译，商务印书馆。

陈那波，2006，《海外关于中国市场转型论争十五年文献述评》，《社会学研究》第 5 期。

陈云松、范晓光，2010，《社会学定量分析中的内生性问题测估社会互动的因果效应研究综述》，《社会》第 4 期。

陈苗、East wood、颜子仪、姚炜，2006，《中国儿童营养不良的不平等：所居之处实为重要》，《世界经济文汇》第 1 期。

池上新，2014，《社会网络、心理资本与居民健康的城乡比较》，《人口与发展》第 3 期。

仇立平、肖日葵，2011，《文化资本与社会地位获得——基于上海市的实证研究》，《中国社会科学》第 6 期。

崔斌、李卫平，2009，《健康性别不平等与政府卫生预算的社会性别分析》，《人口与发展》第 1 期。

邓建伟、董藩，2001，《生命历程理论视野中的三峡移民问题》，《株洲师范高等专科学校学报》第 1 期。

邓曲恒，2010，《中国城镇地区的健康不平等及其分解》，《中国社会科学院研究生院学报》第 5 期。

杜本峰、王旋，2013，《老年人健康不平等的演化、区域差异与影响因素分析》，《人口研究》第 5 期。

方长春，2009，《地位获得的资本理论：转型社会分层过程的一个研究视角》，《贵州社会科学》第 10 期。

方亚琴、夏建中，2014，《社区、居住空间与社会资本——社会空间视角下对社区社会资本的考察》，《学习与实践》第 11 期。

封进、余央央，2007，《中国农村的收入差距与健康》，《经济研究》第 1 期。

冯显威，2010，《医学社会学的演变与健康社会学的现状和发展前景》，《医学与社会》第 7 期。

高红霞、刘露华、李浩淼、金廷君、施利群、陈迎春、徐娟，2016，《基于家庭结构和功能视角的农村留守家庭健康状况分析》，《医学与社会》第 7 期。

高明华，2013，《教育不平等的身心机制及干预策略——以农民工子女为例》，《中国社会科学》第 4 期。

高兴民、许金红，2015，《社会经济地位与健康不平等的因果关系研究》，《深圳大学学报》（人文社会科学版）第 6 期。

格伦斯基，2005，《社会分层》，王俊译，华夏出版社。

顾和军、刘云平，2012，《中国农村儿童健康不平等及其影响因素研究——基于 CHNS 数据的经验研究》，《南方人口》第 1 期。

关颖，2003，《家庭结构的涵义及类型》，《家教指南》第 2 期。

何雪松、黄富强、曾守锤，2010，《城乡迁移与精神健康：基于上海的实证研究》，《社会学研究》第 1 期。

贺寨平，2001，《国外社会支持网研究综述》，《国外社会科学》第 1 期。

侯珂、邹泓、刘艳、金灿灿、蒋索，2014，《同伴团体对青少年问题行为的影响：一项基于社会网络分析的研究》，《心理发展与教育》第 3 期。

胡安宁，2014，《教育能否让我们更健康——基于 2010 年中国综合社会调查的城乡比较分析》，《中国社会科学》第 5 期。

胡琳琳，2005，《我国与收入相关的健康不平等实证研究》，《卫生经济研究》第 12 期。

胡荣、陈斯诗，2012，《影响农民工精神健康的社会因素分析》，《社会》第 6 期。

黄建始，2004，《最大的回报——健康投资》，中国协和医科大学出版社。

黄洁萍，2014a，《社会经济地位对健康的影响机理分析》，经济科学出版社。

黄洁萍，2014b，《社会经济地位对人口健康的影响机制研究进展》，《北京理工大学学报》（社会科学版）第 6 期。

黄洁萍、尹秋菊，2013，《社会经济地位对人口健康的影响——以生活方式为中介机制》，《人口与经济》第 3 期。

黄津芳、刘玉莹，2000，《护理健康教育学》，科学技术文献出版社。

黄潇，2012，《与收入相关的健康不平等扩大了吗》，《统计研究》第 6 期。

黄洋洋、王曼、杨永利、施念、田甜，2013，《河南省居民期望寿命及与经济和卫生事业发展的关系》，《郑州大学学报》（医学版）第 5 期。

江捍平，2010，《健康与城市：城市现代化的新思维》，中国社会科学出版社。

蒋琴华、钱佳红，2010，《高职院校大学生的生活方式与体质健康——以江苏省部分高职院校为例》，《江苏社会科学》第 1 期。

焦开山，2014，《健康不平等影响因素研究》，《社会学研究》第 5 期。

解垩，2009，《与收入相关的健康及医疗服务利用不平等研究》，《经济研究》第 2 期。

科洛斯尼齐娜、西季科夫、张广翔, 2014, 《影响健康生活方式的宏观因素》, 《社会科学战线》第 7 期。

孔炜莉, 2009, 《社会网络对留守儿童身心健康的影响》, 《宁夏社会科学》第 2 期。

赖文琴, 2000, 《不同家庭结构类型高中生心理健康状况比较》, 《健康心理学杂志》第 1 期。

李春玲, 2006, 《流动人口地位获得的非制度途径——流动劳动力与非流动劳动力之比较》, 《社会学研究》第 5 期。

李建新、夏翠翠, 2014, 《社会经济地位对健康的影响: "收敛" 还是 "发散" ——基于 CFPS 2012 年调查数据》, 《人口与经济》第 5 期。

李强, 2004, 《当前我国社会分层结构变化的新趋势》, 《江苏社会科学》第 6 期。

李强, 2008, 《中国社会变迁 30 年 (1978—2008)》, 社会科学文献出版社。

李强、邓建伟、晓筝, 1999, 《社会变迁与个人发展: 生命历程研究的范式与方法》, 《社会学研究》第 6 期。

李亚慧、刘华, 2009, 《健康人力资本研究文献综述》, 《生产力研究》第 20 期。

李永强、黄姚, 2014, 《个性特征与社会网络特征的关系及其本土化发展》, 《心理科学进展》第 11 期。

李志刚, 2008, 《中国城市的居住分异》, 《国际城市规划》第 4 期。

理查德·威尔金森、凯特·皮克特, 2010, 《不平等的痛苦: 收入差距如何导致社会问题》, 安鹏译, 新华出版社。

梁君林, 2010, 《西方健康社会学研究的发展》, 《国外社会科学》第 6 期。

列斐伏尔, 2008, 《空间与政治》 (第 2 版), 李春译, 上海人民出版社。

刘宝、胡善联, 2003, 《收入相关健康不平等实证研究》, 《卫生经济研究》第 1 期。

刘慧侠, 2011, 《转型期中国经济增长中的健康不平等研究》, 中国经济出版社。

刘军, 2009, 《整体网分析讲义》, 上海人民出版社。

刘林平、郑广怀、孙中伟, 2011, 《劳动权益与精神健康——基于对长三角和珠三角外来工的问卷调查》，《社会学研究》第 4 期。

刘民权、顾昕、王曲，2010，《健康的价值与健康不平等》，中国人民大学
　　出版社。

刘晓婷，2014，《社会医疗保险对老年人健康水平的影响基于浙江省的实证
　　研究》，《社会》第 2 期。

吕朝贤，2006，《贫困动态及其成因——从生命周期到生命历程》，《台大社
　　会工作期刊》第 14 期。

马格特·派瑞欧、崔效辉，2008，《邻里关系对孩子成长及社区生活品质的
　　影响》，《社会工作下半月》（理论）第 7 期。

马克·雷诺，1987，《从社会流行病学到预防社会学：十五年来疾病的社会
　　病源研究》，《流行病学与公共健康杂志》第 1 期。

马克思，2012，《马克思恩格斯选集》（第一卷），人民出版社。

马克斯·韦伯，1997，《经济与社会》（下卷），商务印书馆。

马赛尔·德吕勒，2009，《健康与社会：健康问题的社会塑造》，王鲲译，
　　译林出版社。

马赛尔·戈尔德贝格，1982，《流行病学的难以分辨的东西》，《社会与健康
　　科目》第 1 期。

倪秀艳、赵建梅，2014，《教育投入与健康不平等：来自中国健康与营养调
　　查数据的证据》，《农业技术经济》第 3 期。

牛建林，2013，《人口流动对中国城乡居民健康差异的影响》，《中国社会科
　　学》第 2 期。

牛建林、郑真真、张玲华、曾序春，2011，《城市外来务工人员的工作和居
　　住环境及其健康效应——以深圳为例》，《人口研究》第 3 期。

裴晓梅、王浩伟、罗昊，2014，《社会资本与晚年健康——老年人健康不平
　　等的实证研究》，《广西民族大学学报》（哲学社会科学版）第 1 期。

齐良书，2006，《收入、收入不均与健康：城乡差异和职业地位的影响》，
　　《经济研究》第 11 期。

齐亚强，2012，《收入不平等与健康》，知识产权出版社。

齐亚强，2013，《社会地位差异：影响健康不平等的重要因素》，《中国社会
　　科学报》第 418 期。

齐亚强，2014，《自评一般健康的信度和效度分析》，《社会》第 6 期。

齐亚强、牛建林、威廉·梅森、唐纳德·特雷曼，2012，《我国人口流动中的健康选择机制研究》，《人口研究》第 1 期。

邱皓政，2008，《结构方程模式的检定力分析与样本数决定》，《Aβγ 量化研究学刊》第 1 期。

任小红、王小万、刘敬伟，2007，《湖南省三县农村居民健康不平等研究》，《中国现代医学杂志》第 9 期。

沈可，2008，《儿童时期的社会经济地位对中国高龄老人死亡风险的影响》，《中国人口科学》第 3 期。

沈可、章元、鄢萍，2012，《中国女性劳动参与率下降的新解释：家庭结构变迁的视角》，《人口研究》第 5 期。

史蒂芬·E. 芬克尔，2016，《用面板数据做因果分析》，李丁译，格致出版社。

世界卫生组织欧洲地区办事处编，2010，《青少年健康不平等》，周华珍译，中国青年出版社。

斯图克勒、巴苏，2015，《身体经济学：是什么真正影响我们的健康》，陈令君译，机械工业出版社。

宋月萍、谭琳，2008，《男孩偏好与儿童健康的性别差异：基于农村计划生育政策环境的考察》，《人口研究》第 3 期。

宋月萍、张耀光，2009，《农村留守儿童的健康以及卫生服务利用状况的影响因素分析》，《人口研究》第 6 期。

孙祺、饶克勤、郭岩，2003，《选用不同的健康指标对健康公平指数的影响》，《中国卫生统计》第 4 期。

孙秀林、施润华，2016，《社区差异与环境正义——基于上海市社区调查的研究》，《国家行政学院学报》第 6 期。

田艳芳，2015，《健康对中国经济不平等的影响》，中央编译出版社。

田志鹏、刘爱玉，2015，《中国城市居民职业地位获得的性别差异研究——父母教育和职业对男女两性教育和职业获得的影响》，《江苏行政学院学报》第 5 期。

王斌、高燕秋，2007，《孕产妇死亡健康公平性分析》，《人口研究》第 5 期。

王芳、周兴，2012，《家庭因素对中国儿童健康的影响分析》，《人口研究》第 2 期。

王甫勤，2011，《社会流动有助于降低健康不平等吗？》，《社会学研究》第 2 期。

王甫勤，2012，《社会经济地位、生活方式与健康不平等》，《社会》第 2 期。

王甫勤，2015，《谁应对健康负责：制度保障、家庭支持还是个体选择？》，《社会科学》第 12 期。

王孟成，2014，《潜变量建模与 Mplus 应用：基础篇》，重庆大学出版社。

王曲、刘民权，2005，《健康的价值及若干决定因素：文献综述》，《经济学》（季刊）第 1 期。

王绍光，2003，《中国公共卫生的危机与转机》，《比较》第 6 期。

王天夫，2006a，《城市夫妻间的婚内暴力冲突及其对健康的影响》，《社会》第 1 期。

王天夫，2006b，《社会研究中的因果分析》，《社会学研究》第 4 期。

王小章，2002，《何谓社区与社区何为》，《浙江学刊》第 2 期。

王彦、姚景鹏，2001，《生活质量——一种新型的健康测量工具》，《中华护理杂志》第 5 期。

王艳祯、滕洪昌、张进辅，2010，《不同家庭结构下儿童人格特征研究》，《保健医学与实践》第 2 期。

王跃生，2013，《中国城乡家庭结构变动分析——基于 2010 年人口普查数据》，《中国社会科学》第 12 期。

威廉·科克汉姆，2000，《医学社会学》，杨辉、张拓红等译，华夏出版社。

韦伯，2010，《支配社会学》，康乐、简惠美译，广西师范大学出版社。

沃林斯基，1999，《健康社会学》，孙牧虹等译，社会科学文献出版社。

吴启焰，1999，《城市社会空间分异的研究领域及其进展》，《城市规划汇刊》第 3 期。

吴愈晓，2011，《劳动力市场分割、职业流动与城市劳动者经济地位获得的二元路径模式》，《中国社会科学》第 1 期。

吴愈晓、黄超，2016，《基础教育中的学校阶层分割与学生教育期望》，《中国社会科学》第 4 期。

忻丹帼、何勉、张军，2003，《健康测量的进展及测量方法》，《现代临床护理》第 4 期。

徐安琪，2004，《女性的身心健康及其影响因素——来自上海的报告》，《妇女研究论丛》第 1 期。

徐安琪、叶文振，2001，《父母离婚对子女的影响及其制约因素——来自上海的调查》，《中国社会科学》第 6 期。

徐广明、张佩佩、王芳、梁渊，2014，《家庭结构与功能对居民心理健康的影响——城乡差异比较案例分析》，《中国社会医学杂志》第 6 期。

许军、王斌会、陈平雁，1999，《健康评价》，《国外医学社会医学分册》第 16 卷第 1 期。

许琪，2013，《子女需求对城市家庭居住方式的影响》，《社会》第 3 期。

许伟、谢熠，2014，《健康社会学的流变与前瞻》，《学术论坛》第 8 期。

薛新东、葛凯啸，2017，《社会经济地位对我国老年人健康状况的影响——基于中国老年健康影响因素调查的实证分析》，《人口与发展》第 2 期。

颜江瑛、刘筱娴，1996，《生命质量——健康评价的发展方向》，《国外医学社会医学分册》第 16 卷第 1 期。

杨舸，2017，《社会转型视角下的家庭结构和代际居住模式——以上海、浙江、福建的调查为例》，《人口学刊》第 2 期。

姚会静、赵乙人，2014，《社会比较和社会网络对健康不平等的 logistic 回归》，《新经济》第 19 期。

叶华、石爽，2014，《转型期劳动力的教育差异与健康后果》，《中山大学学报》（社会科学版）第 4 期。

殷大奎，1998，《健康教育、健康促进重要文献选编》，中国人口出版社。

于浩，2003，《社会阶层与健康生活方式关系研究的回顾与前瞻》，《南京社会科学》第 5 期。

约瑟夫 E. 斯蒂格利茨，2013，《不平等的代价》，张子源译，机械工业出版社。

詹宇波，2009，《健康不平等及其度量——一个文献综述》，《世界经济文汇》第 3 期。

张鹤龙，2004，《远离父母，他们失去了什么？留守儿童问题调查》，《半月谈》第9期。

张乐、张翼，2012，《精英阶层再生产与阶层固化程度——以青年的职业地位获得为例》，《青年研究》第1期。

张镇、郭博达，2016，《社会网络视角下的同伴关系与心理健康》，《心理科学进展》第4期。

赵莉莉，2006，《我国城市第一代独生子女父母的生命历程——从中年空巢家庭的出现谈起》，《青年研究》第6期。

赵延东，2008，《社会网络与城乡居民的身心健康》，《社会》第5期。

赵延东、胡乔宪，2013，《社会网络对健康行为的影响——以西部地区新生儿母乳喂养为例》，《社会》第3期。

赵忠，2007，《健康、医疗服务与传染病的经济分析》，北京大学出版社。

周金燕，2015，《人力资本内涵的扩展：非认知能力的经济价值和投资》，《北京大学教育评论》第1期。

周靖，2013，《中国居民与收入相关的健康不平等及其分解——基于CGSS 2008数据的实证研究》，《贵州财经大学学报》第3期。

周雪光，2014，《国家与生活机遇：中国城市中的再分配与分层1949—1994》，郝大海等译，中国人民大学出版社。

朱玲，2009，《农村迁移工人的劳动时间和职业健康》，《中国社会科学》第1期。

朱伟珏，2015，《社会资本与老龄健康——基于上海市社区综合调查数据的实证研究》，《社会科学》第5期。

Adler, E. , Stewart, J. 2010. "Health Disparities Across the Lifespan: Meaning, Methods, and Mechanisms," *New York Academy of Sciences* 1186 (2010): 5-23.

Adler, Nancy. E. , Newman, K. 2002. "Socioeconomic Disparities in Health: Pathways and Policies," *Health Affairs* 21 (2): 60-76.

Alaimo, K. , Olson C. M. , Jr. F. E. et al. 2001. "Food Insufficiency, Family Income, and Health in US Preschool and School-Aged Children," *American Journal of Public Health* 91 (5): 781-786.

Anderson, G. D. 2005. "Sex and Racial Differences in Pharmacological Response: Where is the Evidence? Pharmacogenetics, Pharmacokinetics, and Pharmaco-dynamics," *Journal of Womens Health* 14 (1): 19.

Arku, G., Luginaah, I., Mkandawire, P. et al. 2011. "Housing and Health in Three Contrasting Neighborhoods in Accra, Ghana," *Social Science & Medicine* 72 (11): 1864 – 1872.

Auerbach, J. D., Figert, A. E. 1995. "Women's Health Research: Public Policy and Sociology," *Journal of Health & Social Behavior* 35: 115.

Bacigalupe, A., Escolar, A. 2014. "The Impact of Economic Crises on Social Inequalities in Health: What Do We Know So Far?" *Equity Health* 13: 52.

Bacigalupe, A., Escolarpujolar, A. 2014. "The Impact of Economic Crises on Social Inequalities in Health: What Do We Know So Far?" *International Journal for Equity in Health* 13 (1): 1 – 6.

Bandura, A. 1977. "Self-efficacy: Toward a Unifying Theory of Behavioral Change," *Psychological Review* 84 (2).

Banister J., Zhang X. China 2005 "Economic Development and Mortality Decline," *World Development* 33 (1), 21 – 41.

Beatty, P., Hicks, W., Schmeidler, W., and Kirchner, C. 2004. "Investigating Question Meaning and Context Through In-Depth Interviews," *Qual. Quant* 38: 367 – 379.

Berkman, L. F., Glass, T. 2000. "Social Integration, Social Networks, Social Support, and Health," *See Berkman & Kawachi*: 137 – 173.

Black, D., Morris, J. N., Smith, C. et al. 2000. "Inequality and Mortality: Importance to Health of Individual Income, Psychosocial Environment, or Material Conditions," BMJ 320 (7243): 1200 – 1236.

Blas, E., Kurup, A. S., Blas, E. et al. 2010. "Equity, Social Determinants and Public Health Programmes," *Community Dentistry & Oral Epidemiology* 39 (6): 481 – 487.

Blau, Peter & Duncan, Otis. 1967. *The American Occupational Structure*. Nova York: Wiley.

Blau, Peter M. 1977. *Inequality and Heterogeneity: A Primitive Theory of Social Structure.* New York: The Free Press.

Bourdieu, P. 1996. *Distinction: A Social Critique of the Judgment of Taste.* Cambridge, Massachusetts: Harvard University Press.

Bowles, S., Gintis, H., Osborne, M. 2001. "The Determinants of Earnings: a Behavioral Approach," *Journal of Economic Literature* 39 (4).

Braveman, Paula. 2006. "Health Disparities and Health Equity: Concepts and Measurement," *Annual Review of Public Health:* 27.

Brown, B. B., Dolcini, M. M., Leventhal, A. 1997. *Transformations in Peer Relationships at Adolescence: Implications for Health-Related Behavior.* Cambridge University Press.

Burgard, S. A., Kalousova, L. 2015. "Effects of the Great Recession: Health and Well-Being," *Annual Review of Sociology* 41 (1).

Carr, D., Springer, K. W. 2010. "Advances in Families and Health Research in the 21st Century," *Journal of Marriage and Family* 72 (3): 743 – 761.

Carr, Deborah., Kristen, W. 2010. "Springer Advances in Families and Health Research in the 21st Century," *Journal of Marriage and Family* 72 (3): 743 – 761.

Clarke, P., Smith, L., Jenkinson, C. 2002. "Health Inequalities: Comparing health inequalities among men aged 18 – 65 years in Australia and England using the SF – 36," *Australian and New Zealand Journal of Public Health* 26 (2): 136.

Cockerham, W. C. 2009. *Health Lifestyles: Bringing Structure Back*, The New Blackwell Companion to Medical Sociology, pp. 159 – 183.

Coleman, James. 1988. "Social Capital in the Creation of Human Capital," *American Journal of Sociology.*

Cruz, J. E., Emery, R. E., Turkheimer, E. 2012. "Peer Network Drinking Predicts Increased Alcohol Use from Adolescence to Early Adulthood after Controlling for Genetic and Shared Environmental Selection," *Developmental Psychology* 48 (5): 1390.

Currie, J., Moretti, E. 2003. "Mother's Education and the Intergenerational Transmission of Human Capital: Evidence from College Openings," *The Quarterly Journal of Economics* 118 (4): 1495 – 1532.

Currie, J., Moretti, E. 2007. "Biology as Destiny? Short-and Long-Run Determinants of Intergenerational Transmission of Birth Weight," *Journal of Labor Economics* 25 (2): 231 – 264.

Currie, J., Stabile, M. 2003. "Socioeconomic Status and Child Health: Why Is the Relationship Stronger for Older Children?" *The American Economic Review* 93 (5): 1813 – 1823.

Dahl, E. 1996. "Social Mobility and Health: Cause or Effect?" Bmj 313 (7055): 435 – 436.

Dannefer, D. 2003. "Cumulative. Advantage/Disadvantage and the Life Course: Cross-Fertilizing Age and Social Science Theory," *The Journals of Gerontology Series B: Psychological Sciences and Social Sciences* 58 (6): S327 – S337.

Deaton, A. 2001. "Health, Inequality, and Economic Development," *National Bureau of Economic Research.*

Djilas, M. 1957. *The New Class: An Analysis of the Communist System of Power,* New York: Praeger.

Doorslaer, E. Van et al. 1997. "Income-related Inequalities in Health: Some International Comparisons," *Journal of Health Economics* 16 (1): 93 – 112.

Du, S. et al. 2004. "Rapid Income Growth Adversely Affects Diet Quality in China-particularly for the Poor," *Social Science and Medicine.*

Du, S. et al. 2004. "Rapid Income Growth Adversely Affects Diet Quality in China-particularly for the Poor," *Social Science and Medicine* 59.

Edwards, L. N., Grossman, M. 1981. "Children's Health and the Family," *Advances in Health Economics & Health Services Research* 2 (2): 35.

Elder, G. H., Jr. 1995. "The Life Course Paradigm: Social Change and Individual Development," in P. Moen, G. H. Elder, Jr., & K. Lüscher (eds.) *Examining Lives in Context: Perspectives on the Ecology of Human Development.* American Psychological Association.

Elder, Glen H. Jr. 1985. "Perspectives on the Life Course," *Life Course Dynamics: Trajectories and Transitions*. NY: Cornell University Press.

Elstad, J. I. , Krokstad, S. 2003. "Social Causation, Health-Selective Mobility, and the Reproduction of Socioeconomic Health Inequalities over Time: Panel Study of Adult Men," *Social Science & Medicine* 57 (8): 1475.

Engel, G. 1977. "The Need for a New Medical Model: A Challenge for Bio-Medicine," *Science* 196 (4285): 129 – 136.

Evans, G. W. , Kantrowitz, E. 2002. "Socioeconomic Status and Health: the Potential Role of Environmental Risk Exposure," *Review of Public Health* 23 (1): 303 – 331.

Farrell, L. , Shields, M. 2002. "Investigating the Economic and Demographic Determinants of Sporting Participation in England," *Journal of the Royal Statistical Society* (165): 335 – 348.

Fisher, I. 1909. "A Practical Method of Estimating the Velocity of Circulation of Money," *Journal of the Royal Statistical Society* 72 (3): 604 – 618.

Flowerdew, R. , Manley, D. J. , Sabel, C. E. 2008. "Neighbourhood Effects on Health: Does it Matter Where You Draw the Boundaries?" *Social Science & Medicine* 66 (6): 1241 – 1255.

Fred, C. , Pampel, Patrick, M. Krueger, Justin, T. 2010. "Denney. SES Disparities in Health Behavior," *Annual Review of Sociology* 36: 349 – 370.

Fuchs, R. 1999. "Victor. The Future of Health Economics," *NBER working paper* 7379: 3 – 5.

Fuller T. D. , Edwards J. N. , Sermsri S. et al. 1993. "Housing, Stress, and Physical Well-Being: Evidence from Thailand," *Social Science & Medicine* 36 (11): 1417 – 1428.

Gravelle, H. 1998. "How Much of the Relations between Population Mortality and Unequal Distribution of Income Is a Statistical Artifact?" *British Medical Journal* 316: 382 – 385.

Green, F. , Machin, S. , Wilkinson, D. 1998. "The Meaning and Determinants of Skills Shortages," *Oxford Bulletin of Economics and Statistics* 60 (2).

Green, L. W. , Richard, L. , and Potvin, L. 1996. "Ecological Foundations of Health Promotion," *Am J Health Promot* 10 (4): 270 – 281.

Grossman, M. 1972. "On the Concept of Health Capital and the Demand for Health," *Journal of Political Economy* 80 (2): 223 – 255.

Grossman, M. 1972. "The Demand for Health: A Theoreticaland Empirical Investigation," NBER, Occasional Paper 119, Columbia University Press.

Grossman, Michael. 1972. *The Demand for Health: A Theoretical and Empirical Investigation.* New York: Columbia University Press for the National Bureau of Economic Research, pp. 3 – 10.

Guo, G. , Li, Y. 2014. "Genetic Bio-ancestry and Social Construction of Racial Classification in Social Surveys in the Contemporary United States," *Demography* 51 (1): 141.

Hong, J. , Knapp, M. , McGuire, A. 2011. "Income-Related Inequalities in the Prevalence of Depression and Suicidal," *World Psychiatry* 10: 40 – 44.

House, James, S. 2002. "Understanding Social Factors and Inequalities in Health: 20th Century Progress and 21st Century Prospects," *Journal of Health and Social Behavior* 43 (2): 125 – 142.

House, J. S. , Robbins, C. , Metzner, H. L. , House, J. S. , Robbins, C. , Metzner, H. L. 1982. "The Association of Social Relationships and Activities with Mortality: Prospective Evidence from the Tecumseh Community Health Study," *American Journal of Epidemiology* 116 (1): 123 – 140.

Hu, Y. , Coulter, R. 2017. "Living Space and Psychological Well-being in Urban China: Differentiated Relationships across Socio-economic Gradients," *Environment and Planning A* 49 (4): 911 – 929.

Idler, E. L. , Benyamini, Y. 1997. "Self-rated health and mortality: a review of twenty-seven community studies," *Journal of Health & Social Behavior* 38 (1): 21 – 37.

Johnston, D. W. , Schurer, S. , Shields, M. A. 2013. "Exploring the Intergenerational Persistence of Mental Health: Evidence from Three Generations," *Journal of Health Economics* 32 (6): 1077 – 1089.

Karanikolos, M. , Mladovsky, P. , Cylus, J. , Thomson, S. , Basu, S. et al. 2013. "Financial Crisis, Austerity, and Health in Europe," *Lancet* 381 (9874): 1323 – 1331.

Khang, Y. H. , Lynch, J. W. , Yun, S. , and Lee, SI. 2004. "Trends in Socioeconomic Health Inequalities in Korea: Use of Mortality and Morbidity Measures. J. Epidemiol," *Community Health* 58: 308 – 314.

Kim, Jinhyun, Virginia, Richardson. 2012. "The Impact of Socioeconomic Inequalities and Lack of Health Insurance on Physical Functioning Among Middle-aged and Older Adults in the United States," *Health and Social Care in the Community* 20 (1): 42 – 51.

Koball, Heather L. , Emily Moiduddin, Jamila Henderson, Brian Goesling, and Melanie Besculides. 2010. "What Do We Know About the Link Between Marriage and Health?" *Journal of Family Issues* 31 (8): 1019 – 1040.

Komlos J. , Smith P. K. , Bogin B. 2004. "Obesity and the Rate of Time Preference: Is There a Connection?" *Journal of Biosocial Science* 36 (2): 209 – 219.

Kuper, H. , Marmot, M. 2003. "Job Strain, Job Demands, Decision Latitude, and Risk of Coronary Heart Disease within the Whitehall II Study. J. Epidemiol," *Community Health* 57: 147 – 153.

Lahelma, E. , A. et al. 2002. "Analysing Changes of Health Inequalities in the nordic welfare states," *Social Science & Medicine* 55 (4): 609 – 625.

Lahelma, Eero. 2010. "Health and Social Stratification," In W. C. Cockerham (ed.), *The New Blackwell Companion to Medical Sociology*. Willey: Blackwell.

Lairson, D. R. , Hindson, P. , Hauquitz, A. 1995. "Equity of Health Care in Australia," *Social Science & Medicine* 41 (4): 475 – 482.

Lantz et al. 1998. "Socioeconomic Factors, Health Behaviors, and Mortality," *Jama Journal of the American Medical Association*.

Lee, Hong Yung. 1991. *From Revolutionary Cadres to Party Technocrats in Socialist China*. Berkeley: University of California Press.

Le Grand, J. 1987. "Inequalities in Health: Some International Comparisons," *European Economic Review* 31 (2): 182 – 191.

Leonard, K., Mudar, P. 2003. "Peer and Partner Drinking and the Transition to Marriage: A Longitudinal Examination of Selection and Influence Processes," *Psychology of Addictive Behaviors* (17): 115 – 125.

Lin, N., Ensel, W. M., Simeone, R. S. et al. 1979. "Social Support, Stressful Life Events, and Illness: A Model and an Empirical Test," *Journal of Health & Social Behavior* 20 (2): 108.

Lowry, Deborahand Yu Xie. 2009. "Socioeconomic Status and Health Differentials in China: Convergence or Divergence at Old Ages?" *Population Studies Center Research Report No.* 09 – 690. University of Michigan.

Lynch, John W., George, Davey, Smith, George, Kaplan, A., James, S. House. 2000. "Income Inequality and Mortality: Importance to health of Individual Income, Psychosocial Environment, or Material Conditions," *British Medical Journal* 320: 1200 – 1204.

Lynch. J., Smith, G. D., Harper, S., Hillemeier, M., Ross, N. et al. 2004. "Is Income Inequality a Determinant of Population Health?" *Part* 1. *A systematic review. Milbank Q* 82: 5 – 99.

Manor, O., Matthews, S., Power, C. 2003. "Health Selection: the Role of Inter- and Intra-Generational Mobility on Social Inequalities in Health," *Social Science & Medicine* 57 (11): 2217 – 2227.

Mayer, Karl Ulrich, Walter Muller. 1986. "The State and the Life Course," in *Human Development and the Life Course: Multidisciplinary Perspectives*. N. J. : Erlbaum.

Miller, Megan. 2014. "Momentary Memorials: Political Posters of the Lebanese Civil War and Hezbollah," *Undergraduate Honors Theses*: 753.

Mooney, G. H. 1986. *Economics, Medicine and Health Care* 97 (385).

Moss, P., Tilly, C. 1995. "Skills and Race in Hiring: Quantitative Findings from Face-to-Face Interviews," *Eastern Economic Journal* 21 (3): 357 – 374.

Murphy, M., Bobak, M., Nicholson, A., Rose, R., Marmot, M. 2006. "The widening gap in mortality by educational level in the Russian Federation, 1980 – 2001," *American Journal of Public Health* 96 (7): 1293 – 1299.

Murray, J. , Farrington, D. P. 2008. "The Effects of Parental Imprisonment on Children," *Crime Justice* 37 (1): 133 – 206.

Mushkin, S. J. 1962. "Health as an Investment," *Journal of Political Economy* 70 (5): 129 – 157.

National Bureau of Statistics of China. World Bank Development Indicators 2013 edition, 2013.

Nee, Victor. 1989. "A Theory of Market Transition: From Redistribution to Markets in State Socialism," *American Sociological Review* 54 (5): 663 – 681.

Nee, Victor. 1991. "Social Inequality in Reforming St ate Socialism," *American Sociological Review* 56.

Nee, Victor. 1996. "The Emergence of a Market Society: Changing Mechanisms of Stratification in China," *American Journal of Sociology* 101 (4): 908 – 949.

Oakley, P. 1989. Community Involvement in Health Development: an Examination of Critical Issues. Geneva: World Health Organization.

Oakley, P. Community Involvement in Health Development: an Examination of Critical Issues, Geneva: World Health Organization, 1989.

Park, R. E. , Burgess, E. W. , Mckenzie, R. D. 1967. "The City," *Iccc International Digital Design Invitation Exhibition.*

Parsons, T. 1949. "The social structure of the family," In R Anshen (ed.), *The Family: Its Function and Destiny.* New York: Harper & Broth: pp. 173 – 201.

Pettit, B. , Western, B. 2004. "Mass Imprisonment and the Life Course: Race and Class Inequality in U. S. Incarceration," *American Sociological Review* 69 (2): 151 – 169.

Preston, S. H. 1975. "The Changing Relation between Mortality and Level of Economic Development," *Population Studies* 81 (2): 833.

Propper, C. , Upward, R. 1992. "Need, Equity and the NHS: the Distribution of Health Care Expenditure 1974 – 87," *Fiscal Studies* 13 (2): 1 – 21.

Rait, G. 1999. Inequalities in Health—The Acheson Report," *Journal of Human Nutrition and Dietetics* 12 (5).

Rodgers, G. B. 1979. "Income and Inequality as Determinants of Mortality: An International Cross-Section Analysis," *Population Study* 33: 343 –351.

Ross, Catherine E. , Mirowsky, John. 2000. "Does Medical Insurance Contribute to Socioeconomic Differentials in Health?" *Milbank Quarterly* 78 (2): 291 – 321.

Rulison, K. L. , Gest, S. D. , Loken, E. 2013. "Dynamic Social Networks and Physical Aggression: The Moderating Role of Gender and Social Status Among Peers," *Journal of Research on Adolescence the Official Journal of the Society for Research on Adolescence* 23 (3): 437 –449.

Scott, W. G. , Powell, E. W. , Dimaggio, P. 1991. "The New Institutionalism in Organizational Analysis," *University of Chicago Press Economics Books* 87 (2): 501.

Sen, A. 2002. "Why Health Equity?" *Health Economics* 11 (8): 659 –666.

Shim, E. , Cho, Y. 2013. "Widening Social Disparities in Alcohol-Attributable Deaths among Korean Men Aged 40 –59 Years during the Transitional Period of the Economic Crisis (1995 –2005)," *Public Health* 58: 521 –527.

Slatcher, Richard, B. 2010. "Marital Functioning and Physical Health: Implications for Social and Personality Psychology," *Social and Personality Psychology Compass* 4 (7): 455 –469.

Smilkstein, G. 1980. "The Cycle of Family Function: A Conceptual Model for Family Medicine," *Journal of Family Practice* 11 (2): 223.

Smith, James, P. , Kington, Raynard. 1997. "Demographic and Economic Correlates of Health in Old Age," *Demography* 34: 159 –170.

Smith, J. P. 2007. "The Impact of Socioeconomic Status on Health over the Life-Course," *Journal of Human Resources* 52 (4): 739 –764.

Stephen, Morris. , Sutton, Matthew, Gravelle, Hugh. 2005. "Inequity and Inequality in the Use of Health Care in England: An Empirical Investigation," *Social Science & Medicine* 60: 1251 –1266 .

Strauss, J., Thomas, D. 1998. "Empirical Modelling of Investment in Health and Nutrition,"

Szelényi, Ivan. 1978. "Social Inequalities in State Socialist Redistributive Economies," *International Journal of Comparative Sociology* 19.

Thomas, D., Strauss, J. Prices. 1992. Infrastructure, Household Characteristics and Child Height, Journal of Development Economics 39 (2): 301 – 317.

Thomas, D., Lavy, V., Strauss, J. 1992. "Public Policy and Anthropometric Outcomes in Cote dIvoire," *Santa Monica California Rand Labor & Population Program Mar* 61 (89): 155 – 192.

Valkonen, T., Martikainen, P., Jalovaara, M., Koskinen, S., Martelin, T., Mäkelä P. 2000. "Changes in Socioeconomic Inequalities in Mortality during an Economic Boom and Recession among Middle-Aged Men and Women in Finland," *European Journal of Public Health* 10: 274 – 280.

Van Doorslaer, E., Masseria, C. 2004. "Income-Related Inequality in the Use of Medical Care in 21 OECD Countries," *Health Policy Studies* 1: 109 – 166.

Van Doorslaer, E., Wagstaff, Adam, van der Burg, Hattem. 2000. "Equity in the Delivery of Health Care in Europe and the US," *Journal of Health Economics* 19: 553 – 583.

Veenstra, R., Dijkstra, J. K., Steglich, C. et al. 2013. "Network-Behavior Dynamics," *Journal of Research on Adolescence* 23 (3): 399 – 412.

Vega, W. A., Rumbaut, R. G. 1991. "Ethnic Minorities and Mental Health," *Annual Review of Sociology* 17 (1): 351 – 383.

Wagstaff, A., Doorslaer, E. 2004. "Overall versus Socioeconomic Health Inequality: A Measurement Framework and Two Empirical Illustrations," *Health Economics* 13 (3): 297 – 301.

Wagstaff, A., Van, D. E., Watanabe, N. 2001. "On Decomposing the Causes of Health Sector Inequalities with an Application to Malnutrition Inequalities in Vietnam," *Journal of Econometrics* 112 (1): 207 – 223.

Warren, B. 2009. "Hi Jean: How Clown-Doctors Help Facilitate Infection Control and Positive Health Care Practice," In Elliott, P. (ed.) *Infection Control*:

A Practical Approach to Psychosocial Issues. Radcliffe Publishing. Abingdon，Oxon：149 – 158.

West，P. 1991. "Rethinking the Health Selection Explanation for Health Inequalities，" *Social Science & Medicine* 32 （4）：373 – 384.

Wilkinson，R. G. 1996. "Unhealthy Societies：The Afflications of Inequality，" *Biochemistry* 10 （8）：1335 – 1339.

Wilkinson，R. G. 1997. "Socioeconomic Determinants of Health，" *British Medical Journal* 314 （7080）：591 – 595.

Wilkinson，R. G. 1998. "Unhealthy Societies：Richard Wilkinson Replies to Reviewers，" *Journal of Community & Applied Social Psychology* 8 （3）：233 – 237.

Wilkinson，Richard，G. 1992a. "Income Distribution and Life Expectancy，" *British Medical Journal* 304：165 – 168.

Wilkinson，Richard，G. 1992b. *Unhealthy Societies：The Afflictions of Inequality.* London：Routledge.

Williams，Kristi，Umberson，and Debra. 2004. "Marital Status，Marital Transitions，and Health：A Gendered Life Course Perspective，" *Journal of Health and Social Behavior* 45 （1）：81 – 98.

World Bank. 2014. "World Development Indicators 2013，" World Development Indicators 178 （22）：98 – 101.

Yiengprugsawan，V. ，Lim，L. L. Y. ，Carmichael，G. A. et al. 2010. "Decomposing Socioeconomic Inequality for Binary Health Outcomes：An Improved Estimation that Does Not Vary by Choice of Reference Group，" *BMC Research Notes* 3 （1）：57.

图书在版编目（CIP）数据

青少年健康不平等：生成机制及结果／梁海祥著
. -- 北京：社会科学文献出版社，2021.8
（思海社会学文丛）
ISBN 978 - 7 - 5201 - 8663 - 6

Ⅰ.①青…　Ⅱ.①梁…　Ⅲ.①青少年 - 健康状况 - 研
究 - 中国　Ⅳ.①G478.2

中国版本图书馆 CIP 数据核字（2021）第 136419 号

思海社会学文丛
青少年健康不平等：生成机制及结果

著　　者／梁海祥

出 版 人／王利民
责任编辑／胡庆英
文稿编辑／李小琪

出　　版／社会科学文献出版社·群学出版分社（010）59366453
　　　　　地址：北京市北三环中路甲 29 号院华龙大厦　邮编：100029
　　　　　网址：www.ssap.com.cn
发　　行／市场营销中心（010）59367081　59367083
印　　装／三河市龙林印务有限公司

规　　格／开本：787mm × 1092mm　1/16
　　　　　印张：15　字数：239 千字
版　　次／2021 年 8 月第 1 版　2021 年 8 月第 1 次印刷
书　　号／ISBN 978 - 7 - 5201 - 8663 - 6
定　　价／98.00 元

本书如有印装质量问题，请与读者服务中心（010 - 59367028）联系